IRLAND

Eine kulinarische Liebeserklärung

Mike Bunn

IRLAND

Eine kulinarische Liebeserklärung

Droemer Knaur

Für Betty – und für Irland, die sich selbst treu geblieben sind

Bilder S. 1 Muscheln aus der Grafschaft Galway.
S. 5 Ein Café in Thomastown (Grafschaft Kilkenny), einem Ort, der für seine Ladenfronten bekannt ist.

Die Deutsche Bibliothek – CIP-Einheitsaufnahme

Bunn, Mike: Irland: eine kulinarische Liebeserklärung /
[Mike Bunn. Aus dem Engl. von Maria Paukert]. – München : Droemer Knaur, 1992
Einheitssacht.: Ireland <dt.>
ISBN 3-426-26584-2
NE: HST

Erstveröffentlichung in Großbritannien 1991
bei Anaya Publishers Ltd, 49 Neal Street, London, WC2H 9PJ.

Satz: Compusatz GmbH, München
Farbreproduktionen: Columbia Offset, Singapore
Printed in HongKong

ISBN 3-426-26584-2

BERNARD KAVANAGH
BED & BREAKFAS
CAFÉ

Inhalt

Vorwort

An welchen Ort auf der Erde es einen Iren auch immer verschlagen mag – er wird niemals seine Heimat vergessen. Irland wirkt wie eine Oase an der Westspitze Europas. Trotz der uralten Fehde und einer der erstaunlichsten Mischungen von unvereinbaren Volkscharakteren auf unserem Planeten ist und bleibt der größte Teil dieser Insel der Gelehrten und Heiligen ein relativ friedliches Fleckchen Erde. Und so grün wie eh und je. Zweifelsohne gibt es mitunter eine wohlbegründete handfeste Auseinandersetzung, doch zumeist trifft man hier überall auf Anstand und Würde. Ja, wenn die beiden Volksstämme, die miteinander im Streit liegen, ihr Lieblingsvolk wählen müßten, so würde ihre Wahl vermutlich, etwas verschämt zwar, auf den jeweils anderen Stamm fallen.

Deshalb verzeihen wir Ihnen auch gerne Ihre Vorurteile. Und wo immer Sie sich auch gerade aufhalten mögen – hören Sie nicht auf jemand, der Ihnen weismachen möchte, dies sei nicht der schönste und beste Ort für einen wirklich geruhsamen Urlaub. Wenn Sie dort an einem blassen, kühlen Morgen aufwachen, hören Sie die Möwen über den Dächern der Küstenstädte kreischen und die Vögel munter in der grünen Landschaft zwitschern. Hier ist das Schlimmste, was Ihnen überhaupt passieren kann, bereits geschehen, bevor Sie den ersten Schritt getan haben, so daß Sie sich keine Sorgen darüber zu machen brauchen, was Sie auf den langen Wegen erwartet, die noch vor Ihnen liegen. Denn die Unvermeidlichkeit des Schicksals ist ein Credo für jeden Iren. Man wird Ihnen sagen, daß Sie Ihr Schicksal nicht ändern können, indem Sie blind dagegen anrennen. Am besten ist es vielmehr, in aller Ruhe abzuwarten, bis es einen einholt – am besten die Ellenbogen dabei auf den Tresen eines Pubs gestützt.

Nachdem dieser Punkt nun geklärt ist, kann ich getrost fortfahren. Sicherlich macht sich die Sonne am Himmel über Irland rar, und das Klima ist auch häufig recht rauh. Aber die Launen des Wetters müssen Ihre geringste Sorge sein. Und ich sage Ihnen auch, warum. Irland ist ein Ort, an dem Träume in einem Maße wirklich werden, daß Sie nichts anderes zur Unterhaltung brauchen. Zu diesem Zweck bleibt man am besten im Haus – etwas zu trinken vor sich und in Gesellschaft anderer Träumer. Dann verhalten Sie sich wie der kleine irische Bauer ganz in der Nähe. Er ist gerade damit beschäftigt, Heu zu machen, als es anfängt zu regnen. Doch das Gesicht des Mannes zeigt nur Gleichgültigkeit. Und Sie wissen, daß er gerade zu sich selbst gesagt hat: Na gut, so ist es eben – Gott will es so! Und nur um den Nachbarn zu zeigen, daß man sich besser nicht mit ihm anlegen sollte, tanzt derselbe Mann, als die ersten Regentropfen fallen, wie ein Wilder über die Felder und schüttelt dabei die geballte Faust gen Himmel.

Aber Irland ist nicht nur dafür bekannt, daß seine Bewohner ihr Temperament zügeln können. Im ganzen Land ist auch Kultur verbreitet, alte wie moderne. Es gibt eine Vielzahl lebender Beispiele von Schriftstellern, Malern, Komponisten und Dichtern sowie eigenwilligen Bildhauern, auf die man am Ende jeder größeren Straße oder in so manchem Seitenweg auf dem Land stößt. Alle sprühen geradezu vor Aktivität, jederzeit bereit, Sie mit ihren Instrumenten, Gedichten oder Bildern zu unterhalten. Selbst die Architekten spielen ihre Rolle in diesem Stück, wobei einige von ihnen recht exotische Werke hervorbringen. Vereinzelt entstehen schön anzusehende Neubauten. Viele alte Gebäude, die noch schöner ausschauen, werden liebevoll gepflegt und haben Bürgerinitiativen und eine Georgian Society auf ihrer Seite, die für ihre Erhaltung und ihren Schutz kämpfen.

So sehr sich die Welt auch äußerlich verändert, in seinem Inneren bleibt der Ire stets derselbe. In gewisser Weise bereitet dieses widersprüchliche Rätsel den Irlandreisenden jedoch sehr gut auf seinen Aufenthalt auf der Insel vor. Denn was hier im Augenblick geschieht, scheint nahezu alles in den vergangenen Jahrhunderten Festgefügte auf den Kopf zu stellen. So hat vor allem James Joyce schließlich doch gesiegt. Er ist heute in Dublin als lebensgroße Bronzestatue zu bewundern, wie er seine Stadt überblickt. Derselbe Mann mußte sich einst den Vorwurf gefallen lassen, er habe die schmutzigste Phantasie dieses Jahrhunderts. Mit der Sprache von Joyce hat sich aber auch das Denken der Iren befreit; seine kraftvolle Lebendigkeit kommt in der jüngsten amerikanischen Umgangssprache zum Ausdruck. Dichter sind heute nicht mehr grob, sondern höflich. Gegen ein geringes Entgelt sind sie bereit, ihre Gedichte oder einen Vers aus der literarischen Vergangenheit zu rezitieren. Ein Dichter würde sich auch nicht sträuben, wenn Sie ihn bäten, eines Ihrer eigenen Sonette vorzutragen – er würde wahrscheinlich lediglich einen höheren Preis fordern. Nehmen Sie dies als Beweis dafür, daß dieses wunderschöne Land seine alten Fesseln endlich gesprengt hat. Auch der graue Regenschleier hat sich gehoben und gibt den Blick frei auf ein ganz neu erwachtes Irland.

Nachdem Irland also wieder in seiner natürlichen Schönheit zu bewundern ist, kann die Welt nun getrost kommen und mehr als nur einen flüchtigen Blick auf das jüngste Traumziel in Gottes weitem Universum werfen. Und das geschieht auch ohne Unterlaß. Helikopter mit schwirrenden Propellern und stählerne Vögel mit steifen Schwingen starten und landen. Fernsehsignale erfüllen den Himmel und preisen die Wunder der übrigen Welt an. Aber auch die Irländer selbst haben ihre eigenen Erzeugnisse hervorgebracht, deren exzellenter Qualität sie sich rühmen können. Diese beschränken sich keineswegs nur auf großartige Käsesorten, Krebstiere, Rindfleisch, Fisch und Lammfleisch, mit denen zweifellos Staat zu machen ist, sondern umfassen auch Zwieback, Rosinenkuchen und Gewürzbrötchen, die förmlich auf der Zunge zergehen. Anstelle von ungemütlichen, ausgeleierten und feuchten Matratzen, auf denen man stets in die Mitte rutschte, bieten die Hotels heute bequeme Betten und allen nur erdenklichen Komfort. Außerdem findet man dort das weichste Toilettenpapier, während man sich früher bei Sturm und Regen betrübt niederkauerte und verzweifelt nach einem am Strauch verbliebenen Blättchen Ausschau hielt.

Aber es gibt noch viel mehr. Auch wenn man ihn lange seiner Unwissenheit überließ, war der Ire schon immer der restlichen Welt ein ganzes Stück voraus. Er wehrte sich gegen die unheilvollen Auswirkungen, die der Fortschritt für viele Nationen mit sich brachte. Er hat seine Rinder, seine Pferde und seine Schafe am Leben gelassen, damit sie einmal bessere Tage erleben. Er läßt nicht mehr zu, daß die Schieferplatten von den Dächern der großen Häuser fallen, die er nicht niedergebrannt hat. Und wenn ihre Dächer noch intakt sind, benutzt er sie auch nicht mehr als Ställe für sein Vieh, damit es den Parkettboden verunreinigt. Heute zieht er mit stolz geschwellter Brust selbst ein und genehmigt sich hinter der georgianischen Stuckfassade das eine oder andere Gläschen Champagner. Denn jeder Ire ist ein König. Glücklicherweise gibt es keinen freien Thron mehr – denn bei Gott, falls es einen gäbe, würde mit Sicherheit ein fataler Ansturm einsetzen. Dabei bestünde auch kein Mangel an irischen Königinnen, die sich alle an diesem Rennen beteiligen würden.

Ihre aufrichtige Gesinnung macht die Iren in der Regel zu netten, hilfsbereiten Menschen, die die schrecklichen Dinge, die sie manchmal tun, häufig überhaupt nicht so meinen. Bei den unbedeutenden Problemen, die man in Irland hat, macht man nämlich dort gern aus jeder Mücke einen Elefanten. Aber jetzt, da sich überall in Europa große Dinge ereignen, warten die Iren geduldig darauf, das Beste davon zu ihrem Vorteil zu nutzen, und machen als kleine Nation mehr richtig, als man zu hoffen wagen würde. Ich brauche Sie wohl nicht erst nochmals daran zu erinnern, daß das Sodawasser und die elektrische Batterie zuerst in Irland erfunden wurden. Oder daß hier die vielzitierte Uraufführung von Händels *»Messias«* stattfand. Man hört zwar in den Ecken und Winkeln jedes Pubs immer noch eine Menge leeres Geschwätz und Geprahle, aber viele Iren haben letztlich das hohe Niveau mit ihrem Lebensstil leichter erreicht, weil sie so ursprünglich geblieben sind, wie sie schon immer waren. Sie heißen ihre Gäste noch immer unter einem prächtigen Kronleuchter statt unter einer modernen Lampe willkommen, wo sie ihre Karotten genießen können, die sie wie Kaviar auftragen. Oder den Lauch und Hummer, die stets frisch aus dem Garten bzw. aus dem Meer kommen.

Und nun fragen Sie sich vielleicht, warum sich Irland in der Qualität seiner Lebensmittel von anderen Ländern unterscheiden sollte. Zum einen besitzt es einen der tiefsten und fruchtbarsten Lehmböden der Welt, auf den das ganze Jahr über sanft das Wasser rieselt, das ein feuchter, milder Wind vom Atlantik herbeiträgt. Und da kommen auch schon Kaninchen, Fasane, Wachteln und Schnepfen aus ihren Verstecken, um sich an den hier wachsenden Köstlichkeiten gütlich zu tun. Sie alle sind für den Kochtopf bestimmt. Selbst Franzosen und Deutsche sind nach Irland gekommen, um aus der großartigen Milch und dem köstlichen Rahm Käse herzustellen, die es mit jedem Käse auf der Welt aufnehmen können. Wenn Sie einmal selbst auf einer irischen Wiese stehen, werden Sie schnell erkennen, warum einem beim Anblick der gutgenährten Lämmer und Rinder, die dort grasen, das Wasser im Mund zusammenläuft. Denn die Tiere erschnuppern sich ihren Weg durch die Weiden und ernähren sich von Gräsern und Kräutern, die dort bereits seit Urzeiten gedeihen.

Und nun zur Frage, was man in Irland trinken soll – zumal das Wetter hier immer zum Trinken einlädt. Da wäre einmal – falls man die richtigen Leute kennt (und das sind fast alle Iren) – schwarz gebrannter Whiskey, das einheimische Feuerwasser, das einen allerdings schneller als jedes andere Getränk auf die Bretter schickt. Am besten für Ihre Gesundheit wäre es jedoch, wenn Sie beim Stout blieben, jenem dunklen Bier mit dem herrlichen, cremigen Schaum. Und jetzt wollen Sie sicher wissen, wo Sie diese köstliche Erfrischung bekommen können. Versuchen Sie es zunächst im Longueville House, Mallow oder Rosleague Manor oder Letterfrack, gemütlichen, einladenden Landhotels in idyllischer Lage, wo Sie bei Kerzenlicht speisen können. Ein ordentliches Stout bekommt man auch in Pubs wie dem Yukon oder Canton Casey's in Mullingar. Im Yukon, das eine reiche Auswahl an Getränken bietet, kann man auch eine stattliche Sammlung von amerikanischen Autoschildern bewundern. In der Metropole Dublin gibt es ebenfalls noch Pubs, die ihre alten Traditionen bewahrt haben. Versuchen Sie es im Ryan's in der Parkgate Street, entlang dem Fluß Liffey, direkt am Eingang zum Phoenix Park. Hier findet man urgemütliche, sehr diskrete Plätzchen, wo man seine ganz persönliche, nicht für die Öffentlichkeit bestimmte Meinung äußern kann. Im Ryan's sind sie allerdings für angenehme, vertrauenswürdige Leute reserviert.

Sollten Sie immer noch in Dublin herumstreifen, so gibt es weitere Plätze für eine flüssige Stärkung, die ihren ursprünglichen Charakter nicht zugunsten der Anpassung an die Moderne aufgegeben haben. Das sind die altehrwürdigen Wirtshäuser Mulligan's in der Poolbeg Street, Stag's Head nahe Dame Street und Doheny und Nesbitt's in der Nähe des Shelbourne Hotel. Versäumen Sie vor allem nicht das älteste Gasthaus, das Brazen Head an den Docks.

In Irland macht man einen großen Fehler, wenn man eines der Pubs, an denen man vorübergeht, völlig übersieht. Denn im Inneren eröffnet sich stets eine andere, unverwechselbare Welt, die man nirgendwo mehr erlebt. Selbst wenn das Lokal leer ist, kann man seine Atmosphäre spüren. Wer lieber nach lebenden Besuchern Ausschau hält, dem sei gesagt, daß im Neary's in der Chatham Street vor allem Schauspieler und Schauspielerinnen verkehren. Will man ein attraktives Fotomodell oder einen Filmmogul zu Gesicht bekommen, muß man sein Bier nur im Bailey trinken, das seine heutige Existenz dem Maler und Schriftsteller John Ryan verdankt, dem ersten Dubliner Gastwirt, der Irlands großen Schriftstellern die ihnen gebührende Reverenz erwies. Die Tatsache, daß man nirgendwo an den Wänden dieses Pubs einen Hinweis auf diesen Mann findet, ist ein großes Versäumnis, das hoffentlich bald behoben wird. Eines ist jedoch sicher: Jedes Lokal hat sein eigenes Publikum – und wenn mit den Leuten etwas nicht stimmt, ist auch mit dem

Pub selbst etwas nicht in Ordnung. Schauen Sie deshalb erst einmal unverbindlich hinein. Natürlich wird man Sie sofort einladen, um die Dinge richtigzustellen.

Machen wir nun noch einen kurzen Ausflug in die Vergangenheit. Früher gab es einmal ein berühmtes Restaurant namens Jammet's. Als es seine Pforten schloß, vergossen etliche Dubliner eine Träne. Aber es ist als Inspiration für seine Nachfolger erhalten geblieben, die sicher bald ebenso bekannt sein werden: das Restaurant Locks am Kanal und das Unicorn, ein schlichtes, angenehmes Lokal, das vor allem von den Einheimischen besucht wird. Selbstverständlich kann man in Dublin, nämlich in der Anne Street, auch chinesisch essen. Wem der Sinn jedoch nach Eleganz und Luxus steht, der kommt im Shelbourne Hotel voll auf seine Kosten und muß dazu unter Umständen nicht einmal den Fuß vor die Tür setzen. Dem Gast, der sich auf das Land hinauswagen möchte, sei Dunderry Lodge in der Grafschaft Meath empfohlen, wo er jeden Wunsch erfüllt bekommt und alles findet, was man auch von Spitzenrestaurants in Frankreich nicht besser erwarten könnte.

Durchstreifen Sie nun die vielfältigen Landschaften Irlands und finden Sie selbst heraus, daß in diesem Land jede Jahreszeit ihre eigenen Reize hat. Von den blühenden Geißblattsträuchern und den aufplatzenden Knospen der Weißdornhecken im Sommer bis hin zum süßlichen Duft des Torfs, der im Winter über dem wärmenden Feuer liegt. Gibt es in unserer hektischen, grausamen Welt ein anderes Volk, das es besser verdient hätte? Mit Recht kommen die Menschen dorthin, wo die lebendige Fröhlichkeit herrscht und die Sorgen sie nicht einholen. Wo der Duft der roten Kleeblüten die Luft erfüllt und Disteln so hoch wie Bäume wachsen. Wo unter dem weiten Himmel findet man sonst ein Land, das die Sinne so sanft umschmeichelt?

Oder es ist ein Ort
Dem man seine Fehler
Verzeihen muß

J. P. DONLEAVY

Das Land und seine Küche

Meine Begeisterung für Irland wurde während eines Angelausflugs im Mai 1968 geweckt, als ich das Land zum ersten Mal besuchte. Die Flüsse und Seen des zentralen Tieflands sahen aus wie Quecksilber, das über kostbaren grünen Samt ausgegossen worden war. Sie waren noch unverschmutzt, kristallklar und fischreich. Ich hatte mich für Lough Sheelin entschieden, damals das Mekka für alle echten Forellenfischer. Seine Fische waren immer von hervorragender Qualität, glänzten wie Chrom und hatten kleine Köpfe und große braune Punkte. Ihr Durchschnittsgewicht war erheblich höher als sonstwo in Europa.

Mein Bootsführer war Felix Harten, ein kleiner Mann, der 75 Jahre alt war und ebenso viele Enkel hatte. Zwei seiner Söhne, Frank und Brian, waren hervorragende Bootsführer, während das auf Felix nicht zutraf. Dafür machte er ausgezeichneten Tee. In Irland gehört es zur Tradition eines Angelausflugs, daß man zum Mittagessen an einer Insel oder am Ufer festmacht. Das ist das wichtigste Ritual des Tages. Man sammelt etwas trockenes Holz und entzündet ein Feuer. Wenn von dem brennenden Holz Rauch aufsteigt, füllt man einen geschwärzten Kessel mit Wasser aus dem See und hängt ihn über die Flammen. Sobald das Wasser kocht, wirft man eine Handvoll oder etwas mehr Tee hinein und läßt ihn lange ziehen – das Gebräu ist angeblich nicht stark genug, bevor eine Maus darüberlaufen kann.

Felix pflückte dann einen Stechginsterzweig, steckte ihn in den Hals des Kessels und benutzte ihn als Sieb. Oft empfahl er uns, wenn der Tag heiß war, schwarzen Pfefferminztee, weil dieser erfrischender sei. Wilde Wasserminze wuchs überall am Ufer. Der Tee schmeckte in der Tat äußerst belebend, aber der alte Fuchs vergaß zu erwähnen, daß zumeist die Milch ausgegangen war.

Während dieser wohltuenden Pausen und in den Pubs, in denen wir bis spät in die Nacht zu sitzen pflegten, hörte ich faszinierende Geschichten über wilde Jäger und Meisterschützen, über Fischfang und Angler, über Windhunde und Jagdhunde, über Pferdemärkte und Pferde und über Hahnenkämpfe, die sich über mehrere Tage hinzogen – die meisten davon waren frei erfunden. Bei meiner Rückkehr nach London begann ich mich nach diesem einzigartigen Ort zu sehnen, von dem ich sowenig wußte. Ich mußte einfach mehr davon sehen – und tat dies auch, sobald die Zeit reif dafür war.

Das Erlebnis, das ich als meine eigentliche Einführung in die irische Küche betrachtete, ereignete sich während eines anderen Angelausflugs. Einmal kam ich zufällig an das Ufer des Lough Arrow in der Grafschaft Sligo. Ich landete beim Arrow Cottage, wo Tommy Flynn »Irlands größte Flotte« befehligte – etwa 25 Holzboote, die er an Angler vermietete. Die Boote mit dem grünen, allmählich verblassenden Anstrich, die meisten davon sichtlich reparaturbedürftig, lagen auf einem mit Gras bewachsenen Kiesstrand vor seinem Haus.

Es war ein warmer, trüber Tag Mitte September. Tommy schlug mir vor, ich sollte große, nasse Fliegen hinter meinem

Boot herziehen – eine hier übliche Methode, um zu dieser Jahreszeit Forellen zu fangen. Ich schob das Boot, das mir noch am vertrauenerweckendsten erschien, ins Wasser und setzte meinen kürzlich erworbenen neuen Gefährten, einen Deutsch-Kurzhaar-Vorstehhund namens Pluto an den Bug. Gemächlich und gutgelaunt ruderte ich den See hinunter, vorbei an McCormack's Point und weiter zur Andresma Bay. Tommy hatte recht gehabt: Nach etwa anderthalb Meilen hatte ich sechs Prachtexemplare gefangen und war höchst zufrieden mit mir.

Dann schlug plötzlich das Wetter um. Die sanfte Nordostbrise wurde zu einem starken Wind, die Wellen kräuselten sich. Der Himmel wurde bedrohlich schwarz und öffnete seine Schleusen. Ohne wasserdichte Kleidung war ich innerhalb von wenigen Minuten naß bis auf die Haut. Der See hatte jetzt Ähnlichkeit mit einem Meer: Ein bis zwei Meter hohe Wellen hatten sich in eine Herde wild dahingaloppierender weißer Pferde verwandelt, mit einigen schweren Clydesdales in ihrer Mitte. Ich war wie erstarrt, denn meine bisherigen Erfahrungen beschränkten sich auf die sicheren Teiche und Seen in England, und ich hatte keine Ahnung von dem, was mich in einem riesigen irischen Lough erwarten würde. Während ich gegen den Wind (versuchen Sie es einmal!) heimwärts ruderte, heulte und zitterte der Hund; er hatte mindestens ebensoviel Angst wie ich selbst.

Plötzlich ein warmes Gefühl von Vertrautheit. Ich roch einen einladenden Duft, den mir der Wind zutrug: den unverkennbaren Geruch von Speck und Kohl, begleitet von grausigen Klangfetzen, als würde jemand auf einer Geige kratzen. Schließlich erreichte ich erschöpft das Ufer. Pudelnaß stapfte ich zu Tommy Flynn und zahlte ihm seine 10 Shilling Bootsmiete.

Dieser beugte sich im abendlichen Dämmerlicht seiner winzigen Hütte über den dickbauchigen Herd und kämpfte mit einer großen Scheibe Speck und dem dazugehörigen Kohl in einem großen Topf, der neben einem anderen Topf mit mehligen, bereits gargekochten Kartoffeln stand. In der Hitze, die der Herd verströmte, begannen meine Kleider zu dampfen. Tommy sah mich mit blinzelnden Augen an, ließ sich dann gemütlich in seinem Lehnstuhl nieder und zündete sich eine weitere Woodbine an. Mit der freundlichen Beharrlichkeit, wie sie auf dem Land noch üblich ist, lud er mich zum Essen ein: »Es dauert noch etwa zehn Minuten. Reichen Sie mir inzwischen die Geige herüber, damit ich ein bißchen Musik machen kann.«

Da sich der Dampf langsam verzog, klang das ganz plausibel. Ich streckte mich nach der Geige, deren Umrisse ich im Dunkeln hoch am Dachbalken entdeckt hatte, und reichte sie Tommy.

»Auf der kann ich aber nicht spielen – sie ist nicht gestimmt.«

Warum nicht? Was sollte das heißen? Ich kam mir wie ein Trottel vor, als ich sah, daß ich das Ende einer schwarzen, verschrumpelten Speckseite in der Hand hielt, die wie eine Stradivari aussah. Das war meine Einführung in die irische Küche.

Natürlich hat die moderne irische Küche weit mehr zu bieten als nur Speck und Kohl. Aber es ist erfreulich, daß die alten Lieblingszutaten, die früher traditionell die Hauptbestandteile so mancher einfachen Mahlzeit in den Hütten der Iren bildeten, heute in einem von Kerzenschein erleuchteten georgianischen Speisesaal serviert werden – häufig natürlich in verfeinerter Form. Die Iren haben nämlich, wie die Franzosen schon vor langer Zeit, mittlerweile erkannt, daß es sich dabei um die besten Gerichte der Welt handelt. Cassoulet ist eine Delikatesse – aber im Endeffekt auch nicht besser als ein perfekt zubereitetes Irish Stew.

Während einer Diskussion, die vor einigen Jahren im irischen Rundfunk zwischen dem bekannten irischen Schauspieler Michael MacLiammoir und dem berühmten Dubliner Gastronomen Louis Jammet stattfand, pries MacLiammoir die französischen Köche und ihr Talent, hervorragende Gerichte auf den Tisch zu bringen. Er lobte auch die Franzosen insgesamt für ihre Fähigkeit, sich daran zu erfreuen, und fragte sich, warum die Iren diesen Dingen so gleichgültig gegenüberstanden. Jammet wunderte sich ebenfalls über diese Gleichgültigkeit der Iren gegenüber dem Essen, insbesondere auch deshalb, da doch Irland – seiner Meinung nach – die besten natürlichen Zutaten in ganz Europa hervorbrachte.

Im Laufe der 80er Jahre entwickelte sich jedoch eine neue, positive Einstellung gegenüber dem Essen, gefördert von einer Gruppe engagierter Enthusiasten, die eine Renaissance der irischen Gastronomie einleiteten und im ganzen Land ein neues Bewußtsein für die bis dahin kaum genutzten Quellen ausgezeichneter einheimischer Zutaten weckten. Angeregt von diesem natürlichen Reichtum, eröffneten überall in Irland Restaurants und Landgasthöfe mit anspruchsvollem Geschmack – ein Trend, der bis heute anhält. Die Köche dort, die jeden Tag für ihre Küche nur das Beste verlangen, was auf dem Markt zu finden ist, ermutigen eine ganze Reihe von Gärtnern, die biologische Anbaumethoden pflegen, ihre Kräuter, ihr Obst und ihr Gemüse nun speziell für diese Zwecke anzubauen. Auch die Fischhändler staunen über die große Nachfrage auf dem heimischen Markt und liefern Tag für Tag nur die allerbesten Weißfische, Großen Kammuscheln, Venusmuscheln, Seeigel, Wellhornschnecken, Kaisergranate, Meeresschnecken, Hummer, Krebse, Panzerkrebse, Herzmuscheln und Miesmuscheln – fangfrisch und lebend natürlich. Irisches Lammfleisch, von Schafen aus den Bergen oder *pré-salé*, d. h. von Schafen, die auf einer zeitweilig von Meerwasser überfluteten Wiese geweidet haben, ist das beste, das man überhaupt kaufen kann.

Auch für sportlich veranlagte Genießer ist hier bestens gesorgt. Angler finden Forellen und Lachse im Überfluß in fast jedem Strom oder Bach und in den Flußmündungen in das Meer. Für Jäger gibt es in jedem Gehölz oder Wald oder in den Bergen, die friedlich unter dem winterlichen Himmel liegen, schönes Wild. Die Franzosen haben nie ernsthaft daran geglaubt, daß so etwas geschehen könnte – aber heute haben die meisten der neuen irischen Bauernkäse mit ihren europäischen Konkur-

renten gleichgezogen und werden alljährlich prämiert. Norman und Veronica Steele, zwei Pioniere auf dem Gebiet der Käseproduktion, führen die hohe Qualität auf die Weiden zurück, auf denen die Rinder und Ziegen grasen. Zahlreiche andere, durch Zufall bedingte Erfolgsstories haben ihren Ursprung in Menschen, die ihren Beruf in der Stadt aufgaben und auf dem Land nach einer alternativen Lebensweise suchten. Kleinbetriebe mit eigenen, freilaufenden Hühnern, einem Kräutergarten, einer Ziegenherde und ein oder zwei Kühen siedelten sich auf einem günstig erworbenen Stück Land an, gewöhnlich etwas abseits von den kommerziell ausgerichteten Bauernhöfen mit intensiver Viehhaltung. Diese wenigen Tiere erzeugten zwar nicht sehr viel Milch, aber selbst nachdem die Familie ihren Eigenbedarf gestillt hatte, blieb in der Regel noch genug übrig, um daraus Butter und Käse herzustellen. Die Käseherstellung gehört zu den irischen Traditionen, die lange Zeit fast in Vergessenheit geraten waren. Die grasbedeckten Felder dieser kleinen Höfe blieben natürlich unberührt von chemischen Düngemitteln und Pestiziden, so daß dort noch all die wilden Kräuter und Gräser gedeihen konnten, die dem irischen Bauernkäse seinen typischen Charakter verleihen.

Die Dominanz der Farbe Braun in der irischen Landschaft spiegelt sich auch in den irischen Getränken und Speisen wider.

vorhergehende Seiten. Das blasse, milchige Sonnenlicht eines Mittwintertages brauchte nur zwanzig Minuten, bis sich die Schleier des frühmorgendlichen Nebels lüfteten und sich Hog Island herausschälte, hier vom Rock of Doon am Lough Key, Grafschaft Roscommon, gesehen.

oben. Diese über zwei Pfund schwere Forelle wurde, nur wenige Minuten, bevor sie am Ufer von Cullan's Island, Lough Arrow in der Grafschaft Sligo, ausgenommen und gegrillt wurde, gefangen. Einfach köstlich.

rechts. Milleens, kräftig im Geschmack und Geruch, hergestellt aus nichtpasteurisierter Kuhmilch, gehört zu den neuen, bereits international ausgezeichneten Käsesorten.

gegenüberliegende Seite. Eine perfekte Verbindung: Austern frisch aus dem Meer und ein Glas Guinness im Moran's of the Weir in der Grafschaft Galway.

Guinness, jenes köstliche Bier, das im Glas fast schwarz erscheint, ist ein Nationalgetränk. Als ich noch ein Junge war und damals im Zoo Seelöwen Halbliterkrüge voll Guinness auf ihrer Nase balancierten, erfuhren wir aus Anzeigen, daß es »gut für uns« sei – die Iren wußten das schon längst. Die Brauerei beim St. James's Gate mitten in Dublin wurde 1759 von Arthur Guinness I. gegründet – bei einer Jahresmiete von 45 Pfund über 9000 Jahre. Sie ist noch immer die größte Brauerei Europas; heute wird Guinness-Bier in nicht weniger als 120 Länder exportiert. Auf der ganzen Welt werden täglich sieben Millionen Halbe Guinness getrunken – der Löwenanteil davon mit Sicherheit in Irland selbst.

In den Anfangsjahren braute Guinness Ale, das jedoch schon bald dem stärkeren Porter wich. Dieses war nach den Leuten benannt, die es bevorzugt tranken: den Lastenträgern auf den Märkten von Covent Garden und Billingsgate in London. Das »Stadtporter«, wie man es nannte, gelangte mit Lastkähnen, die von Dublin aus die irischen Kanäle befuhren, auch aufs Land. Dort bezeichnete man es als »Landporter«, aber wenn es ankam, schmeckte es zumeist schal. Einheimische Kenner mischten es mit Backsoda, damit es wieder Schaum entwickelte – brrr! Um mit der wachsenden Konkurrenz Schritt halten zu können, braute Guinness ein noch stärkeres Bier, das unter dem Namen Extra Stout bekannt wurde.

Echtes Guinness ist ein kräftiges Bier, das mit einer sahnigen Schaumkrone serviert wird. Es wird aus gemalzter Gerste hergestellt, die dann mit Hopfen, Hefe und reinem Dubliner Wasser vermischt wird. Eine Halbe Guinness ist eine perfekte Ergänzung zu seinem kleineren, aber stärkeren honigfarbenen Bruder. Beide gemeinsam prägen zusammen mit einer glimmenden Bruyèrepfeife von Mick McQuaid oder einer aromatischen Aftonzigarette die Atmosphäre in den besseren irischen Pubs. Die Rede ist hier natürlich vom irischen Whiskey.

Um die Dinge von Anfang klarzustellen: Echter Whiskey ist Whiskey vom irischen Typ. Gemalzte Gerste wird zu einem »Maischebier« (Pot Ale), einer hellgrauen, trüben, sprudelnden Flüssigkeit vergoren, die etwa 8% Alkoholgehalt besitzt. Traditionell bekommt der Arbeiter sein morgendliches Gläschen, dann wird das Maischebier in Brennblasen dreimal destilliert. Die so gewonnene hochprozentige Flüssigkeit wird in Holzfässer umgefüllt, in denen sie mindestens sieben Jahre lagert und dabei ihre intensive Farbe und ihren reichhaltigen Geschmack entwickelt. Danach wird der Whiskey eingestuft und auf Flaschen abgefüllt. Warum verlangen Sie also in Zukunft nicht irischen Whiskey? Er schmeckt pur weit besser als in Irish Coffee. Außerdem ist er viel besser als schottischer Whisky.

Und dann gibt es natürlich auch noch jene andere »Medizin«, die farblos ist und die man offiziell nirgendwo findet oder beim Namen nennt. Pst! Wenn man an einem Wintertag auf dem Land bei klammer Feuchtigkeit durch den Matsch gestapft ist, erweist sie sich als sehr nützlich. Schon ein Fingerhut voll Poteen (schwarz gebrannter Whiskey) erfüllt Körper und Geist in Windeseile mit neuen Lebensgeistern.

Würde man mich fragen, was den für Irland typischen Geschmack verkörpert, so würde ich ohne Zögern antworten: »Braunes Brot«. Es ist nahezu überall zu finden, in Restaurants, Hotels, Landgasthöfen, Cottages – eigentlich in jedem Haus. Zumeist ist es selbstgebacken, wobei Gewicht und Konsistenz unterschiedlich sind. Sein Geschmack wird am besten durch die unvergleichlich sahnige irische Butter ergänzt.

Whiskey, göttliches Getränk!
Warum sollten Schwätzer uns langweilen
Mit ihrem Loblied auf den Wein
Wenn wir dich vor Augen haben?

Whiskey, Drink Divine
JOSEPH O'LEARY

Wenn die meisten der neuen irischen Küchenchefs ihrem Beruf treu bleiben, wird die irische Küche bis zum Jahr 2000 sicher einen nachhaltigen Einfluß auf die internationale Gastronomie ausüben. Es besteht auch die berechtigte Hoffnung, daß die Besucher ihrer Lokale das neue Niveau annehmen werden und sich die Reaktion darauf auch auf das Lebensmittelangebot auswirken wird. Wenn die Superlative bei der Beschreibung der Qualität und des Einfallsreichtums der neuen irischen Küche noch weiter steigen, sollten Sie es auch einmal in den bisher vernachlässigten Gegenden versuchen, um dort in den ländlichen Restaurants, den Landgasthöfen, den kleinen Hotels und auf den Bauernhöfen vielleicht eine Entdeckung zu machen.

Und während Sie auf der Suche nach diesen abgelegenen Plätzen sind, die sich am Ende von holprigen Feldwegen, jenseits von reißenden Wasserläufen oder am Fuß von mit Heidekraut bewachsenen Hügeln verstecken, genießen Sie einfach die noch unverdorbene Umgebung. Ich kann mir keinen anderen Ort auf der Welt vorstellen, an dem es so viele Feldwege und kleine Straßen auf einer Quadratmeile gibt, die alle nirgendwohin zu führen scheinen. Dieses engmaschige Netz ist ein Hinweis auf die frühere Bevölkerungsdichte vor der Zeit der großen Hungersnot und vor der Massenemigration in den 50er Jahren. Jetzt dient es einem anderen Zweck und eröffnet tausend Möglichkeiten: Es bietet dem heutigen Irlandreisenden immer neue Überraschungen hinter jeder Biegung.

Vor dem Hintergrund eines fast immer grauen Himmels zeichnet sich die zerklüftete Küstenlinie ab, deren unzählige Verformungen und Vertiefungen der Atlantik ausgehöhlt hat. Im Laufe der Jahre hatten die Landschaft und die Menschen in Irland gleichermaßen Anteil an der Mühsal, aber nun kommen die Dinge allmählich ins Lot. Die wenigen, privilegierten Bewohner, die es bis heute auf der Insel ausgehalten haben, können stolz das Loblied ihres Landes singen und der Welt die wundervolle, vielfältige Schönheit ihrer Heimat zeigen.

Irland ist ein idyllisches, sehr grünes Land, in dem graue Steinwälle die Grenzen markieren und mit Efeu überwucherte Ruinen malerisch zerfallen. Die üppigen Wiesen und das dichte grüne Laub saugen in nie zu stillendem Durst die Feuchtigkeit aus dem irischen Boden. Die reichen Niederschläge haben Tau-

oben. Die Aufschrift besagt »Paddy«, aber die farblose Flüssigkeit gibt das Geheimnis schnell preis. Ein Schlückchen weckt die Lebensgeister an einem kalten Morgen nach der Sumpfschnepfenjagd.

gegenüberliegende Seite. Der Duft des frischen, nach traditionellen Rezepten gebackenen Brotes aus der herrlichen kleinen Bäckerei in Schull, Grafschaft Cork, ist einfach himmlisch. Kastenbrote, flache Laibe, Baguettes, helle Semmeln, helle Teekuchen, Vollkornbrot, Weizenbrot, dunkles Sauerteigbrot werden hier gebacken, wobei die alten Formen und Bleche verwendet werden. Der einzige andere Backofen dieser Art in Irland befindet sich in einem Zisterzienserkloster.

PERKINS PATENT STEAM OVEN

unten. Ein alter, von Efeu überwucherter Briefkasten.

rechts. Hoch aufgeschichtete Steinhaufen markieren in Burren in der Grafschaft Clare die Grenzen der Felder.

sende von tiefblauen, klaren Bächen, Flüssen, Seen und Wasserläufen geschaffen, die den braunen, oft lehmigen Boden mit sich reißen und versuchen, Irland zu überschwemmen.

Im Winter oder während eines sehr nassen Sommers brechen die Uferdämme, so daß weite Landstriche überspült werden, vor allem am Shannon, wo die Böschungen morastig sind oder aus festem Gestein bestehen. Dieses überschwemmte Land hat schon immer die Besorgnis der Bauern erregt, die es am liebsten sehen würden, wenn man die Flüsse regulierte. Dadurch würde man jedoch lediglich zehntklassiges Ackerland in drittklassiges verwandeln, das man bestenfalls stückweise verkaufen könnte. Außerdem würde es den Regen nicht daran hindern, auch weiterhin auf das Heu zu fallen. Großflächige Entwässerungsprojekte in Irland haben immer wieder gezeigt, daß sie für das Land nur sehr wenig und für die Wildtiere und die Fischbestände überhaupt nicht von Nutzen sind. Auf diese Weise wurden lediglich zahlreiche Flüsse bedeutungslos.

Im Winter haben diese Feuchtgebiete ihren ganz eigenen, majestätischen Reiz. Die hellbraunen und bernsteingelben Binsen und das abgestorbene Schilfgras rascheln im Wind. In den Sümpfen des Tieflandes saugen blaßgrüne Moosteppiche wie Schwämme einen Teil des Wassers auf. Flechten bedecken die nun kahlen Äste der Bäume und wirken im Nebel wie geisterhafte Wesen. Aufgeschreckte Sumpfschnepfen fliegen im Zickzack davon, Stockenten und Pfeifenten flüchten, man hört den eintönigen Schrei der Krickenten. Dieses Land ist ein Paradies für Wildvögel und Wildtiere – und für die Sportjäger, die besonders für eine Erhaltung der Feuchtgebiete eintreten. Hier liegen die Überreste des Herbstes auf dem Waldboden und nehmen die Farbe der Waldschnepfen an. Das ist die Landschaft von Peter Emerson, dem berühmten viktorianischen Photographen, der erstmals einen kreativen Zug in die Kunst der Photographie einbrachte und später zu einem meiner großen Vorbilder wurde. Ein Spaziergang durch den Morast

einer überschwemmten Winterlandschaft, begleitet vom säuerlichen Geruch der Erde, ist eine recht schmierige Angelegenheit – man muß sich leichtfüßig bewegen, so als wolle man den Boden nicht berühren. Aber die Anstrengung lohnt sich – besonders wenn die untergehende Sonne den tiefen Horizont golden färbt.

Winter bezieht sich in Irland eher auf einen bestimmten Jahresabschnitt als auf extreme Wetterverhältnisse. Außer Regen und etwas Frost gibt es hier keinen Winter im eigentlichen Sinn: Die Wintermonate sind eher mild. Der Monat Februar, der gottlob nur vier Wochen dauert, ist dennoch die trostloseste Zeit des Jahres in Irland. Der Boden ist jetzt am feuchtesten, die Bäume sind ganz kahl. Das Wasser in den Seen und Flüssen steht zu hoch, als daß man fischen könnte. Die Jagdsaison ist vorüber; der Boden der Felder ist viel zu klebrig und zu tief, um auf die Pirsch gehen zu können. Selbst an einem relativ hellen Tag scheint die Sonne nur verschwommen, wirkt die Luft dünn.

Erst am oder nach dem 17. März, dem St Patrick's Day, erwacht das Land zu neuem Leben. Sobald die Festlichkeiten vorüber und die *Shamrocks* (Kleeblätter) in den Knopflöchern verwelkt sind, denkt man an den Neubeginn. Die Landschaft trägt zum ersten Mal wieder bunte Tupfer: zahllose Gänseblümchen. Der Wasserstand beginnt zu fallen. Nachdem sich der Wind gelegt hat, erwärmt sich die Luft langsam. Die Blätter an den Bäumen und Sträuchern sprießen. Die Schlüsselblumen überziehen die Gräben mit einem hellgelben und zartgrünen Teppich.

Plötzlich ist der April da: Die Vögel singen, und das Gras wächst. Die Luft ist von einem wunderbaren Duft erfüllt. Nicht der vertraute Geruch des Torfrauchs, der an einem Herbst- oder Frühlingstag über der Landschaft hängt, und auch nicht der allgegenwärtige Silogeruch. Nein, es ist der wundervolle Duft frischen Grüns in der Wärme eines feuchten Spätapriltages.

Im Mai und Juni, wenn die Winter- und Frühjahrsregenfälle aufgehört haben, aber der Boden noch weich und klebrig und gut zu bearbeiten ist, sticht man in Westirland Torf. Er wird anschließend getrocknet und dann zu den Cottages gebracht, wo er als Heizmaterial für den nächsten Winter gelagert wird. Hier liegt Torf zum Trocknen aufgehäuft, an einem grauen Tag mit unheilvollen Wolken, vor der Kulisse des Inagh Valley und des Lough Inagh in der Grafschaft Galway.

Bald darauf sind die Hecken wieder dicht belaubt, zeigen sich die ersten Blüten. In Irland ziehen sich die Hecken wie lange Schmuckbänder durch die Landschaft – eine wehmütige Erinnerung für viele Besucher, wie es bei ihnen selbst zu Hause auf dem Land aussah, bevor moderne Ackerbaumethoden zur Entstehung riesiger landwirtschaftlicher Nutzflächen und zum Verschwinden der kleinen Begrenzungshecken führten. Hier sind die Hecken mit ihren zahllosen Blüten nicht nur eine willkommene Nektarquelle für die Bienen, sondern erfreuen auch das Auge und die Nase der Menschen. Später stellen ihre Früchte, Nüsse und Beeren einen reichen Speisetisch für Kleintiere und überwinternde Vögel dar.

Im Frühling und Frühsommer wirkt die irische Landschaft wie ein Brautstrauß aus weißen Blüten. Zuerst kommt der Schlehdorn, danach der Weißdorn und dann der Holunder; zum Schluß blühen die Brombeeren. Wenn der Weißdorn ab Mitte Mai in voller Blüte steht, ist die Landschaft am schönsten.

Und plötzlich sahen sie wieder alles vor sich: das kahle Moor mit dem buckelförmigen Berg dahinter, die kleinen weißen Häuser und die düsteren Torfwälle, die aussahen wie die rauchgeschwärzten Ruinen einer mächtigen Stadt.

In the Train
FRANK O'CONNOR
(MICHAEL O'DONOVAN)

Das ganze Land scheint mit riesigen weißen Tüchern abgedeckt zu sein, als hätten seine Bewohner alles eingepackt und wären fortgezogen. Tatsächlich sind auch einige weggegangen, denn es ist die Zeit der Eintagsfliegen.

Eintagsfliegen als Köder von einem treibenden Boot aus ins Wasser fallen zu lassen, in der Nähe des Ufers oder an der Spitze einer Insel in einem der großen irischen Loughs, ist in Irland ein beliebter Zeitvertreib.

Hätte ich Platz dafür, könnte ich ein ganzes Kapitel über die wirtschaftliche Bedeutung dieses einen Insekts, *Ephemera danica*, schreiben, das in den letzten Jahren so viele Angler nach Irland gelockt und dem Land viel Geld eingebracht hat. Leider ist die Zukunft der Eintagsfliege gefährdet. Am Lough Sheen, früher unbestritten der beste Forellensee Europas, gibt es beispielsweise schon keine mehr. Tausende von Litern Gülle aus den großen Schweinemastbetrieben, die rund um seine Ufer liegen, flossen in den See hinein, wobei sie das Wasser mit Nähr-

unten. Schlehdorn im Frühling. Er trägt als erster sein weißes Blütenkleid; später wachsen daraus seine Früchte, die Schlehen. Das harte Holz wird in Irland zum Viehtreiben und zum Verjagen von Kobolden benutzt.

rechts. Mitte Mai blühen die zahllosen Weißdornsträucher. Die Grafschaft Roscommon ist während dieser Jahreszeit besonders schön. Um diese Zeit geht man auch mit Eintagsfliegen als Köder auf Fischfang. Im Herbst biegen sich die gleichen Sträucher unter der Last ihrer roten Beeren, eine reiche Beute gleichermaßen für Vögel und Menschen, die daraus Wein machen.

Grün sprießt jede Pflanze;
die Eichenschößlinge tragen frische grüne Blätter.
Der Sommer ist gekommen, der Winter vorüber;
der Hirsch stößt sich an verschlungenen
Stechpalmenzweigen.
VERFASSER UNBEKANNT, 10. JAHRHUNDERT

stoffen anreicherten und ihm gleichzeitig viel Sauerstoff entzogen. Als Folge davon starben die Algen ab und lagerten sich auf dem schlammig gewordenen Grund ab, so daß der Lebenszyklus der Eintagsfliegen gestört wurde.

Man kann natürlich kein Buch über dieses Land schreiben, ohne auch auf seine Menschen einzugehen. Ihre Freundlichkeit und ihre Leidenschaft für das Geschichtenerzählen sind geradezu sprichwörtlich.

Die Iren, die wie Südländer in einem kalten Klima leben, sind ein junges, frohgemutes, etwas sorgloses Volk, das seinen Hochmut schon lange abgelegt und keine Zeit für nutzlosen Tand hat. Aber die Männer sind geradezu besessen vom Gefühl ihrer Stärke und verehren ihre einheimischen Helden. Seit der Zeit, als angeblich Riesen die Landschaft durchstreiften, gibt es zahllose Geschichten über Männer mit Händen so groß wie Schaufeln und mit Stiernacken, die zu den stärksten der Welt gehören.

Vor noch nicht allzu langer Zeit zeigte man mir einen Granitblock von rund sechseinhalb Zentnern Gewicht, der bei einem Cottage in Bellass in der Grafschaft Mayo als Grenzstein niedergelegt worden war, von einem »Horse Durkan«, der ihn über eine beträchtliche Wegstrecke auf seinem Rücken geschleppt hatte, wobei er nur zwei Lederriemen verwendete. Ein einheimischer »Historiker«, der zufällig dabeistand, mischte sich ein und meinte zu mir: »*Ich* habe schon einen Mann gesehen, der eine schwerere Last trug.«

Vor einigen Jahren wurde auf dem Bahnhof von Foxford eine Kiste, die Teile für eine Verbrennungsmaschine enthielt, auf dem westlichen Bahnsteig abgeladen, aber der Karren mit den zwei Zugpferden, der sie abholen sollte, wartete auf dem östlichen Bahnsteig. Wie jedoch sollte man die rund siebeneinhalb Zentner schwere Kiste auf den östlichen Bahnsteig schaffen? Aloysius Roche, der »Mann von der anderen Seite von Cullen« mit Schultern so breit wie eine Kegelbahn, wurde herbeigerufen. Er stieg mit seinen 180 cm Körperlänge in den Graben zwischen den beiden Bahnsteigen und trug die Last auf einer Schulter hinüber – fast sieben Meter weit. Ich habe allerdings vergessen, meinen Informanten zu fragen, wie groß Aloysius Roche war, als er die andere Seite erreichte.

Es soll dort jedoch einen Mann mit noch größeren Körperkräften gegeben haben. Er war als der »riesige Lundy« bekannt und mit seinen 2 Metern Größe der stattlichste Mann, der je die Brücke von Foxford überschritt. Zusammen mit anderen Männern machte er sich von Belmullet in der Grafschaft Mayo zu Fuß auf nach England, wo sie sich als Helfer bei der Getreideernte verdingen wollten. Sie übernachteten im Freien und sparten lieber das wenige Geld, das sie besaßen, für die zahlreichen Kneipen, die auf ihrem Weg lagen. Eines Nachts schlief einer der Männer nahe am Feuer ein, zu betrunken, um zu bemerken, daß sich sein Fuß in der heißen Asche befand. Als er am Morgen erwachte, stellte er fest, daß er böse Verbrennungen erlitten hatte und nicht mehr laufen konnte. Der riesige

Die Früchte des Herbstes von den Hecken im Grenzgebiet zwischen Roscommon und Sligo, von oben nach unten entgegen dem Uhrzeigersinn: Schlehen, Brombeeren, Hagebutten, Holunderbeeren, Mehlbeeren, garniert mit spätblühender Erika und farbenprächtigem Herbstlaub.

gegenüberliegende Seite.
Die Ausbeute eines Morgens: sechs Bachforellen, jede zwischen 800 und 1100 Gramm schwer, gefangen mit lebenden Ködern und künstlichen Fliegen. Die grünen Eintagsfliegen, die man dafür verwendet, werden von der Unterseite der Blätter der am Ufer wachsenden Bäume gesammelt und lebendig in kleinen Holzkisten aufgehoben.

FLY Box

oben. Greyhounds zählen neben Pferden zu den Lieblingstieren der Iren. Tony Murphy, der in Monasterevin in der Grafschaft Kildare Rennwindhunde züchtet, macht mit zwei Jungtieren, Peat und Moss, in einem abgeräumten Torfmoor Rast. Das flache Land von Kildare eignet sich hervorragend für das Abrichten dieser Tiere.

umstehende Doppelseite. Diese Sammlung von alten Dokumenten, Ködern und Angelgeräten gibt einen ersten Einblick in die Geschichte von Newport House in der Grafschaft Mayo. Der Newport River und der nahegelegene Lough Beltra bieten den Besuchern hervorragende Möglichkeiten zum Lachsfischen. Die schönen alten Weidenkörbe werden noch immer als Picknickkörbe verwendet.

Lundy trug seinen verletzten, fast 2 Zentner schweren Gefährten auf seinem Rücken vom Tiefland von Roscommon bis zum Hafen von Drogheda, wo sie die Fähre über die Irische See nahmen, und dann weiter bis nach Peterborough in East Anglia. Das ist eine Wegstrecke von 462 Kilometern!

Diese und andere Geschichten kann man in der Hütte der Lachsfischer in Bellass in der Grafschaft Mayo hören, vorgetragen von meinem guten Freund und Meistererzähler Red John Colman – gleichgültig, ob man zum Fischen gekommen ist oder nicht. Im Laufe der Jahre habe ich Red John und Rakish Paddy sowie viele ihrer Freunde getroffen. Ich habe immer wieder mit Vergnügen ihren Geschichten gelauscht und gelernt, einige davon selbst zu erzählen.

Erwähnen sollte man auch noch den Freund der Bauern, das Arbeitspferd der Sümpfe: einen kleinen grauen Traktor, den Ferguson Twenty, der sie fast 50 Jahre lang bei mancher Gelegenheit mit automatischer Steuerung nach einem abendlichen Pubbesuch sicher nach Hause und am Sonntagmorgen mit Gottes Segen zur Messe gebracht hat.

Dies ist ein Buch über Irland, das Land und seine Küche. Vielleicht können wir diese beiden Begriffe miteinander verknüpfen, weil sie nicht voneinander zu trennen sind, und vom »Geschmack von Irland« sprechen. Obwohl es den Leser zu einer Rundreise durch dieses Land einlädt, ist es kein Reiseführer: Es gibt so viele ausgezeichnete Bücher zu diesem Thema, daß jeder Reisende mühelos zumindest ein für ihn geeignetes finden wird. Ebensowenig ist es ein vollständiges Kompendium der Landhotels, Restaurants oder Erzeuger von irischen Spezialitäten, denn dann wäre es zweifellos nichts weiter als ein Gaststättenführer mit Sternen und Symbolen, aber nur wenigen Worten über jeden Ort, so daß die Atmosphäre der einzelnen Orte und die Eigenarten der irischen Küche überhaupt nicht beschrieben werden könnten.

Nein, dieses Buch ist ein sehr persönlich gehaltener Führer durch Irland und seine gastronomischen Genüsse, wobei ich immer wieder auf meinen Lieblingssport, das Angeln, zu sprechen komme. Warum auch nicht? Schließlich ist der Fischfang ein wichtiger Wirtschaftsfaktor Irlands, sowohl was die Fischereiindustrie als auch den Tourismus betrifft. Und was wären die exquisiten Speisekarten der Landgasthöfe ohne fangfrische Forellen und Lachse, ohne die nach Meer schmeckenden frischen Austern und Hummer aus den Küstengewässern?

Deshalb erfahren Sie in diesem Buch nichts über den Blarney Stone oder das Book of Kells, aber dafür finden Sie jede Menge persönlicher Tips, wo Sie den interessantesten Gesprächen lauschen, das stärkste Guinness trinken oder die herzlichste Gastfreundschaft in einem georgianischen Haus antreffen können. Die Geschichte wird nur gestreift – doch jeder gute Führer wird Sie ohnehin darüber informieren, daß Irland einst von verfeindeten Provinzhäuptlingen und Oberkönigen regiert wurde und daß hier Wandermönche, normannische Invasoren und Wikinger ihre Spuren hinterließen, lange bevor es eine Verbindung zu England gab. Legenden und Sagen sind allgegenwärtig. Deshalb erfahren Sie vielleicht mehr über die Vergangenheit Irlands, wenn Sie den Geschichten zuhören, die in einem gemütlichen Pub erzählt werden, als wenn Sie bloße Wörter in einem Buch lesen. In solchen Augenblicken kann man den wahren Geist dieses Landes spüren. Man kann ihn auch erleben, wenn man allein in einem Boot über einen weiten Lough rudert, in ein Glas mit Guinness hineinstarrt oder sich über einen Teller Meeresfrüchte beugt, die nach Salzwasser und Seetang riechen, zubereitet von einem fähigen Koch, der weiß, welch wertvolles Geschenk ihm die Natur damit gemacht hat, und sich glücklich schätzt, es mit Ihnen teilen zu dürfen.

FLIES FOR MARCH
No. 1—The Red Fly—(Old Joan)
No. 2—The Blue Dun—(Cock Tail)
No. 3—The Red Spinner
No. 4—The Water Cricket

NEWPORT HOUSE HOTEL

Die Küste & die Berge die Ruinen & der Regen

Monaghan · Louth
Meath · Dublin
Wicklow · Waterford · Carlow
Kilkenny · Wexford

gegenüberliegende Seite. Die Ruine der Abtei von Trim ist eines der zahlreichen Relikte einer stürmischen Vergangenheit im Boyne-Tal. Die Abtei und das nahe Schloß lohnen einen Besuch.

oben. Eine typisch irische Version des traditionellen georgianischen Türklopfers, in Dublin aufgenommen.

Monaghan

Ein Buch dieser Art muß einer logisch erscheinenden Reiseroute folgen. Ich habe mich dafür entschieden, meine Rundreise in der Grafschaft Monaghan zu beginnen, im Uhrzeigersinn die Küste zu umrunden und mit den zentralen Grafschaften im Binnenland zu enden. Viele der von mir vorgestellten Gebiete liegen zwar abseits der üblichen Touristenroute, aber das erhöht nur ihren Reiz. Selbst wenn es dort keines der großen Landhotels und Restaurants gibt, die das Hauptthema des Buches sind, findet man doch überall Häuser, in denen die traditionelle irische Gastfreundschaft gepflegt wird. Jedes von ihnen, so einfach es auch sein mag, liefert seinen speziellen Beitrag zum Gesamtbild von Irland. Die Grafschaften an der Ostküste und die benachbarten Regionen reichen vom winzigen Louth, wo die Ruinen der im 12. Jahrhundert errichteten ersten irischen Zisterzienserabtei Mellifont immer noch Wind und Regen trotzen, bis zur geschäftigen, lauten Metropole Dublin, von den goldenen Stränden von Wexford weit im Süden über die Berge von Wicklow bis zur Stadt Kilkenny mit ihren prachtvollen Baudenkmälern.

Das hüglige Monaghan ist eine friedliche Grafschaft mit hübschen Bauernhöfen und Marktflecken, rauhen, unfruchtbaren Flächen und guten Böden, die sich überall für Ackerbau und Viehzucht eignen. Die Region ist berühmt für die Spitzen aus Carrickmacross. Sie ist außerdem das Quellgebiet des großen Wasserlaufs, der seltsamerweise nach Norden fließt – des Erne.

Heute ist Monaghan das Zentrum der irischen Geflügelindustrie mit großen Hühner-, Enten- und Truthahnfarmen. Im Dorf Emyvale traf ich auf eine bemerkenswerte junge Dame, die die erste und einzige von der EG anerkannte Wachtelzucht Großbritanniens und Irlands betreibt: Ferndale Quails Limited. Fenella Steele begann ihre Zucht als Hobby in einem umgebauten Nebengebäude in der Nähe des familieneigenen Anwesens, aber heute liefert ihr florierendes Unternehmen Wachteln und Wachteleier an namhafte Kunden im ganzen Land. Zu den anspruchsvollen Empfängern ihrer sorgsam aufgezogenen Produkte gehören Colin O'Dalys Park Restaurant und das Lane Gallery Restaurant in Dublin, das Parkhotel in Kenmare, Arbutus Lodge und Ballymaloe House in Cork und Patrick Percivals Rare Foods in der Grafschaft Mayo.

Das beste Hotel in der Grafschaft Monaghan ist zweifellos Hilton Park. Diese prächtige Villa im palladianischen Stil gehört zu einer Gruppe von Landhäusern, die sehr zutreffend als »verborgenes Irland« bezeichnet werden. Sie liegt etwa fünf Kilometer außerhalb von Clones an der Straße nach Ballyhaise. Man betritt sie durch mehrere imposante Tore. Der Prospekt des Hauses informiert Gäste auf bezaubernde Weise mit der für Irland typischen Widersprüchlichkeit: »Ein Hinweis noch – die als ›Green Gates‹ bekannten Eingangstore sind in Wirklichkeit schwarz, verziert mit silbernen Falken.«

Die hügligen Wiesen, auf denen Schafe und Pferde weiden, deuten darauf hin, daß es sich dabei um einen noch bewirtschafteten Bauernhof handelt, was auch tatsächlich der Fall ist. Das Anwesen ist seit dem frühen 18. Jahrhundert im Besitz derselben Familie; damals wurde es von Samuel Madden, einem Verwandten des Schriftstellers Oliver Goldsmith, erworben. Heute gehört es John und Lucy Madden und wird von ihnen auch bewirtschaftet. In diesem Haus findet man noch überall den höchsten Standard, den man früher erwarten konnte: herrliche, altmodische Himmelbetten, einen vornehmen, ausschließlich von Kerzen erleuchteten Speisesaal, einen von einem Gewölbe überspannten Frühstücksraum und in allen Zimmern prächtige Blumengestecke.

Dank Lucys guter Küche und Johns Freundlichkeit fühlt man sich wie ein wirklicher Gast des Hauses, so daß der Aufenthalt dort zu einem ganz besonderen Erlebnis wird. Lucys Spezialitäten sind ihre hausgemachten Weichkäse und ihre köstlichen Kartoffelgerichte. Hilton Park ist auch ein bevorzugter Rückzugsort von Besitzern anderer Landhotels und Restaurants, die einmal ausspannen möchten. Ein kleiner See lädt zum Bootfahren und zum Fischen (Hechte) ein. Außerdem gibt es Golf- und Krocketplätze.

Alle Zimmer im Hilton Park in der Grafschaft Monaghan bieten höchsten Komfort. Dennoch ist diese alte Speisekammer, die zur Aufbewahrung von Wild, Käse und Fisch bestimmt ist, einer der Lieblingsplätze der Besitzer Lucy und John Madden.

Louth & Meath

Die Gastlichkeit eines Iren ist nicht wie in anderen Ländern berechnend und förmlich. Sie kommt, wie alle seine Qualitäten, seine Fehler und seine Tugenden, direkt aus dem Herzen.

DANIEL O'CONNELL

Über Jahre hinweg waren Krüge mit der Aufschrift »Boyne Valley Honey« in irischen Geschäften ein vertrauter Anblick für mich. Deshalb beschloß ich vor kurzem, mehr über dieses hochgelobte Produkt herauszufinden, und besuchte zu diesem Zweck die Zisterziensermönche in der New Mellifont Abbey in Collon, in der benachbarten Grafschaft Louth, die die Honigproduktion kommerziell betreiben.

Es war ein ruhiger, feuchtkalter Nachmittag. Zuerst konnte ich niemanden finden; selbst das Pressebüro war geschlossen. Schließlich traf ich auf Father Peter, der mir den Grund für die überall herrschende Stille verriet: Die Ordensbrüder waren alle versammelt – aber nicht, um zu beten, sondern um sich im Fernsehen das Fußballspiel Irland gegen Rumänien anzusehen. Den Anweisungen des Klosterbruders folgend, kroch ich durch Unterholz und stieg über Zäune, bis ich einen dunklen Winkel erreichte, wo etwa 20 alte hölzerne Bienenkörbe zwischen Apfelbäumen standen. Das Summen von Tausenden von Bienen störte bedrohlich die Ruhe. Von Father Maurice, dem Imker, war nichts zu sehen. Plötzlich fuhr mir der Schreck meines Lebens in die Glieder – eine geisterhafte Erscheinung, eingehüllt in eine dichte Rauchwolke, sprang wild gestikulierend auf und brüllte: »Gehen Sie weg!« Father Maurice, der sein Gesicht hinter einem schützenden Netz verbarg und seine rauchausstoßende Bienenkanone, seine »Bee Special«, schwenkte, hatte gerade Königinnen eingesammelt und fürchtete um meine Sicherheit. Dann entdeckte ich zu meinem Entsetzen auch noch eine schwarze Wolke aus Bienen, die sich drohend herabsenkte. Wild mit den Armen um mich schlagend und mit Beinen, die sich von selbst zu bewegen schienen, rannte ich um mein Leben und nahm jede Hürde auf meinem Weg wie Roger Kingdom, wenn ihm Colin Jackson dicht auf den Fersen ist.

Mit ziemlich weichen Knien erreichte ich wieder das Kloster, wo ich auch endlich auf den Abt traf: Es war wohl gerade Halbzeit. Er erzählte mir, daß Father Maurice es hasse, wenn man ihn bei seiner Arbeit störe, und teilte mir mit, es gebe leider auch keinen Honig zu kaufen. Die Blüten, von denen die Bienen gerade ihren Nektar holten, gehörten zur zweiten Rapsernte und lieferten einen zähflüssigen harten Honig, den die Mönche nicht gern verkauften. Ich verließ Mellifont, ohne vorerst die Fenster meines Wagens herabzukurbeln, und machte mich auf den Weg in das weiter südlich in der Grafschaft Meath gelegene Dorf Slane.

Slane liegt zu beiden Seiten des historisch bedeutsamen Flusses Boyne. Das Gebiet an der Grenze zwischen Louth und Meath ist reich an geschichtlichen Zeugnissen. Old Mellifont Abbey mit ihrem achteckigen romanischen Lavabo ist nur eine der eindrucksvollen Ruinen, die das in der Grafschaft Louth gelegene Ufer säumen. Weiter südlich stößt man in der Grafschaft Meath auf die alten, geheimnisumwitterten Megalithgräber von Dowth, Knowth und Newgrange, die ihre ehrfurchtgebietende Größe bis heute bewahrt haben. Wenn man Glück hat und zum richtigen Zeitpunkt kommt, erhellen die Strahlen der Sonne während der Wintersonnenwende den kreuzförmigen Innenraum von Newgrange in grandioser Weise. Das umliegende Land ist sehr fruchtbar. Hier befindet sich auch King William's Glen, 1690 Schauplatz der Schlacht am Boyne zwischen Katholiken und Protestanten. Tara, einst Festung der Oberkönige von Irland, Bective Abbey und Trim Castle liegen ebenfalls nicht weit entfernt.

Beauparc House in Slane ist ein idealer Ausgangspunkt für Ausflüge in das Tal des Boyne und andere Teile der Grafschaft Meath. Das elegante, im 18. Jahrhundert errichtete Landhaus ist mit vielen Antiquitäten und schönen Kunstwerken ausgestattet und bietet heute jeden nur erdenklichen modernen Komfort. Sein Besitzer, Lord Mount Charles, wohnt in Slane Castle auf der anderen Seite des Flusses. Im Winter ist das Gebiet der Grafschaften Louth und Meath und der Region nördlich von Dublin ein Paradies für Jäger. Die Fingal Harriers, die Louth Foxhounds und die Ward Union Staghounds veranstalten hier alle Fuchsjagden.

Zurück in den Norden der Grafschaft Meath. Westlich von Slane arbeitet noch die Mitte des 16. Jahrhunderts errichtete Martry Mill und produziert ausgezeichnetes, zwischen Steinen gemahlenes Mehl, am regulierten Blackwater River bei Kells (auch unter dem irischen Namen Ceanannus Mor bekannt). Ich habe noch angenehme Erinnerungen an den Blackwater aus den 70er Jahren: Bevor er reguliert wurde, war er ein prächtiges Forellengewässer, in dem man auch viele stromaufwärts schwimmende Lachse fangen konnte. Damals war Martry ein romantisches kleines Juwel; das hölzerne Wasserrad am Hauptgebäude drehte sich langsam und durchpflügte mit seinen großen Schaufeln das Wasser, während überall Forellen zur Wasseroberfläche aufstiegen. Dann wurde die Mühle für sieben Jahre geschlossen und der Lauf des Flusses leicht verändert, wobei der Wasserspiegel um fast 2,5 Meter sank. Auf Bitten der Öffentlichkeit wurde die Mühle wieder in Betrieb genommen, aber das alte Rad dreht sich heute 2,5 Meter tiefer und 6 Meter vom Hauptgebäude entfernt. Das langsame Zermahlen des Getreides zwischen zwei sich ständig drehenden Steinen erzeugt nur sehr wenig Wärme, so daß der an Vitamin E reiche Weizenkeim im Mehl nahezu unversehrt bleibt – auch ein Grund dafür, warum das gute irische Vollkornbrot einen so ausgezeichneten Ruf genießt. Die Besucher der Martry Mill werden heute von der Familie Tallon empfangen, die ihnen Mehl in geschmackvoller Verpackung anbietet.

Wenn ich sterbe, möchte ich mich in einem Faß voll Porter auflösen, das man in allen Pubs in Dublin ausschenken soll.

J. P. DONLEAVY

Dublin

Wenn man auf der Straße von Navan anreist, erhält man den wohl schönsten und nachhaltigsten Eindruck von Dublin: Man durchquert den riesigen Phoenix Park mit seinen großen Rotwildrudeln, den Reitwegen, Polo-, Kricket- und Fußballplätzen, einem Zoo und den von Gaslaternen beleuchteten breiten Wegen. Auf der der Stadt zugewandten Seite streckt Ihnen der Liffey zur Begrüßung seinen Arm entgegen und führt Sie direkt ins Zentrum der Hauptstadt. Der unverkennbare Geruch von geröstetem Hopfen weht von der Guinness-Brauerei über den Fluß. Dort im Ryan's in der Parkgate Street macht der Kenner eine erste Rast und genehmigt sich ein Glas Guinness. Ein Glas Bier, ein Pub und Leute – die Quintessenz von Dublin.

Dieses Dublin besteht eigentlich aus zwei Städten: Eine weltoffene Metropole ist um das traditionelle Zentrum der »Old City« herum entstanden. Und wo befindet sich diese Altstadt? Nun, sie liegt in Ringsend und den Liberties sowie verschiedenen Straßen und Plätzen dazwischen. Noch mehr jedoch ist es ein Gefühl der Zugehörigkeit. Denn die wahren Tugenden der Dubliner Arbeiterschicht, Witz, Charme und Großzügigkeit, drücken sich immer noch in einem besonderen umgangssprachlichen Akzent aus. Suchen Sie danach abseits der üblichen Touristenwege.

Dublin hat eine sehr günstige Lage. Es ist eine Hafenstadt, die nur 20 Minuten vom Bergland entfernt liegt; im Norden

Blick vom Forty Foot, dem Nacktbadestrand für Männer in Sandycove, auf die im Dämmerlicht liegende Skyline von Dublin. Die Stadt verfügt über schöne Sandstrände in der näheren Umgebung, ausgezeichnete Fischgewässer sowie einen Fischerei- und einen Jachthafen.

rechts. Der Hof des Trinity College in Dublin, aufgenommen an einem Vormittag Ende Februar nach Schneefall. Trinity beherbergt einen der größten Schätze Irlands, das Book of Kells, ein prächtig illuminiertes Evangeliar aus dem 9. Jahrhundert.

gegenüberliegende Seite oben und unten. Das georgianische Dublin. Typische Lünetten, flankiert von ionischen Säulen, am Merrion Square. Im 18. Jahrhundert war Dublin eine der elegantesten Städte Europas. An solchen Plätzen wohnten gebildete Aristokraten und Landedelleute in Häusern mit herrlichen Fassaden und zierlichen Schmiedearbeiten sowie wunderschönen Stukkaturen im Inneren. Im Laufe des folgenden Jahrhunderts wurden diese Häuser leider aufgegeben und verfielen. Zwar wurden viele davon Mietshäuser und später Opfer von Bodenspekulanten, aber die übriggebliebenen Gebäude sind sorgfältig restauriert und einer neuen Bestimmung übergeben worden.

und Süden erstrecken sich Sandstrände. Im großen alten Fluß Liffey kann man innerhalb der Stadtgrenzen noch Lachse angeln – selbst wenn der Hauptverkehrsstrom daran vorbeirollt. Außerdem besitzt Dublin einen Fischerei- und einen Jachthafen – der eine in Howth und der andere in Dunlaoghaire – sowie eine Reihe von kleinen Buchten.

Mountjoy Square, Fitzwilliam Square und Merrion Square liegen im Herzen des wunderschönen georgianischen Dublin. Früher öffneten sich die getäfelten Türen ihrer Häuser auf Straßen, auf denen Pferde und Kutschen die Hauptverkehrsmittel waren. Und bis heute scheint sich kaum etwas verändert zu haben, denn noch immer ziehen viele treue Arbeitspferde ihre Karren über das Dubliner Kopfsteinpflaster, um Gemüse, Torf, Brennholz und Kohlen auszuliefern oder Schrott einzusammeln. Die alljährlich im August stattfindende Dublin Horse Show ist eines der berühmtesten Ereignisse für Pferdeliebhaber. Die Stadt verfügt über eine moderne, leicht zu erreichende

Rennbahn in Leopardstown, wo Flachbahn- und Jagdrennen stattfinden. Außerdem gibt es Rennbahnen für Windhundrennen in Shelbourne Park und Harold's Cross.

Aber Dublin besitzt nicht nur ein historisches Gesicht, es ist heute auch eine sehr junge Stadt: Die Hälfte seiner Einwohner ist unter 25. Die neue Weltoffenheit hat dazu geführt, daß neben den alteingesessenen Restaurants zahlreiche interessante neue eröffnet worden sind. Zu ihnen gehört das Polo One in der Molesworth Lane, ein elegantes Restaurant, dessen luftiger Eingangsraum aus Stein und Terrakotta dank seiner bunten Beleuchtung und der Blumenampeln mit den herabhängenden Grünpflanzen auf den ersten Blick einladend wirkt. Man speist dort am besten zu Mittag, wozu man Leinenhosen, möglichst mit exakten Bügelfalten, tragen sollte. Das unter der Leitung von Küchenchef John Cooke zubereitete Essen ist leicht und elegant. Versuchen Sie das Schmetterlingssteak vom Wildlachs in Ingwer-Rosmarin-Sauce – ein besseres habe ich noch nie ge-

Ich verleugne alle fruchtbaren Wiesen
und alles bestellte Land,
Das Böse, das daraus erwächst, und das Gute,
Aber das Dublin der alten Statuen,
die arrogante Stadt,
Regt sich stolz und heimlich in meinem Blut.

DONAGH MACDONAGH

Wenn das Geld knapp und schwer zu bekommen ist
Und auch dein Pferd durchgegangen ist,
Wenn alles, was du hast, ein Berg Schulden ist,
Bleibt dir als einziger Trost der Alkohol.

At Swim-Two-Birds
FLANN O'BRIEN

gessen. Auf der internationalen Speisekarte finden Sie auch Petersiliensalat, Prosciutto und Ossobuco.

Le Coq Hardi in der Pembroke Road ist auf klassische französische Küche spezialisiert. Das wohlschmeckende Gericht aus ausgelöstem Hühnerfleisch, dem das Restaurant seinen Namen verdankt, ist die Spezialität des Küchenchefs John Howard, aber ein Sonderlob von Präsident Mitterrand erhielt er für sein Schwarzbrot. Das Park Restaurant von Colin O'Daly, der nicht nur der Besitzer, sondern auch der Küchenchef ist, liegt im Vorort Blackrock, nur 10 Autominuten vom Zentrum entfernt. O'Daly begann seine Karriere im Aer Lingus unter dem berühmten irischen Küchenchef Jimmy Flahive; danach arbeitete er in Ashford Castle, im Newport House und im Park Hotel in Kenmare. Seine besondere Spezialität sind Meeresfrüchte, darunter auch Seeigel. Diese traditionellen und modernen irischen Gerichte werden in einem teuer ausgestatteten Restaurant serviert, dessen einziger Schmuck ein einzelner Olivenbaum ist, der unter einem kreisrunden Oberlicht wächst.

Es gibt noch zahlreiche andere berühmte Restaurants in Dublin, vor allem Locks in Portobello. Das Lord Elward im Herzen der Altstadt und das King Sitric in dem reizvollen Fischerdorf Howth am Nordufer der Dublin Bay sind bekannt für ihre stets frischen Fischgerichte. Das noch weiter nördlich, in Swords, gelegene Old School House serviert noch immer das traditionelle Dubliner Coddle, ein schmackhaftes Gericht aus gekochten Kartoffeln, Speck, Würsten, Zwiebeln und Äpfeln. Aber Dublin besitzt auch seine gastronomischen Absonderlichkeiten. Burdocks ist bereits eine Institution und berühmt für Fish and Chips. Die Familie Burdock bietet hier, wenn ihr danach zumute ist, Fisch an, der durch einen Backteig gezogen und auf traditionelle Weise über einem Kohlenfeuer fritiert worden ist. Ich kann mich des Eindrucks nicht erwehren, daß sie zum Einwickeln noch Zeitungspapier verwenden würden, falls es das Gesetz zuließe. Im Pasta Fresca in der Chatham Street, einem vielbesuchten Restaurant im Kaffeehausstil bekommt man die besten Nudelgerichte diesseits des schiefen Turms von Pisa. Capers in der Nassau Street, das nur abends geöffnet ist, bietet ein phantasievolles, billiges Menü sowie vegetarische Spezialitäten an. Das Shelbourne, das letzte der Dubliner Grandhotels, steht am St Stephen's Green. Seine Horseshoe Bar ist ein beliebter Treffpunkt; außerdem eignet sich das Shelbourne hervorragend für den Nachmittagstee.

Dublin hat aber auch noch andere Besonderheiten zu bieten. Greer's, neben Mulligan's Pub in der Poolbeg Street gelegen, ist der einzige Hersteller von Sätteln und Zaumzeug, den es noch in der Innenstadt gibt. Der winzige Laden, zu dem man eine Treppe hinuntersteigen muß, ist vollgestopft mit Lederriemen und Messingschnallen und verströmt den kräftigen Geruch von Lederseife. Forty Foot neben Joyce's Tower in Sandycove ist ein Strandabschnitt, wo Männer nackt baden können; man schwimmt und taucht dort das ganze Jahr über im Meer. Ich bin mir nicht sicher, wo der Name herkommt, denn das Wasser ist bestimmt keine 40 Fuß tief, wenn die Flut vorbei ist. Eine weitere Dubliner Besonderheit ist der Duft von Bewleys Kaffee, der zweitstärkste Geruch der Stadt. Deshalb sollte man sich keinesfalls einen Besuch in Bewley's Oriental Café entgehen lassen.

Wie in allen guten traditionellen irischen Pubs herrscht auch in den besten Dubliner Pubs eine gemütliche, herzliche Atmosphäre, die eine Wärme ausstrahlt, wie sie auch guter Whiskey verbreitet. Zu den wichtigsten gehören Kavanagh's in Glasnevin, Nesbitt's und O'Donoghue's (hier wird viel gesungen) in der Merrion Row, Toner's in der Baggot Street, das Bailey in der Duke Street, Mulligan's in der Poolbeg Street, das Docker am Sir John Rogerson's Quay und das Brazen Head in der Bridge Street, das älteste Pub der Stadt. Sicherlich werden Sie bei einem ausgedehnten Streifzug durch die Dubliner Lokale auch noch ein paar weitere entdecken. Bevor ich das Kapitel Dublin beende, sollte ich vielleicht noch erwähnen, daß die Stadt der Ausgangspunkt für zwei große Kanalsysteme, den Royal Canal und den Grand Canal, ist, die beide Mitte des 18. Jahrhunderts angelegt wurden. Diese wichtigen Verkehrsadern reichen weit in das Binnenland hinein und wurden früher für den Transport und Handel genutzt.

gegenüberliegende Seite.
Ryan's in der Parkgate Street mit seiner whiskeyfarbenen Einrichtung ist eines von Dublins beliebtesten traditionellen Pubs – ein idealer Ort für ein Glas Bier zu Mittag oder einen langen Abend.

Venusmuscheln mit frischen Nudeln

»Klaffmuscheln kann man wie Miesmuscheln oder Kammuscheln zubereiten. Teppich- und Venusmuscheln – Palourdes und Prairies in Frankreich – sind meine Favoriten.« John Cooke

4 Portionen

900 g frische Klaffmuscheln
100 g Butter
4 Knoblauchzehen, fein gehackt
3 Schalotten, fein gehackt
1 frische Chilischote, entkernt und fein gehackt
300 ml Weißwein
100 g Tomaten, enthäutet, entkernt und gehackt
450 g Linguine
1 EL Olivenöl
1 EL gehackte Petersilie
kleine Thymianzweige
Salz und frisch gemahlener Pfeffer

Muscheln gut abbürsten und alle wegwerfen, die offen bleiben, wenn man mit einem Messer daraufklopft. Muscheln 5 Minuten in kaltes Wasser legen, abgießen und erneut mit kaltem Wasser bedecken. Muscheln so lange ausspülen, bis das Wasser klar bleibt. Danach abtropfen lassen.

25 g Butter, Knoblauch, Schalotten und Chili in einem mittelgroßen Topf leicht sautieren. Danach Muscheln hinzugeben und Wein angießen. Zugedeckt dünsten, bis sich alle Muscheln geöffnet haben. Noch geschlossene aussondern.

Muscheln mit einem Sieblöffel herausheben und beiseite stellen. Flüssigkeit im geöffneten Topf rasch auf die Hälfte reduzieren. Hitze drosseln, Tomaten und restliche Butter hinzufügen und alles gut mit einem Holzlöffel vermischen.

Inzwischen Linguine al dente kochen, abgießen und in Olivenöl schwenken. Muscheln zusammen mit ihrem Saft sowie die Sauce hinzugeben. Mit Petersilie und Thymian bestreuen, würzen und sofort servieren.

Wildlachs mit Ingwer

4 Portionen. Backrohr auf 240 Grad (Gas Stufe 9) vorheizen.

4 enthäutete und entgrätete Wildlachsfilets von je ca. 200 g Gewicht auf ein leicht eingefettetes Backblech legen. 25 g frischen Ingwer, geschält und fein gehackt, darüberstreuen, 300 ml halbtrockenen oder trockenen Weißwein angießen, 7 kleine Rosmarinzweige sowie 50 g Olivenöl (nicht extra vergine) hinzugeben, mit Salz und frisch gemahlenem Pfeffer würzen. In der Röhre garen, bis sich der Fisch fest anfühlt (je nach Größe der Filets ca. 8–10 Minuten). Fisch herausheben und warmstellen. 7 weitere Rosmarinzweige, 1 Eßlöffel gehackte Petersilie und 50 g enthäutete, entkernte und gewürfelte Tomaten in die Kochflüssigkeit geben. Alles gut durchrühren, leicht erwärmen und über den Lachs gießen. Mit gekochten Kartoffeln und gemischtem Salat oder Gemüse servieren.

Gefüllte Hühnerbrust

Eine köstliche Methode, Hühnerbrust zu servieren – und eine gute Gelegenheit, Whiskey, eines der Spitzenprodukte Irlands, zu verwenden. Servieren Sie dazu frische, junge Gemüse und – je nach Geschmack – Tomaten-Concassé (geschälte, entkernte, fein gehackte Tomaten).

4 Portionen

4 Hühnerbrüste
(von Tieren aus Freilandhaltung)
von je 175–225 g Gewicht
8 Scheiben geräucherter
roher Hinterschinken
ohne Haut
2 EL irischer Whiskey
150 ml Fleischsauce
Minzeblätter zum Garnieren

Füllung
75 g Wildpilze, geputzt
und gescheibelt
25 g Butter
225 g gekochte Kartoffeln,
zerdrückt
1 Eigelb
1 EL frisch gehackte Kräuter
Salz und frisch gemahlener Pfeffer

Backrohr auf 180 Grad (Gas Stufe 4) vorheizen.

Filets der Hühnerbrüste auslösen und sanft flachklopfen. Brüste ebenfalls flachklopfen.

Für die Füllung Pilze in der Butter weichdünsten und mit den übrigen Zutaten vermischen.

Etwas Füllung in die Mitte jeder Hühnerbrust geben und Filets darauflegen. Brüste in die ursprüngliche Form bringen, mit je zwei Schinkenscheiben umwickeln und mit einem Faden verschnüren.

Hühnerbrüste auf ein Backblech legen und im Rohr 25–30 Minuten garen.

Hühnerbrüste mit Whiskey flambieren und auf vorgewärmten Tellern mit etwas Fleischsauce und Gemüse anrichten. Das Ganze mit Minzeblättern garnieren.

Pochierter Steinbutt mit Noilly-Prat-Sauce und Kaviar

»Der Wermut in der Sauce verstärkt den Geschmack und das Aroma des Steinbutts. Meine Schwester zieht selbst junges Gemüse, das täglich frisch in meine Küche kommt. Meine Gerichte verraten stets, wo die Zutaten herkommen – dieses hier erinnert mich an den Fischmarkt am frühen Morgen und die energischen Versuche meiner Schwester, eine Gemüsehändlerin zu werden.« Colin O'Daly

1 Portion

1 Steinbuttfilet von 175 g Gewicht
Salz und frisch gemahlener Pfeffer
25 ml Fischbrühe
100 g vorbereitete junge Gemüse (siehe Foto)
5 g Kaviar

Noilly-Prat-Sauce
1 Schalotte, fein gehackt
1/2 Knoblauchzehe, geschält und zerdrückt
ca. 8 Thymianblätter
50 g Butter
2 EL trockener Weißwein
1 EL Noilly Prat (oder ein anderer guter, trockener weißer Wermut)
25 ml Fischbrühe
50 ml saure Sahne

Backrohr auf 160–180 Grad (Gas Stufe 3–4) vorheizen.

Für die Sauce Schalotte, Knoblauch und Thymian in der Hälfte der Butter weichdünsten, aber nicht braun werden lassen. Weißwein und Noilly Prat angießen und alles bei starker Hitze um die Hälfte einkochen.

Fischbrühe hinzugeben, erneut zum Kochen bringen und um die Hälfte reduzieren. Restliche Butter einrühren und Sahne hinzufügen. Sauce durch Sieb (besser ein Musselintuch) gießen und mit Salz und Pfeffer abschmecken. Warmhalten, aber nicht mehr kochen lassen.

Steinbutt würzen, zusammen mit der Fischbrühe in eine feuerfeste Schüssel geben und mit leicht eingefettetem Backpapier abdecken. Fisch 4 – 5 Minuten im Rohr pochieren. Gemüse dünsten.

Sauce auf einen vorgewärmten Teller gießen. Fisch in die Mitte legen und mit Kaviar bestreuen, Gemüse anrichten und das Ganze servieren.

Wicklow

Die Lastkähne fuhren früher im Norden bis zum Lough Key, im Westen bis Limerick und im Süden auf der Barrow Line bis New Ross. Der Grand Canal wird heute noch immer für Vergnügungsfahrten benutzt.

Die südlich von Dublin gelegene Grafschaft Wicklow ist als »Garten Irlands« bekannt, denn unsere Ahnen errichteten während der Periode der Megalithkultur in Baltinglass große Ganggräber. Für die frühen Christen, die im 5. Jahrhundert in Fassaroe im Tal des Dargle ein einfaches Kreuz aus Stein meißelten, war es ein heiliger Ort. Der berühmte irische Lyriker Thomas Moore sah darin einen Ort des Friedens, an dem die Wasser zusammentreffen. Angesichts der vom Meer umspülten Küstenstraßen, der gefahrlosen, sandigen Strände, der von Heidekraut bewachsenen Bergpfade, der von Stechginster umsäumten Moorgebiete und der grandiosen Aussichtspunkte könnte man fast glauben, daß Wicklow der Ort ist, wo der Regenbogen seinen Ausgang nimmt. Ganz sicher entspringt hier der Liffey – aus einem glänzenden schwarzen Loch am Abhang eines Moores – als junges, winziges Rinnsal, das sich seinen Weg über die Berge hinunter nach Ballysmutten und weiter zu den Blessington Lakes bahnt.

In Wicklow sind alle Straßen Touristenrouten. Die Grafschaft, durch die kreuz und quer endlose Straßen, Wege und Pfade verlaufen, bietet jede nur erdenkliche Freizeit- und Sportmöglichkeit: Bergwandern, Jagd auf Hoch- und Niederwild, Ponyreiten, Kanufahren und Fischen im Meer. Reisende, die sich weniger für Sport begeistern, finden hier auch zahlreiche historische Sehenswürdigkeiten. Die bekanntesten befinden sich in Glendalough, dem Tal der zwei Seen, wo der heilige Kevin im 6. Jahrhundert eine Klostersiedlung gründete, deren Ruf sich schon bald in ganz Europa verbreitete. Einige Ruinen am Ostufer des oberen Sees sind sogar noch älter: Sie reichen bis in die Eisenzeit zurück. Die eindrucksvollsten Bauwerke sind jedoch zweifelsohne die Kathedrale aus dem 11. Jahrhundert, der tausend Jahre alte, 33,5 Meter hohe Rundturm und die St.-Kevin-Kirche mit ihrem von einem Tonnengewölbe überspannten Oratorium und dem hohen, spitzen Steindach.

Im Laufe der späteren Jahrhunderte entstanden in Wicklow große Landgüter, die von eleganten Landsitzen aus verwaltet wurden. Einen guten Eindruck von der einstigen Pracht dieser Häuser gewinnt man noch heute in Mount Usher, dessen ausgedehnte Gartenanlagen in Ashford liegen, in Russborough südlich von Blessington und in Powerscourt in den nördlichen Ausläufern der Wicklow Mountains bei Enniskerry. Das Landhaus von Powerscourt wurde zwar durch ein Feuer fast vollständig zerstört, aber noch erhalten sind die umgebenden, wunderschön angelegten Gärten, die immer noch von Skulpturen, Wegen mit Mosaikmustern und Zierteichen aufgelockert werden.

In Wicklow gibt es viele winzige Dörfer, in denen man zu einem ordentlichen Mittagessen einkehren oder einen guten Imbiß nehmen kann, wie etwa Laragh, Ashford oder Rathnew, wo das exzentrische Hunter's Hotel einen guten, altmodischen Nachmittagstee bietet. Aber falls Sie eine Unterkunft für längere Zeit brauchen, um diesen Winkel von Irland gründlich zu erkunden, empfehle ich Ihnen Rathsallagh House. Es liegt etwas außerhalb von Dunlavin, ein niedriges Haus, das wie ein weiträumiges, von Efeu überwuchertes Cottage wirkt. Doch zunächst verbreiten weite Felder und kleine Gehölze, die sich am Hang der breiten Zufahrtsstraße erstrecken, eine pastorale Stimmung. Schöne Exemplare von Schuppentannen, schottischen Fichten, Linden und Buchen sind über das 200 Hektar große Anwesen verstreut. Bei meinem letzten Besuch grasten auf den Wiesen Schafe und wurden Pferde trainiert, ein sicheres Zeichen dafür, daß Rathsallagh immer noch ein echter Bauernhof ist.

Wenn man das Haus durch den kleinen Hintereingang im Hof betritt, fühlt man sich sofort wie zu Hause – etwas, was den Besitzern, Joe und Kay O'Flynn, ganz besonders am Herzen liegt. »Jeder wird hier wie ein Freund empfangen und behandelt«, erklärt Joe, der einmal zehn seiner Gäste in einer Pferdebox zum nahegelegenen Pub gefahren hat. Die O'Flynns haben das Haus 1979 gekauft und sieben Jahre später als Pension mit Restaurant eröffnet. Heute ist es gemütlich und einladend, ohne übertriebenen Luxus: Der flackernde Feuerschein spiegelt die Wärme des Empfangs wider.

Sportler können sich hier wie im Paradies fühlen, vor allem wenn ihre Sportart mit Pferden verbunden ist. In der näheren Umgebung kann man zwischen mehreren Meuten von Jagdhunden wählen. Joe selbst, ein ehemaliger Master der Leix Foxhounds, ging über 27 Jahre auf die Jagd, aber nachdem er sich nahezu jeden Knochen im Leib gebrochen hatte, gab er sein Hobby auf. Gäste jeden Alters können die Hügel auf dem Rücken von Ponys durchstreifen. Schließlich steht auch noch eine Reithalle neben dem Hof zur Verfügung, wo Diana Gilna ihren Mietstall betreibt.

Pferde mögen zwar eine große Leidenschaft der Iren sein, aber vielleicht sind sie nichts für Sie. Kein Problem: Rathsallagh verfügt über einen eigenen Tontauben-Schießstand, einen Par-Drei-Übungsplatz für Golfspieler und einen künstlich angelegten See, der am späten Abend Wildenten anlockt. Außerdem läßt sich eine Rotwildpirsch oder eine Jagd auf Niederwild in den umliegenden Hügeln arrangieren.

Für den Iren ist die Kuh wie seine Frau und
das Pferd wie seine Geliebte.

Con Houlihan

Vier Enten
auf einem Teich,
Ein grünes Ufer dahinter,
Der blaue Frühlings-
himmel,
Weiße Vögel fliegen:
Ein kleines Erlebnis,
an das
Man sich noch Jahre
erinnert
Mit Tränen in den Augen.

A Memory
WILLIAM ALLINGHAM

Wem dies alles zu hektisch ist, der kann es sich auf dem Krocketrasen vor dem Haus gemütlich machen und – wie bereits viele Generationen vor ihm – die Aussicht genießen, denn die versenkten Grenzgräben, die alle Landbesitzer, die etwas auf sich hielten, anlegen ließen, um das Vieh von ihren Lustgärten fernzuhalten, beeinträchtigen nicht die Sicht. Oder er kann sich auf die Suche machen nach dem »Geheimgarten«, einem knapp 1 Hektar großen Fleck mit gepflegten Rasenflächen, elegant getrimmten Hecken, Bäumen und einem Tennisplatz hinter hohen Backsteinmauern. Der Kräutergarten wird durch große Felder mit wildem Knoblauch und Sauerklee ergänzt. Selbst nach der härtesten Jagdsaison ist jedes Pferd, das in diesem Kleefeld grasen darf, in weniger als zwei Wochen wieder in Topform.

Im Haus selbst gibt es zwölf sonnendurchflutete, luftige Gästezimmer, ein Billardzimmer, ein Jagdzimmer mit eigener Bar für die Hobbyjäger und einen Swimmingpool. In der ehemaligen Schmiede wurde ein Konferenzraum eingerichtet: Ich kann mir kaum einen angenehmeren und entspannteren Ort für ein Geschäftstreffen vorstellen. Und da man sich in Irland befindet, kommt auch der Küche ihre angemessene Bedeutung zu. Das kleine, intime Restaurant bietet erstklassige Wild-, Fisch- und Lammgerichte. Rathsallagh ist eine gelungene Mischung aus Eleganz und Extravaganz: Falls nötig, kann Joe sogar den Rasen vor dem Haus zu einem Hubschrauberlandeplatz umfunktionieren. So wird dieses Hotel zu einem reizvollen Aufenthaltsort im Herzen eines wunderschönen Teils der Grünen Insel, wo es dem Gast sicher nicht schwerfällt, neue Freunde zu gewinnen.

Einige Meilen weiter südlich betreiben in der Nähe von Baltinglass zwei waschechte Dubliner, Dennis und Hilary Healy, die Mitte der 80er Jahre der Großstadthektik den Rücken gekehrt haben, eine der größten Gemüsefarmen mit biologischen Anbaumethoden in Irland. In den Sommermonaten sind sie zusammen mit ihren jungen Helfern von Sonnenaufgang bis Sonnenuntergang damit beschäftigt, gegen das hartnäckige Unkraut anzukämpfen. Sie haben sich vor allem auf eine große Auswahl an Kopfsalat und Rotkohl spezialisiert.

Die meisten ihrer Produkte gehen an ausgesuchte Kunden in Dublin, die den unvergleichlichen Geschmack biologisch angebauten Gemüses zu schätzen wissen.

Carlow

Weiter südlich erstreckt sich die Grafschaft Carlow, eine ziemlich flache, nicht sehr bekannte Ackerbauregion, wo in erster Linie Zuckerrüben und Weizen angebaut werden. Aber selbst hier entdeckt man unerwartete Schönheiten: Es wächst noch Klatschmohn, so daß bisweilen prächtige, hellrote Flecken aufleuchten, wohin die Herbizide der Bauern nicht vorgedrungen sind.

Kein Ort in der Grafschaft ist allzuweit vom Barrow entfernt, einem der drei Flüsse, die als die »drei Schwestern« bezeichnet werden. Dieser breite, etwas träge Wasserlauf spielte schon immer eine wichtige Rolle für die Wirtschaft von Carlow, als Antriebskraft für Mühlen und als Transportweg. An seinen Ufern stehen zahlreiche Mühlen. Wo der Fluß tückisch wird und keine Schiffahrt mehr zuläßt, verläuft parallel zu ihm ein Kanalsystem, die Barrow Line. Der Fluß wird ebenso wie der Kanal von Bootsfahrern und Anglern genutzt, die hier Hechte und Flußbarsche fangen. Der Fluß selbst erweist sich als wahrer Überlebenskünstler, der sowohl mit der Verschmutzung durch die Zuckerrübenfabriken an seinen Ufern als auch fast jeden Sommer mit starkem Fischsterben zu kämpfen hat, wenn auf das nasse Wetter eine besonders trockene Periode folgt.

Südlich der Stadt Carlow, die über einen herrlichen Golfplatz verfügt, sollte man beim großen Wehr von Leighlinbridge links abbiegen und durch Bagnalstown, ein auch unter seinem irischen Namen Mhuine Bheagh bekanntes, gut erhaltenes Mühlendorf fahren, das typisch für die Kanalseite ist. Clashganny, das einige Kilometer weiter stromabwärts liegt, ist die schönste Schleuse der gesamten Barrow Line. Von der Anhöhe, zu der hier die Straße hinaufführt, kann man am besten erkennen, wie sich die Landschaft plötzlich wandelt.

Wer nur wenig Zeit zur Verfügung hat und einer logischen Reiseroute folgen will, muß sich von nun an seinen Weg abwechselnd durch Carlow und Kilkenny suchen. In der letztgenannten Grafschaft liegt Graiguenamanagh, die letzte Sperre der Barrow Line. Danach wird der Fluß breiter und schlängelt sich durch dichte Wälder, bis er sich mit den Gewässern von St Mullin's und des Hafens New Ross vereinigt, die bereits den Gezeiten unterliegen, und dann in die Irische See fließt. St Mullin's war früher ein berühmtes geistliches Zentrum; deshalb findet man in dieser Gegend die Ruinen etlicher Kirchen und Abteien.

Große Flüsse strömten
dicht an unserem Haus
vorbei,
und wenn sie einmal
alle Kartoffeln von
unserem Acker
fortschwemmten, fand
man häufig
Fische am Wegrand.

MYLES NA GCOPALEEN

Lammrippchen im Petersilienmantel

Breda Coady serviert zu diesem Gericht Kartoffeln Savoyer Art (in Scheiben geschnitten und mit Knoblauch gebacken), gartenfrische Erbsen, Grüne Minze und/oder Grüne-Minze-Sauce.

4 Portionen

4 Lammrippchen
(bestes Stück vom Hals)
25 g Butter
Salz und frisch gemahlener Pfeffer
1 TL frisch gehackter Rosmarin
4 EL Dijonsenf
8 EL fein gehackte Petersilie

Backrohr auf 200 Grad (Gas Stufe 6) vorheizen.

Alles überflüssige Fett von den Rippchen entfernen und das Fleisch bis ca. 4 cm vom Knochen entfernt einschneiden.

Rippchen mit Butter bestreichen und mit Salz, Pfeffer und Rosmarin bestreuen.

Rippchen ca. 35 Minuten (rosa) bzw. ca. 45 Minuten (gut durch) im Rohr braten, dabei wiederholt mit Bratensaft bepinseln.

Rippchen aus dem Rohr nehmen und 5 Minuten stehenlassen, dann mit Senf bestreichen, großzügig mit Petersilie bestreuen und diese gut festdrücken. Rippchen zerlegen und mit einer Sauce aus den Knochenresten servieren.

Aal, gefüllt mit Lachsmousse

4 Portionen

2 frische Aale von je 450 g Gewicht

Lachsmousse
150 ml Milch
25 g Butter
40 g Mehl
175 g Lachsfleisch, fein gehackt
1 Ei und 1 Eiweiß, verschlagen
Salz und frisch gemahlener Pfeffer
1 Prise geriebene Muskatblüte
75 ml Crème double

Für die Lachsmousse Milch und Butter zu einer Panade verkochen. Vom Feuer nehmen und das Mehl so einrühren, daß eine geschmeidige Paste entsteht. Auskühlen lassen.

Panade und Lachsfleisch verrühren und Ei hinzugeben. Mit Salz, Pfeffer und Muskat würzen, Crème double einrühren. Mousse beiseite stellen.

Aale säubern, enthäuten und filieren, dabei das Rückgrat entfernen. Es bleiben vier längliche Filets übrig.

Jedes Filet mit Mousse bestreichen, dann der Länge nach wie ein Tau aufrollen, so daß jede Windung die vorhergehende überlappt und eine Art Wurst entsteht. In eine Folie packen und an jedem Ende gut verschließen.

Aalfilets 10–15 Minuten pochieren, bis die Mousse in der Mitte fest ist.

Aale aus dem Saft nehmen, auswickeln, in sechs bis sieben Scheiben zerlegen und anrichten.

Kilkenny

Land der verfallenen
Klöster,
Mißachteten Heiligen,
Hirnlosen Senatoren,
Dachlosen Schlösser,
Feinde von Joyce
und Swift,
Feinde von Synge.

The Dream Songs
JOHN BERYMAN

Graiguenamanagh ist eine reizvolle, mittelalterliche Kleinstadt, die berühmt für den um die Jahrhundertwende von den Abstinenzlern veranstalteten »Kreuzzug« und die riesigen Versammlungen ist. Das hinderte jedoch den hier lebenden Ned Prendergast nicht daran, der Welt schnellster Biertrinker zu werden. Er konnte es mit jedem in der Welt aufnehmen und schaffte die bei diesem Wettbewerb üblichen vier *Pints* (ca. 2,3 Liter) in rund sieben Sekunden. Als Zugabe soll er (und das schluckt man besser, nachdem man selbst einige Gläser Bier getrunken hat) das Glas mit einem Hammer zerschlagen und anschließend die Scherben verspeist haben. Die Treffen der Abstinenzlerbewegung hatten nicht nur negative Auswirkungen, sondern lieferten auch ein Forum für die 1760 gegründete Graiguenamanagh Brass Band, die älteste Blaskapelle Irlands.

Die Einwohner von Graiguenamanagh haben Duiske Abbey, ein außerhalb der Stadt liegendes ehemaliges Zisterzienserkloster, auf eigene Kosten liebevoll restauriert. Dieser ruhige, beschauliche Ort ist ebenso schön wie die berühmte Abtei von Holy Cross in Tipperary.

Die Dörfer der Grafschaft Kilkenny haben ihren ganz eigenen architektonischen Reiz. Einige besonders interessante Orte, Inistioge, Thomastown und Bennettsbridge, sind durch den Fluß Nore verbunden. Die zweite der »drei Schwestern« ist ein Tieflandfluß, dessen Kiesbett sich ständig verändert. Deshalb unterscheidet sich die Tier- und Pflanzenwelt in seinen Wassern und an seinen Ufern auch völlig von der des Barrow – seine Strömungen und Untiefen sind jedoch ebenfalls ideal für Forellen und Lachse. Inistioge ist ein reizvolles Bilderbuchstädtchen mit hübscher Uferpromenade und einem winzigen Dorfplatz. Wenn Sie die Gäßchen von Thomastown durchstreifen, werden Sie vergeblich nach einem Anzeichen von Symmetrie suchen. Der eigenwillige Charakter dieses Ortes wird noch durch die farbenfrohen, bezaubernden Ladenfronten unterstrichen. Außerdem kann man dort etliche bodenständige Pubs entdecken. Die verfallenen Mühlen in der Umgebung erinnern daran, daß Thomastown früher ein reicher Handelsplatz war. In der Nähe ragen die imposanten Ruinen von Jerpoint Abbey auf, nach der das in der Region hergestellte Glas benannt ist.

Unweit von Thomastown befindet sich Mount Juliet. Trotz seiner Größe und der Annehmlichkeiten, die es bietet, ist es immer noch ein typisches Landhaus. Es wurde Mitte des 18. Jahrhunderts vom damaligen Earl of Carrick errichtet; seine Erben verkauften es 1914 an die Familie McCalmont, die hier lebte, bis es vor kurzem erneut den Besitzer wechselte und in ein Privathotel umgewandelt wurde. Mount Juliet liegt wie ein Schloß am Ende einer unglaublich langen Zufahrtsstraße, die sich gemächlich durch fast 570 Hektar Parklandschaft windet. Stattliche Fasane stolzieren unbekümmert über die Wiesen, die zu Frühlingsbeginn mit Osterglocken und unzähligen Glockenblumen übersät sind. Hier wird noch ganz bewußt der für ein Landhaus typische altmodische Lebensstil gepflegt: Ein Butler im Frack empfängt die Gäste; Haustier ist ein Irischer Wolfshund namens Warlock.

Ein Sonnenuntergang im November während der Fasanenjagdsaison taucht Mount Juliet in goldenes Licht. Die Rückfront des Hauses blickt auf den an Lachsen reichen Fluß Nore.

Das Gut bietet organisierte Fasanenjagden an. Außerdem kann man hier Tontauben schießen, Ponyritte unternehmen und im Nore, der durch das Grundstück fließt, Lachse angeln. Der Golfplatz ist der einzige in Irland, der von Jack Nicklaus persönlich entworfen worden ist. Daß hier der Schwerpunkt auf sportlichen Aktivitäten im Freien liegt, macht auch der Tap Room deutlich – die ehemalige Küche, heute ein Restaurant, das die Gäste nach einem langen Tag auf dem Pferderücken, am Flußufer oder auf der Jagd getrost auch mit schmutzigen Stiefeln und nassem Regenumhang betreten dürfen. In der Küche hat Chris Farrell das Sagen, der bei Gerry Galvin im Drimcong House und bei Hans Peter Matthia im Chez Hans in Cashel gelernt hat. Zu seinen Spezialitäten gehören gebratener Fasan, Lammrippchen *en croûte* und das besonders bei den Jagdgesellschaften als Mittagsmahlzeit beliebte Irish Stew.

Unser Weg führt nun weiter nach Norden, nach Kilkenny City, wie die Einwohner ihre von der Architektur der Tudor-Zeit geprägte Stadt nennen. Shee's Almshouse aus dem Jahre 1581 und das um dieselbe Zeit errichtete Rothe House, einst Wohnsitz eines reichen Kaufmanns, sind zwei besonders schöne Beispiele für diesen Stil. Oliver Cromwell benutzte die St Canice's Cathedral ebenso wie viele andere Prachtbauten in Irland als Pferdestall. Da die Einwohner von Kilkenny glücklicherweise eine wesentlich positivere Einstellung zu ihrem kulturellen Erbe haben, ist die gesamte Stadt in jüngster Zeit sorgfältig restauriert worden und erstrahlt heute wieder in ihrem früheren Glanz. Sie sollten unbedingt bei Kytelers in der St Kieran Street einkehren, einem mittelalterlichen Gasthof, in dem Sie hier gefangene Forellen oder Lachse essen können. Besuchen Sie auch das imposante Kilkenny Castle, in dem es angeblich spukt. Für Leute mit mehr Durst als Hunger bietet sich Tynan's Bar an, ein hervorragendes Beispiel dafür, wie ein irisches Pub früher ausgesehen haben muß.

Auch die Kunst fehlt nicht in dieser Region: Shee's Almshouse beherbergt heute eine Ausstellung von Werken moderner Künstler. Kilkenny stellt sein eigenes Kristallglas her, das in einem Ausstellungsraum in der Rose Inn Street verkauft wird. Im Design Centre findet man eine reiche Auswahl an hervorragenden kunsthandwerklichen Erzeugnissen aus der Region sowie aus ganz Irland. Jedes Jahr findet Ende August die Kilkenny Arts Week, ein Musik- und Poesiefestival, statt.

Da sich die Grafschaft Kilkenny zu einem Zentrum des modernen irischen Kunstgewerbes entwickelt hat, überrascht es nicht weiter, daß man in Bennettsbridge auf einen Töpfer trifft, der sich wachsender Bekanntheit erfreut. Das Steinzeug von Nicky Mosse ist so gut eingeführt, daß er es sogar wagen kann, mit Ideen zu experimentieren, zu denen ihn die außergewöhnliche Schwämmesammlung seiner Mutter inspiriert hat. Heute exportiert er seine Erzeugnisse in die ganze Welt. Besucher empfängt er in seinem Laden, der an die Werkstatt angeschlossen ist; die Turbinen in der ehemaligen Mühle liefern heute den Strom für seine Töpferscheiben und Brennöfen. Östlich von Kilkenny gibt es im Gowran Park eine hübsche, von Bäumen

Gebratener Fasan

Ein Fasan ist das Wappentier von Mount Juliet. Da die Vögel auf dem Anwesen gezüchtet werden, sind die Fasanengerichte während der Saison sehr zahlreich. Man läßt sie mindestens fünf Tage abhängen. Dieses und das folgende Gericht sind typische Beispiele für die schmackhafte und deftige irische Kost, die man im Old Kitchen, einem der beiden Restaurants von Mount Juliet, vorgesetzt bekommt.

4 Portionen

2 gut abgehangene Fasane, gerupft, ausgenommen, gesäubert und abgeflammt
2 EL Ahornsirup
Salz und frisch gemahlener Pfeffer
ca. 225 g Zwiebeln, Möhren und weiße Rüben (oder ähnliche Wurzelgemüse), geputzt und grob gehackt
2 EL Olivenöl

Füllung
50 g Schalotten, geschält und gehackt
50 g frische Kräuter, gehackt
225 g Eßkastanien (ohne Schalen), gekocht und fein gehackt
100 g Butter
225 g Semmelbrösel

Beilagen
2 große Kartoffeln, geschält
Pflanzenöl zum Fritieren
550 g Preiselbeeren
2 EL Ahornsirup

Backrohr auf 200 Grad (Gas Stufe 6) vorheizen.

Für die Füllung Schalotten, Kräuter und Kastanien in Butter sautieren. Semmelbrösel hinzugeben, mit Salz und Pfeffer abschmecken.

Fasane füllen, Öffnungen zunähen. Fasanenbrüste mit Sirup einreiben und gut würzen. Fasane in eine mit dem Wurzelgemüse ausgelegte Fettpfanne legen, mit Olivenöl bepinseln und 35 Minuten braten.

Inzwischen Beilagen vorbereiten. Kartoffeln in streichholzförmige Stäbchen schneiden, waschen, gut abtropfen lassen und im heißen Öl goldbraun fritieren. Gut abtropfen lassen, würzen und warmstellen.

Preiselbeeren waschen und 3 Minuten in kochendem Wasser dünsten. Einen Großteil des Wassers abgießen und die Beeren mit dem Sirup karamelisieren.

Fasane zusammen mit den Beilagen auf einer vorgewärmten Platte anrichten, tranchieren und servieren.

Irish Stew

»Hierbei handelt es sich um ein bekanntes, traditionell irisches Gericht. Eigentlich nichts Besonderes, aber besonders geschätzt von den Jagdgesellschaften, die im Winter nach Mount Juliet kommen, um an den Fasantreibjagden teilzunehmen.«
Chris Farrell

4 Portionen

900 g Lammkeule, Hammelkoteletts oder -brust, ausgelöst
675 g Kartoffeln, geschält und gescheibelt
3 mittelgroße Zwiebeln, geschält und in Ringe geschnitten
Salz und frisch gemahlener Pfeffer
1 EL gehackte Petersilie
Thymianblätter
450 ml Wasser

Fleisch in ziemlich große Stücke schneiden. Schichtweise Kartoffeln, Fleisch und Zwiebeln, jeweils gewürzt mit Salz, Pfeffer und Kräutern, in einen Schmortopf geben, wobei die oberste Schicht aus Kartoffeln bestehen muß.

Flüssigkeit angießen, das Ganze zum Kochen bringen und zugedeckt ca. 2 Stunden sanft köcheln oder im 140 Grad (Gas Stufe 1) heißen Rohr schmoren. Dabei wiederholt den Flüssigkeitsstand prüfen und, falls nötig, mehr Wasser hinzugießen. Sobald die Kartoffeln goldbraun und knusprig sind, ist das Gericht fertig.

Nur mit frischen Gemüsen, auf Wunsch, auf den Tisch bringen.

Wir können vielleicht die Schönheit einer herrlichen Landschaft empfinden, aber wir können besser eine Hammelkeule und Rüben beschreiben.

Irish Sketch Book
WILLIAM THACKERAY

unten. Detail von einem der reich verzierten klassizistischen Kamine, die man in allen Gästezimmern des Mount Juliet findet.

gesäumte Rennbahn. Die Abendveranstaltungen dort während der Sommermonate sind ein besonderes Erlebnis.

At Borris im Witwenhaus des Anwesens von MacMurragh Kavanagh ist ein freundliches, intimes Restaurant mit Pension, geführt von Miss Breda Cody, die selbst hier aufgewachsen ist. Die Gäste nehmen ihren Aperitif vor dem offenen Kamin in der komfortablen Lounge und werden anschließend mit einer Mahlzeit aus köstlichen einheimischen Produkten verwöhnt. Ich erinnere mich noch immer an den herrlichen Geschmack der Graiguenamanagh-Aale, gefüllt mit Lachsmousse und Schnittlauch, die man mir bei meinem letzten Besuch serviert hat.

links. Die prächtige Eingangshalle von Mount Juliet mit ihrem herrlichen Stuckdekor, der für viele georgianische Landhäuser Irlands typisch ist. Hier werden die Gäste schon ewig von Ted Richmond, dem Butler, und seinem Irischen Wolfshund Warlock empfangen.

Wexford

Mit der kleinen Stadt Enniscorthy, dem Zentrum der alljährlich im Juni abgehaltenen Strawberry Fair, kommen wir in die Grafschaft Wexford. Dann wenden wir uns erneut nach Norden und fahren über Gorey zum Regency Marlfield House. Hier bewirten Ray und Mary Bowe seit über dreizehn Jahren die Gäste ihres Restaurants und Landhotels. Das Haus verfügt über eine weitläufige, in italienisiertem Stil gehaltene Empfangshalle mit viel Marmor, die zu einer im klassischen Stil ausgestatteten Bar führt. Der größte Teil des Restaurants ist von einem hellen, luftigen Wintergarten umgeben. Überall stehen Blumengestecke, liebevoll arrangiert von Mary Bowe. Das Essen wird aus einheimischen, frischen Zutaten zubereitet, wozu auch Slaney-Lachse, Meerengel und Lamm gehören. Alle Gemüse und Kräuter stammen aus dem wunderschön angelegten, hauseigenen Garten, der auch zu einem Spaziergang einlädt.

Wexford wird oft als der sonnige Südosten bezeichnet. Die Grafschaft besitzt aber nicht nur viel Sonnenschein, sondern auch kilometerlange schöne Sandstrände. Ich folge nunmehr der Küstenstraße, vorbei an Courtown, lege vielleicht eine Rast in Cahore ein, wo ich Rochen und Köhlerfische fangen kann, und fahre dann weiter auf der »Goldenen Meile« durch Curracloe hindurch in das Umland der Stadt Wexford, das seltsamerweise als Sloblands (Schlickland) bezeichnet wird. Es ist ein Vogelparadies, in dem man weißbrüstige Grönlandgänse und viele andere seltene Zugvogelarten antrifft. In Wexford kann man fast alle in Irland heimischen Vogelarten sehen, aber leidenschaftliche Vogelfreunde sollten Great oder Little Saltee Island besuchen, zwei Inseln vor der Südküste, die heute ausschließlich von Vögeln bewohnt werden.

Die Stadt Wexford, die im Mittelalter entstand, liegt an der Mündung des Slaney, eines rasch fließenden Flusses mit Kiesgrund, der zu den besten Lachsgewässern Irlands zählt. Die schmalen, malerischen Straßen erinnern an ein altes Fischerdorf. Hier gibt es zahlreiche gute Pubs und einen interessanten Markt auf dem mittelalterlichen Platz namens Bull Ring. 1951 fand in Wexford erstmals ein kleines Opernfestival statt, das heute Weltgeltung hat: Diese 12 Tage im Oktober sind mittlerweile im Kalender jedes Opernfreundes auf der Welt vorgemerkt.

Reisenden, die westwärts nach New Ross fahren, kann ich einen Abstecher zum Reitsportzentrum von Horetown House empfehlen. Ich persönlich mag zwar Fische eindeutig lieber als Pferde, aber ich weiß, daß ich hier eines Tages das erste Pferd meines Lebens besteigen und von da an nie mehr einen Tropfen Benzin verbrauchen werde! Horetown ist ein großer, im Kern georgianischer Bauernhof, in dem man übernachten kann. Pferdefreunde finden dort alle nur erdenklichen Möglichkeiten für ihren Sport. Die Küche ist ehrlich und herzhaft; es gibt ein ausgezeichnetes Mittagsbuffet. Hier trifft man stets auf angenehme, fröhlich plaudernde Menschen – Sie sollten unbedingt einmal vorbeischauen, selbst wenn Sie Ihren Imbiß nur im Stehen einnehmen können.

Nachdem wir New Ross passiert haben, geht es hinunter in die Grafschaft Waterford, Heimat des berühmten Kristallglases. Hier vereinigen sich die »drei Schwestern« Barrow, Nore und Suir zu einem einzigen Strom, der im Hafen von Waterford ins Meer mündet. Einige der Küstenorte, vor allem Dunmore East und Tramore, lohnen einen Besuch. Tramore besitzt die vermutlich kleinste Rennbahn Irlands.

Folgen Sie der Küstenstraße weiter bis Bunmahon und fahren Sie weiter über Dungarvan nach Helvick Head und Ring, wo es einen hervorragenden, an Cheddar erinnernden Käse gibt. Oder biegen Sie rechts nach Kilmacthomas ab und fahren Sie über Cappoquin nach Lismore. Hier können Sie Lismore Castle mit seinen Gartenanlagen besichtigen. Wenn Sie einen besonders romantischen, atemberaubenden Anblick genießen wollen, so schauen Sie von der Nordseite der Brücke zurück: Das Schloß scheint in den Wolken zu schweben, über den grünbelaubten Bäumen, die ihren Schatten auf den dunklen Blackwater werfen. Das Spiel des Lichts in den Butzenscheiben der Fenster beschwört Bilder von Ginevra, der sagenhaften Königin der Kelten, herauf.

Ken Cummins, ein biologischer Gärtner, in einem Feld mit jungen Blaukrautpflanzen, deren Blätter in der Dämmerung eigenartig leuchten. Das Bild wurde um 21.30 auf seinem Bauernhof in der Nähe von Freshford in der Grafschaft Kilkenny aufgenommen. Hier züchtet er zusammen mit Lynn Venables auch Obst und Blumen ohne den Einsatz von Herbiziden und Pestiziden.

Lachsfilets mit Sauerampfer-Sahnesauce

Sauerampfer ist ein winterhartes Kraut mit scharfem Beigeschmack. Es kann für saure Salate, Suppen oder Saucen verwendet werden. Gibt man die abgezupften Blätter erst kurz vor Ende des Garvorgangs hinzu, bleibt ihre Farbe erhalten.

4 Portionen

4 Lachsfilets von je ca. 150–175 g Gewicht
Salz und frisch gemahlener Pfeffer
Saft einer halben Zitrone
1 EL geklärte Butter

Fischbrühe
2 Stangen Sellerie, gehackt
1/2 Lauchstange, geputzt und gehackt
1 Zwiebel, gehackt
1 Lorbeerblatt
Petersilienzweige
2 oder 3 kleine Fischgräten
25 g Butter
4 Pfefferkörner
150 ml Weißwein
600 ml kaltes Wasser

Sauerampfersauce
ca. 100 g Sauerampfer, gewaschen und getrocknet
150 ml Fischbrühe
300 ml Sahne

Backrohr auf 200 Grad (Gas Stufe 6) vorheizen.

Für die Brühe Sellerie, Lauch, Zwiebel, Lorbeerblatt, Petersilie und Fischgräten in der Butter andünsten, Pfefferkörner hinzugeben und weiterdünsten, bis die Gemüse weich, aber nicht braun sind.

Wein angießen, das Ganze auf die Hälfte reduzieren und Wasser hinzugießen. Brühe zum Kochen bringen, abschöpfen und durch ein feines Sieb in ein sauberes Gefäß gießen.

Für die Sauce Sauerampfer sehr fein hacken. Angegebene Menge Brühe mit der Sahne einkochen, dann 5 Minuten köcheln, bis eine dickliche Masse entstanden ist, die am Kochlöffel haften bleibt. Sauerampfer hinzugeben, aufkochen und mit Salz und Pfeffer abschmecken. Warmhalten.

Lachsfilets auf ein leicht eingefettetes Blech legen, mit Salz, Pfeffer und Zitronensaft würzen und mit etwas Butter bepinseln.

Filets 8–10 Minuten braten, bis das Fleisch fest, aber noch saftig ist. Vor dem Servieren Sauce auf vorgewärmten Tellern verteilen und den Fisch darauflegen.

Briesterrine

Servieren Sie dieses Gericht zusammen mit etwas Cumberlandsauce als Vorspeise. Bries besitzt einen zarten Geschmack, der hier noch durch kurzes Einlegen in eine Marinade aus Cognac, Portwein, Kräutern und Gewürzen hervorgehoben wird.

10 Portionen

275 g Lammbries, ca. 2 Stunden in Wasser eingeweicht
85 ml Cognac
150 ml Portwein
20 g Schalotten, geschält und fein gehackt
1 Thymianzweig
1 Lorbeerblatt
einige Petersilienzweige
175 g mageres Schweinefleisch
175 g Kalbfleisch
135 g Hühnerfilet
125 g Gänse-, Enten- oder Hühnerleber, in Milch eingeweicht
40 g Butter
400 ml Crème double
25 g Pistazienkerne
1 EL Fleischsauce
Salz und frisch gemahlener Pfeffer
ca. 350 g Speck oder durchwachsener Räucherschinken in Scheiben
einige Thymianblätter

Bries säubern, halbieren und 2 Stunden in eine Marinade aus Cognac, Portwein, Schalotten, Thymian, Lorbeerblatt und Petersilie einlegen.

Schweine-, Kalb- und Hühnerfleisch sowie die abgetropfte, gesäuberte Leber hacken, pürieren und durch ein Sieb streichen.

Bries aus der Marinade nehmen und abtrocknen, dann in Butter sautieren, bis es zartbraun ist. Marinade hinzugießen und 5 Minuten köcheln. Bries herausnehmen und häuten.

Kräuter aus der Marinade entfernen und diese zu einer Brühe einkochen. Mit der Fleischpaste, der Crème double, den Pistazien und der Fleischsauce gut verrühren und mit Salz und Pfeffer abschmecken.

Backrohr auf 150 Grad (Gas Stufe 2) vorheizen.

Eine Terrinenform (25×10×7,5 cm) mit einem Großteil der Speckscheiben auslegen und zur Hälfte mit Fleischmasse füllen. Bries hineinpressen, restliche Fleischmasse daraufgeben, mit den restlichen Speckscheiben abdecken und mit Thymianblättern bestreuen.

Mit Deckel oder Alufolie verschließen und in ein Wasserbad stellen, so daß die Form bis in halber Höhe im heißen Wasser steht. Terrine 35 Minuten im Rohr garen.

Auskühlen lassen, dann stürzen, in Scheiben schneiden und, garniert mit etwas Cumberlandsauce und einigen Salatblättern, servieren.

Die große Straße von den Bergen bis zum Meer

Tipperary
Cork · Kerry

gegenüberliegende Seite. Der Connor Pass durchschneidet das Zentrum der Dingle Peninsula in der Grafschaft Kerry und eignet sich besonders für Wanderungen. Ausgerüstet mit festen Stiefeln und einem Stock, ist es wahrscheinlich, daß man hier mehr Schafen als menschlichen Wanderern begegnet.

oben. Doyle's Seafood Bar, ein Restaurant, das jeder Liebhaber von Fisch und Meeresfrüchten unbedingt besuchen sollte, zeigt eine der zahlreichen farbenfrohen Fassaden, die typisch sind für das Städtchen Dingle in der Grafschaft Kerry.

Tipperary

Cork und Kerry strecken ihre knochigen Finger aus und stellen den ersten Kontakt Europas mit dem brausenden, von Regenwolken verhangenen Atlantik her, während der von Florida herüberkommende Golfstrom die Winterfröste fernhält. Der Frühling hat hier einen ganz besonderen Reiz. Weiter im Landesinneren machen die Weideflächen, Berge und Flußtäler von Tipperary einer ausgedehnten zentralen Ebene Platz, die mit dem poetischen Namen *»Golden Vale«*, »Goldenes Tal«, bezeichnet wird. Hier befinden sich die teuersten Ackerflächen Irlands, die auch zu den fruchtbarsten in der Welt gehören. Sie erstrecken sich entlang den Ufern des Suir, an dem im Südteil der Grafschaft, an der Grenze zu Waterford, einige bezaubernde kleine Städte liegen.

Nachdem man das an das sagenumwobene Camelot erinnernde Lismore Castle hinter sich gelassen hat, führt die steil ansteigende Straße in die Knockmealdown Mountains hinauf, durch einen Wald mit riesigen Laubbäumen, der undurchdringlich erscheint, außer für diese Straße, die sich mit vielen Windungen ihren Weg unter dem dichten grünen Laub des Hochsommers hindurchbahnt. Die Wurzeln dieser Riesen krallen sich in den felsigen Boden wie die Fänge eines Adlers in seine Beute. Plötzlich sieht man sich einer ganz anderen Landschaft gegenüber: Hochmoore mit Steinmauern und grünen Feldern dazwischen. Die weite Landschaft mit ihrer gleichförmigen Vegetation wird nur vereinzelt von niedrigen Nadelbaumgewächsen unterbrochen. Im Hintergrund ragen steile, kahle Berge blau und gelbbraun auf.

Auf dem Weg zu dem grandiosen Aussichtspunkt, der als Vee bekannt ist, fällt der Blick auf grasende Schafe, die wie weiße Punkte über die weite Moorlandschaft verstreut sind, und auf steinerne Schäferhütten, wo die Zeit stehengeblieben zu sein scheint. Links von der Straße, wo diese wieder hinabführt, liegt ein See wie eine Schöpfkelle auf einem kleinen Berg. Das hier ist ein wunderbarer Platz, um auf schmalen, von Schafen ausgetretenen Pfaden, die heute von Brachvögeln bevölkert werden, die Berge zu durchstreifen oder einfach entlang den Straßen, die sich ins Tal hinunterwinden, zu den Dörfern Clogheen und Ardfinan hinabzusteigen.

Der Vee ist ein eigenartiges Phänomen – ein Kraftzentrum, denn wenn Sie Ihren Wagen wenden, wird er steil den Berg hinaufgezogen, wie von einem Magneten mit einer Geschwindigkeit von 50 bis 60 Stundenkilometern, ganz ohne Gasgeben und im vierten Gang. Steigen Sie aus. Der Wind und das Licht vereinen ihre Kräfte und erhellen in einem pulsierenden, tänzerischen Rhythmus nacheinander die unzähligen Felder im Golden Vale. So weit das Auge reicht, kann man wogende Felder sehen, die sich wie ein prächtiger Teppich in ockergelben, smaragdgrünen, olivgrünen und altgoldenen Farben bis zu dem unvorstellbar fernen Horizont ausdehnen.

Etwas mehr als 6 Kilometer südlich der Stadt Clonmel erreicht man nach einer scharfen Rechtskurve, bevor man den Suir überquert, Knocklofty House. Hier findet der Gast alles, was das Herz begehrt: Pferde, Squashraum, Swimmingpool,

Ich kehrte nach Irland zurück. Irland grün, rein und schlicht. Und als ich über meine Hügel wanderte und wieder mit meinen eigenen Leuten sprach, blickte ich mitten in das Herz dieses Lebens und erkannte, daß es gut war.

PATRICK KAVANAGH

Das Golden Vale in der Grafschaft Tipperary besitzt einige der fruchtbarsten Ackerböden überhaupt. Die schönste Aussicht wird heute leider von Nadelbäumen verdeckt, die man in diesem Jahrhundert angepflanzt hat. Hier scheint die Sonne auf einen winzigen Teil der Tausenden von saftigen grünen Felder, die sich ausdehnen, so weit das Auge reicht.

Sauna, Fitneßraum, hervorragende Angelmöglichkeiten für Lachse und Forellen und – was am wichtigsten ist – eine ausgezeichnete Küche. Paddy und Joyce O'Keeffe sind bemüht, in dem prächtigen Haus, das früher einmal Lord Donoughmore gehörte, eine Atmosphäre zu schaffen, daß man sich wie zu Hause fühlt. Das Gebäude erhebt sich inmitten von wunderschönen Bäumen, darunter seltene Stechpalmenarten, verschiedene Magnolienarten, 500 Jahre alte Eiben, riesige Eichen und die einzige Goldpappel in Tipperary. Im Inneren führt die weitläufige Eingangshalle zu einem holzvertäfelten Speiseraum und weiter zu einer von einer Galerie umlaufenen Bibliothek, von der aus man auf eine Terrasse mit Blick auf den Rasen und den Fluß gelangt.

Clonmel selbst ist eine hübsche Stadt mit schönen Uferpromenaden und ein guter Ausgangspunkt für Ausflüge in die Co-

Eine gesunde, liebende
junge Frau
Schenkt Freude für
Monate,
Für ein Jahr oder für
ein ganzes Leben.
Wenn der Hals rauh
ist vom Rauch,
Klingt ihre Stimme
immer noch süß.
Wer würde da den Tabak
einer Frau vorziehen?

Happy as Larry
DONAGH MACDONAGH

meragh Mountains. Ein früherer Bürgermeister, Charles Bianconi, schenkte der Stadt den ersten öffentlichen Beförderungsdienst in Irland: Seine von Pferden gezogenen »Bianconi-Wagen« verkehrten ab 1815 zwischen Clonmel und Cahir, das etwa 16 Kilometer westlich liegt.

Ein Fußmarsch nach Cahir führt Sie zu dem Bauernhof Ballybroughda, wo man biologische Anbaumethoden benutzt – etwas völlig Neues in dieser landwirtschaftlichen Region. Josef Finker kam 1983 aus Deutschland nach Irland; er brachte alle Maschinen und Geräte mit, die nötig sind, um biologisches Getreide, Weizen, Gerste, Hafer und Roggen, anzubauen und zu ernten. Dank der einfachen Methode des Fruchtwechsels kann er auf den Einsatz von Kunstdünger und anderen modernen, wachstumsfördernden Mischungen verzichten. Sein biologisches Mehl wird heute in ganz Irland und auch ins Ausland verkauft. Zu seinen Kunden gehört u. a. Otto Kunze vom Dunwarley Cottage Restaurant im Westteil der Grafschaft Cork; seit kurzem verarbeitet eine Dubliner Großbäckerei seine Produkte erstmals auch kommerziell.

Amerikanische Touristen, die sich im Gebiet von Cahir und Clonmel aufhalten, machen bisweilen gern einen Umweg nach Ballyporeen, woher Vorfahren von Ronald Reagan kommen. Es schmiegt sich unterhalb von Cahir an die Ausläufer der Knockmealdown Mountains.

Von Cahir führt uns der Weg nun weiter nach Nordwesten, Richtung Tipperary – querfeldein (oder über Limerick, falls Sie größere Straßen bevorzugen) nach Nenagh und weiter nach Dromineer am Lough Derg, dem größten der Shannon-Seen. Dieser wunderschöne See, etwa 38 km lang und 3 bis 5 km breit, ist berühmt in der Geschichte des Angelsports. »Pepper's Ghost«, eine knapp 14 Kilogramm schwere Bachforelle wurde hier 1861 von einem Mr. J. W. Pepper mit einem großen Kupferlöffel als Köder gefangen, als er auf Hechtfang war. Ein Jahr später fingen John Naughton und Patrick Sheehy den berühmten, rund 41 Kilogramm schweren Lough-Derg-Hecht – wahrscheinlich ein Weltrekord – mit einem gewöhnlichen Schuhlöffel aus Messing. Leider werden die Fische heute nicht mehr so groß!

Lough Derg und der übrige Shannon sind wie geschaffen für Rudersportler, aber besonders schön ist die Fahrt in der Nähe des Seeufers, zwischen Dromineer und Terryglass. In Ballinderry gibt es eine wunderschöne Pension, die zur »Hidden-Ireland«-Kette gehört. Das im frühen 19. Jahrhundert erbaute Gurthalougha House liegt in einem ausgedehnten Waldgebiet und ist über eine schier endlose, holprige Zufahrtsstraße zu erreichen. Sowohl im Salon als auch im Speiseraum sorgt das Holzfeuer in den offenen Kaminen für einen warmen Empfang. Gurthalougha ist ein Paradies für Naturfreunde und Sportler: Man kann Ponyritte unternehmen, wandern, Golf spielen, auf die Jagd gehen und segeln. Boote und Surfbretter werden den Gästen kostenlos zur Verfügung gestellt.

Unsere Rundreise führt weiter über Roscrea mit seinem Zisterzienserkloster und Thurles nach Cashel (nicht zu verwechseln mit dem gleichnamigen Dorf in Connemara) mit seinem berühmten »Rock«, einer hoch aufragenden Klosterruine, von der man einen herrlichen Ausblick auf die Ebene von Tipperary hat. Auch die wunderschön restaurierte mittelalterliche Holy Cross Abbey lohnt einen Besuch.

Wenn Sie nach all den Besichtigungen Hunger bekommen haben, sollten Sie vielleicht Ihre Fahrt im Chez Hans beschließen, das seine Räume in einer ehemaligen Methodistenkapelle hat. Hans Peter Matthia führt hier seit mehr als 20 Jahren erfolgreich sein komfortables Restaurant, das verständlicherweise noch immer etwas von einer Kirche an sich hat: Unter einem mächtigen Deckengewölbe findet man eine eklektizistische Mischung alter und neuer Ölgemälde, Wandteppiche und frische Blumen. Die Küche gehört – nebenbei bemerkt – zu den hellsten und saubersten Küchen, die ich je gesehen habe: Die Arbeit hier muß wirklich Spaß machen. Außerdem verfügt das Chez Hans über ein eigenes Kühlhaus. Der Chef überwacht persönlich die Küche. Eine seiner Spezialitäten ist Colcannon, ein traditionelles irisches Gericht aus Kartoffeln und Grünkohl, das hier auf besonders verfeinerte Weise zubereitet wird.

Da wir schon einmal beim Thema Essen sind: Probieren und kaufen Sie unbedingt etwas von dem berühmten Cashel Blue. Er ist eine der besten neuen Käsesorten, die man hier fast überall erhalten kann.

In derselben Straße wie das Chez Hans befindet sich auch Cashel Palace, ein Haus im Queen-Anne-Stil, das früher einmal eine Bischofsresidenz war. Die geistlichen Herren lebten damals offensichtlich nicht schlecht, wie das eindrucksvolle Gebäude beweist, das später immerhin zu den Lieblingshotels von Richard Burton und Liz Taylor gehörte. Die ehemaligen Küchenräume und Weinkeller im Untergeschoß beherbergen heute Bishop's Buttery, eine gemütliche Snackbar, in der es nach Holzrauch riecht und die gute, wohlschmeckende Gerichte bietet.

Cashel ohne Gäste,
das Rasthaus verlassen,
das Feuer erloschen.
Meuten dunkler Jagd-
hunde knurren auf
den Zinnen von
Brian's Tower,
Duhallow ohne Ober-
haupt, führerlos das
Dalcassische Geschlecht.
Dies alles befahl mir
zu kommen,
Valentine Brown.

Valentine Brown
AOGAN ORATHAILLE

Cork

Die Stadt Passage
ist groß und weit
und liegt dort,
wohin ihr Name weist.
Sie ist angenehm und
schön und recht nah,
um an einem Sommertag
von Cork herüber-
zukommen.

The Attractions of a Fashionable Irish Watering-Place
FRANCIS SYLVESTER MAHONE

Wenn man wieder über Cahir nach Süden fährt, gelangt man bei der hübschen kleinen Stadt Fermoy in die Grafschaft Cork. Hier wende ich mich stets nach Osten, um den kleinen Küstenort Youghal zu besuchen, der in der Geschichte, vor allem in der irischen, eine ganz besondere Rolle spielte. Um es kurz zu machen, auch wenn das Ganze wohl etwas komplizierter ablief: Im Jahre 1587 segelte Walter Raleigh nach Hause in den Hafen von Youghal, mit einer Ladung Kartoffeln und Tabakblätter aus Amerika an Bord. Er ging an Land und pflanzte im Garten hinter seinem Haus die ersten Kartoffeln Europas. Danach setzte er sich nieder, um sich zu entspannen, rollte ein Tabakblatt zusammen, zündete es an und zog genüßlich daran. Als das Dienstmädchen das Zimmer betrat, sah es hinter dem Lehnstuhl seines Herrn Rauch aufsteigen, erschrak fürchterlich und stürzte hinaus, um einen Eimer Wasser zu holen. Nun, es konnte zwar diese eine Zigarre auslöschen, aber nicht verhindern, daß sich das neue Laster durchsetzte. Raleighs Haus, Myrtle Grove, ist heute der Öffentlichkeit zugänglich. Die Stadt feiert seine Landung jedes Jahr Anfang Juli mit einem großen Kartoffelfestival.

Soweit dieser kurze Abstecher in die Geschichte. Der eigentliche Grund, warum ich immer wieder nach Youghal komme, ist Aherne's Seafood Bar am Ufer der breiten Blackwatermündung. Sie ist auf jeder Reise in den Süden einen Umweg wert. Für mich und viele andere ist es eine Art Wallfahrt – oder profaner die Liebe zum guten Essen. Lassen Sie sich durch das Wort »Bar« im Namen nicht irritieren. Ursprünglich handelte es sich zwar um ein Pub, aber seit 1969 haben es die Brüder John und David Fitzgibbon zusammen mit ihren Frauen Kate und Gay in ein auch international angesehenes Restaurant umgewandelt. David arbeitete früher im Arbutus Lodge in der Stadt Cork und bei den Brüdern Roux.

Dank der Nähe des Restaurants zum Meer und der ausgezeichneten Beziehungen, die seine Besitzer zu den einheimischen Fischern unterhalten, sind hier alle Fischgerichte erstklassig. Garnelen, die Spezialität des Hauses, werden ohne Schale in Schneckenpfannen serviert, überbacken mit einer köstlichen Mischung aus Knoblauch-Kräuterbutter und Semmelbrösel. Jedesmal, wenn ich das Restaurant verlasse, sehnen sich meine Geschmacksnerven schon wieder nach dem Tag der Rückkehr. Und immer, wenn ich Garnelen sehe, denke ich an Aherne's, die einfache, freundliche und lockere Art, wie man dort mit den Gästen umgeht, und an das Motto des Hauses: »Fisch braucht eigentlich keinen Koch – also lassen Sie ihn in Ruhe.« Es gibt dort nicht einmal einen Büchsenöffner für Tierfutter. Vielleicht liegt das Geheimnis ihres Erfolges darin, daß die Ahernes ihr Restaurant nicht als bloßes Geschäft betreiben, sondern mit viel Gefühl für den Ort führen.

Seine günstige Lage an der Mündung des Blackwater macht das Aherne's zu einem ausgezeichneten Ausgangspunkt für einen Ausflug in das Tal, das sich der große, breite Fluß kraftvoll durch das weite Weide- und Ackerland gegraben hat. Der Blackwater ist das beste Lachsgewässer Südirlands und kann es

Garnelen in Knoblauchbutter

1924 kaufte Jimmy Aherne ein Pub, das seither als Aherne's bekannt ist. Als der in Dublin geborene Gerry FitzGibbon, der mit Betty Aherne verheiratet war, 1965 aus der Armee ausschied, widmeten sich beide ausschließlich diesem Pub. Nach und nach entstanden verschiedene Gerichte aus den einheimischen Zutaten, insbesondere aus den reichlich vorhandenen Meeresfrüchten. Zwölf Garnelen pro Person sind ausreichend für eine Hauptmahlzeit (am besten serviert in einer Schneckenpfanne mit 12 Vertiefungen), sechs genügen für eine Vorspeise.

12 Portionen

je 12 große Garnelen
Salz
frische Semmelbrösel

Knoblauchbutter
450 g weiche Butter
1 kleine Knoblauchknolle, Zehen geschält

65 ml Rotwein
1 EL frisch gehackte gemischte Kräuter
frisch gemahlener Pfeffer
1/2 Zwiebel, fein gewürfelt.

Backrohr auf 200 Grad (Gas Stufe 6) vorheizen.

Schwanz der Garnelen ablösen. Garnelen in kochendes Salzwasser werfen. Sobald sie an die Oberfläche steigen, herausnehmen und in eiskaltes Wasser legen. Nach dem Auskühlen auslösen.

Für die Knoblauchbutter alle angegebenen Zutaten gut verrühren. In jede Mulde der Schneckenpfanne etwas Kräuterbutter geben und dann eine Garnele hineinsetzen. Garnelen mit Butter bedecken, mit Bröseln bestreuen und 10–15 Minuten überbacken.

Zusammen mit Knoblauchbrot heiß servieren.

Hofieren, kokettieren,
Tanzen, trinken,
Fenster einschmeißen,
Fluchen, versacken,
Immer auf der Suche,
Nie nachdenken,
Wie die Lüstlinge von Mallow.
Ein kurzes,
Aber schönes Leben leben,
Dahin gehen,
Wohin der Teufel lockt,
Geliebte haben,
Aber keine Frau,
Wie die Wüstlinge von Mallow.

The Rakes of Mallow
VERFASSER UNBEKANNT

sogar mit den berühmten Flüssen im Westen des Landes aufnehmen. Wenn man nordwärts über Tallow nach Fermoy und dann westwärts über Ballyhooly nach Mallow fährt, kann man mit etwas Glück ein Nachmittags- oder Abendrennen auf der wunderschönen Rennbahn von Mallow miterleben. Pferderennen werden hier nur in der wärmeren Jahreszeit veranstaltet, weil die Rennbahn im Winter oft überschwemmt ist. Im Hinterland, das der landschaftlich reizvollste Teil des Blackwater-Tales ist, befinden sich zwei der schönsten Landhotels Irlands.

Das erste von beiden, das georgianische Longueville House, liegt knapp 5 Kilometer westlich von Mallow: Achten Sie auf das Hinweisschild, das an der Hauptstraße von Mallow nach Kanturk plötzlich auftaucht. Eine lange, typisch irische Zufahrtsstraße führt an Schafen vorüber, die im Schatten kräftiger Eichen auf den Weiden grasen. Das 200 Hektar große Gut ist im Besitz der Familie O'Callaghan, die es bewirtschaftet; es handelt sich dabei wiederum um einen landwirtschaftlichen Betrieb.

Das Haus selbst liegt erhöht und grüßt ehrfurchtsvoll die Ruinen des wuchtigen Dromineen Castle, des ursprünglichen Wohnsitzes der Familie O'Callaghan auf der anderen Seite des Flusses. Longueville wirkt größer als die meisten Landsitze, die damals errichtet wurden. Der 1720 entstandene Hauptbau wurde während der späteren Jahrhunderte mehrmals verändert und erweitert. Zu seinen eindrucksvollsten architektonischen Details gehören ein eleganter, stattlicher Portikus (um 1800) und ein reizvoller viktorianischer Wintergarten, in dem farbenprächtige Blumen und Treibhauspalmen wachsen.

Der Besitzer Michael O'Callaghan ist nicht nur Landwirt, sondern auch Weinliebhaber. Deshalb hat er auf einem ca. 1 Hektar großen Stück seines Gartens einen Weinberg angelegt. Wenn das Wetter gut ist, liefern die Trauben einen charaktervollen, leichten, trockenen Wein. Aus dem Küchengarten kommen frisches Gemüse und Obst, die unter den kundigen Händen seines Sohns William, einem Schüler des Meisterkochs Raymond Blanc, eine besondere Qualität entfalten.

Jane O'Callaghan, Michaels Frau, kümmert sich um das Haus, in dem sie dank ihrer langjährigen Erfahrung eine ganz besondere Atmosphäre geschaffen hat. Die Gerichte sind hier klassisch, aber modern zubereitet. Bemerkenswert ist vor allem das saftige Lammfleisch; es stammt von Tieren, die auf dem Gut selbst gezüchtet werden.

Die O'Callaghans sind ein gutgelauntes Ehepaar mit viel Unternehmungsgeist. Außerhalb der Saison fährt Michael gerne nach Frankreich, um Wein einzukaufen. Darüber gibt es auch eine hübsche Geschichte. Als Michael und Jane vor einigen Jahren ihre Neuerwerbungen in einer Pferdebox nach Hause transportierten, lief der Motor mitten im Pariser Verkehrsstau heiß. Die Situation wurde immer verzweifelter, denn weit und breit war kein Tropfen Wasser in Sicht. Doch Not macht erfinderisch: Michael suchte in seinem Anhänger nach einer Flasche Wein, die er einfach in den dampfenden Kühler schüttete. Der Wein erfüllte seinen Zweck, so daß die beiden den

oben. Die anmutige Fassade von Longueville House blickt auf den Fluß Blackwater und die Ruine von Dromineen Castle. Der elegante Portikus entstand um 1800, ist also jünger als der frühgeorgianische Kern des um 1720 errichteten Gebäudes. Rechts das schöne, 1866 angebaute viktorianische Gewächshaus, das ideale Bedingungen für exotische Pflanzen bietet.

links. Der weinbegeisterte Besitzer Michael O'Callaghan stellt aus Trauben, die auf dem Gut angebaut werden, einen leichten, trockenen Weißwein her, der im Stil an einen deutschen Wein erinnert und köstlich schmeckt. Der Coisreal (»neben dem schwarzen Wasser«) Longueville wird stolz Gästen kredenzt, die kommen, weil sich hier eines der besten Lachsfanggewässer Irlands befindet.

Steinbuttfilets mit Meeresfrüchten

Dieses delikate Fischgericht wird mit einer Weißweinsauce serviert, die mit Irischem Knorpeltang gebunden wurde, der an den meisten Felsenküsten des Landes vorkommt.

4 Portionen

1 Steinbutt von 2,25 kg Gewicht, ausgenommen, filetiert und gehäutet
20 Miesmuscheln, gewaschen und abgebürstet
20 Herzmuscheln, gewaschen
4 Kammuscheln, ausgelöst
4 Austern, ausgelöst
7 Schalotten, geschält und fein gehackt
25 g Butter
50 ml trockener Weißwein
10 g getrockneter Irischer Knorpeltang
50 ml Sahne
Salz und frisch gemahlener Pfeffer

Backrohr auf 240 Grad (Gas Stufe 9) vorheizen.

Fisch in vier Stücke schneiden. Alle Mies- und Herzmuscheln, die sich nicht schließen, wenn man mit dem stumpfen Messerrücken kräftig dagegenklopft, aussondern. Kammuscheln waagerecht in je drei Teile schneiden.

Schalotten in der Butter glasig werden lassen, dann Wein und einen Schuß Wasser hinzugeben. Fischstücke, Mies- und Herzmuscheln in den Topf geben, mit Pergamentpapier abdecken und etwa 8 Minuten im Rohr garen. Muscheln bereits nach 4–5 Minuten herausnehmen. Warmhalten.

Inzwischen Knorpeltang in kaltem Wasser einweichen. Abtropfen lassen.

Sobald der Fisch gar ist, ihn aus dem Topf nehmen, auf eine vorgewärmte Platte legen, mit Pergament bedecken und warmstellen.

Kochflüssigkeit durch ein Sieb gießen und etwas einkochen lassen. Sahne einrühren, mit Salz und Pfeffer abschmecken. Kammuscheln und Austern hinzugeben und 1–2 Minuten garen. Vor dem Servieren Fisch und Muscheln auf vorgewärmten Tellern anrichten. Tang 30 Sekunden in der Sauce quellen lassen, dann Sauce über den Fisch gießen.

Pastetchen mit provenzalischen Gemüsen, Lammfilets und Kräutervinaigrette

Die Lammfilets für dieses Gericht müssen vom besten Hals- oder Schulterstück stammen. Lassen Sie das Fleisch am besten vom Metzger auslösen.

4 Portionen

4 Lammfilets von je 200 g
Butter
Salz und frisch gemahlener Pfeffer
frische Kräuter zum Garnieren
je 1 grüne, gelbe und rote Paprikaschote
1 Aubergine (siehe unten)
1 großer Zucchini
900 g Tomaten

1 EL Olivenöl
1 kleine Zwiebel, gehackt
1 Knoblauchzehe, zerdrückt
etwas geriebene Orangenschale
300 ml Olivenöl
4 Basilikumblätter, fein gehackt
je 1 Thymian- und Rosmarinzweig
1 Knoblauchzehe, zerdrückt
4 EL Weißweinessig
1 Prise Zucker

Backrohr auf 240 Grad (Gas Stufe 9) vorheizen. Ein Backblech leicht einfetten, Lammfilets darauflegen und mit Butter bepinseln. Paprikaschoten der Länge nach halbieren, entkernen und neben das Fleisch legen. Das Ganze ca. 9 Minuten braten, bis das Fleisch rosa ist, und aus dem Rohr nehmen. Fleisch salzen und pfeffern und abkühlen lassen.

Paprika einige Minuten in einen verschlossenen Topf geben, danach häuten und sehr fein würfeln. Kurz in 1 EL Olivenöl anbraten, auf Küchenpapier abtropfen lassen, würzen und abkühlen lassen. Temperatur des Rohres auf 180 Grad (Gas Stufe 4) drosseln.

Eine Aubergine mit ca. 7,5 cm Durchmesser quer in vier 2,5 cm dicke Scheiben schneiden. Diese in 2 EL Olivenöl auf beiden Seiten Farbe annehmen lassen, auf einen Bratrost legen und im Rohr ca. 10 Minuten garen. Herausnehmen, abtropfen lassen, würzen und abkühlen lassen.

Zucchini in münzendicke Scheiben schneiden, in 1 EL Olivenöl andünsten, abtropfen lassen, würzen und abkühlen lassen.

Tomaten 10 Sekunden mit kochendem Wasser überbrühen, abtropfen lassen, häuten, entkernen und würfeln. Zwiebel und Knoblauch im restlichen Öl weichdünsten, dann Tomaten und Orangenschale hinzugeben und kurz scharf braten.

Vier Pastetenförmchen von 7,5 cm Durchmesser mit Alufolie auslegen. Auberginenscheiben hineingeben, Zucchinischeiben so darauf verteilen, daß sie zur Hälfte auf der Aubergine, zur Hälfte an der Formwand liegen. Je einen Eßlöffel Tomatenpaste in die Mitte geben, ein halbes Lammfilet darauflegen und mit einem weiteren Eßlöffel Tomatenpaste abdecken. Paprikawürfel darüberstreuen. Für die Vinaigrette Olivenöl mit Kräutern und Knoblauch sanft erhitzen. Restliche Zutaten vermischen, mit Salz und Pfeffer abschmecken, 1 Tasse Wasser angießen, zum Öl geben. Durch ein Sieb gießen.

Vor dem Servieren etwas Vinaigrette auf jeden Teller geben. Pastetchen aus den Formen heben und in die Mitte setzen. Restliche Lammfilets in Stücke schneiden und abwechselnd mit den Paprikawürfeln dekorativ um die Pastetchen herum verteilen (Bild).

Assolas House, in der Nähe von Kanturk in der Grafschaft Cork, ist vielleicht das ruhigste aller irischen Landhaushotels. Es ist vor allem ein Familienbetrieb; die Bourkes führen das Haus und die Farm bereits seit Generationen. Die Gäste können sich vor dem Abendessen bei einem Tennismatch auf dem Platz vor dem Haus oder bei einem Spaziergang auf dem schönen Fußweg am Fluß entlang entspannen. Außerdem kann man von hier bequem innerhalb eines Tages den Ring of Kerry und die gesamte Grafschaft Cork bereisen.

Rest ihrer Ladung ohne weitere Probleme nach Irland bringen konnten.

Etwas weiter westlich, immer noch am Blackwater und einige Kilometer abseits der Hauptstraße Mallow–Kanturk, liegt Assolas House. Seinen sonderbaren Namen verdankt es seiner geographischen Lage: Im 18. Jahrhundert befand sich hier eine Furt, die Wegelagerern eine ausgezeichnete Gelegenheit bot, Reisende zu überfallen und auszurauben. Damals half der Besitzer dieses Hauses den von Hochwasser und Räubern Bedrängten, indem er ein Licht in sein Fenster stellte. So wurde sein Haus unter dem gälischen Namen Ata Solas, Furt des Lichts, bekannt, aus dem dann später Assolas wurde.

Nachdem man auf einer kleinen Brücke den Fluß überquert hat, erhascht man einen ersten Blick auf das Haus: ein mittel-

großes Landhaus, das inmitten von makellos gepflegten Rasenflächen steht und sich dekorativ von dem Uferweg abhebt, der das Grundstück begrenzt. Hier lebt die Familie Bourke, die das Haus mit viel Liebe führt: Bei einem Besuch in Assolas fühlt man sich rasch in die Familie aufgenommen. Zusammen mit Longueville und Ballymaloe gehörte Assolas zu den Gründern der Irish Country Houses and Restaurants Association.

Als ich das erste Mal nach Assolas kam, war es ein wunderschöner Sommertag: ruhig, sonnig und warm. Ich trat durch die offene Tür und wurde in der Eingangshalle von Eleanor Bourke begrüßt, die eine riesige Schüssel gartenfrischer Stachelbeeren putzte und gleichzeitig eine Fernsehübertragung aus Wimbledon verfolgte. Ihr Mann Hugh war passend dazu mit dem Tennisplatz vor dem Haus beschäftigt, wo er die Markierungslinien nachzog. Man stellte mir Joe vor, den Sohn des Hauses und damaligen Küchenchef. Danach tranken wir alle zusammen unseren Nachmittagstee im Garten und plauderten über das Haus. Es war herrlich ruhig, denn die Gäste kommen normalerweise erst später am Nachmittag. Die Pause vom späten Vormittag bis zum frühen Nachmittag gibt den Bourkes die Möglichkeit, ihr Familienleben zu pflegen, sich um den Garten zu kümmern, das Abendessen vorzubereiten oder sich mit den beiden hier lebenden Schwänen zu beschäftigen.

Hugh und Eleanor haben die Führung des Hauses vor kurzem an Joe und seine Frau Hazel übergeben. Als Joe entdeckte, was für eine gute Köchin seine Frau und bisherige Assistentin war, vertauschte er seine Küchenschürze mit einem Anzug und kümmert sich seither um den Service. Da er in Kinsdale bei dem Meisterkoch Gerry Galvin gelernt hat, legt man in der Küche – fast überflüssig zu erwähnen – besonderen Wert auf erste Qualität. Die Gerichte sind einfach, aber gut. Ich empfehle ganz besonders das Eingemachte, die Chutneys und natürlich Granny Bourkes Marmelade.

Seit den 60er Jahren ist die Grafschaft Cork für gutes Essen berühmt. Im ganzen Land haben Restaurants aller Art eröffnet – von Youghal bis Cork City, im Feinschmeckerparadies Kinsale und entlang der Küste mit ihren schier unzähligen kleinen Buchten und Flüssen, eigentlich bis hinunter nach Mizen Head, d. h. so weit, wie man überhaupt kommen kann. Diese Küste mit ihren vielen geschützten Ankerplätzen und kleinen Hafenorten war schon immer das Lieblingsziel von Jachtbesitzern, vor allem aus Frankreich und Großbritannien, sowie von zahlreichen anderen Besuchern. Angesichts des reichen Angebots an erstklassigen Lebensmitteln und der starken Nachfrage in der Bevölkerung ist es kein Wunder, daß sich hier eine Vorliebe für gutes Essen und eine hervorragende Küche entwickelt haben.

Das Arbutus Lodge in der Stadt Cork hat nicht nur die Prüfungen der Zeit bestanden, sondern auch eine neue Generation irischer Küchenchefs hervorgebracht. Rory O'Connell und Canice Sharkey (Ballymaloe), Michele Flamme (Ashford Castle), Michael Clifford (Besitzer von Clifford's, ebenfalls in Cork), Michael Peters (Besitzer vom Skippers in Kinsale) und Moira Foley (Besitzerin des Lime Tree in Kenmare) sind nur einige der Köche, die früher im Arbutus Lodge gearbeitet haben. Dieses ausgezeichnete Restaurant, zu dem auch ein kleines Hotel gehört, wird von seinen Besitzern, Declan und Michael Ryan (auch als die irischen Roux-Brüder bekannt), geführt und genießt wegen seiner exzellenten Küche seit über 20 Jahren auch internationales Ansehen.

Das Arbutus Lodge, benannt nach einem Erdbeerbaum (Gattung Arbutus), der in dem hübschen Garten wächst, wurde Ende des 18. Jahrhunderts von einem gewissen Thomas Beale erbaut. Dieser verkaufte es später an einen Böttchermeister, der Fässer für den Buttermarkt der Stadt herstellte. (Der Buttermarkt von Cork, der einmal der größte seiner Art auf der

Granny Bourkes Marmelade

»Wir geben Ihnen unser Spezialrezept, das ursprünglich von meiner Großmutter stammt. Das Interessante daran ist, daß diese Marmelade, obwohl jedes Familienmitglied sie nach dem gleichen Rezept zubereitet, immer anders schmeckt. So kann jeder Mann stolz behaupten, die von seiner Frau sei die beste. Ich bin da keine Ausnahme.«

Joe Bourke

Ergibt 9–10 Kilogramm

12 Bitterorangen
2 Süßorangen
1 Zitrone
9 l Wasser
6,5 kg Kristallzucker

Früchte gut waschen, halbieren und den Saft in ein großes Glas oder eine Porzellanschüssel auspressen. Alle Kerne entfernen und in ein Leinensäckchen geben. Fruchtschalen mit der Hand oder mit dem Mixer zerkleinern, dabei die bittere weiße Haut entfernen.

Fruchtfleisch und Leinensäckchen mit den Kernen über Nacht in dem mit Wasser vermischten Orangensaft durchziehen lassen.

Am folgenden Tag alle Zutaten zusammen in einen großen Topf geben, zum Kochen bringen und auf die Hälfte reduzieren. Die Fruchtschalen sollten nun, wenn man sie mit einem Messer einschneidet, weich sein.

Hitze drosseln, Zucker hinzufügen und unter Rühren vollkommen auflösen. Das Ganze erneut zum Kochen bringen und 20 Minuten kochen, oder so lange, bis eine dickliche Masse entstanden ist. Gibt man einen Löffel davon auf eine kalte Untertasse und fährt nach einigen Minuten mit dem Finger darüber, muß sich die Masse kräuseln. Dann ist die Marmelade fertig.

Leinensäckchen mit den Kernen entfernen. Marmelade in Gläser füllen und diese gut verschließen.

ganzen Welt war, ist auch heute noch einen Besuch wert, um zwischen den Ständen mit den frischen Produkten umherzugehen.) Zu den späteren Bewohnern des Hauses gehörte Major Charles O'Sullivan, Vater der Schauspielerin Maureen O'Sullivan und Großvater von Mia Farrow. 1961 erwarb die Familie Ryan das Haus und wandelte es in ein Hotel um. Am Anfang kümmerte sich nur Mrs. Ryan um die Küche, während ihr Mann Sean das andere Familienunternehmen, das Blackthorn House in der Patrick Street, weiterführte. Wie der Name des Geschäfts schon andeutete, verkaufte er dort kräftige Stöcke aus Schlehdornholz sowie Accessoires für Damen und Militaria. Wenn er den Laden abends zumachte, mußte er häufig noch einige Stunden lang im Arbutus Lodge zahlreiche Funktionen übernehmen, als Barkeeper, Kofferträger oder Kellner.

Der aufopfernde Einsatz des Ehepaares machte sich bezahlt: Das Haus genoß schon sehr bald einen ausgezeichneten Ruf. Ihr Sohn Declan trat in das Geschäft ein, nachdem er die Hotelfachschule absolviert und seine Ausbildung in verschiedenen großen Londoner Hotels abgeschlossen hatte. Er erkannte jedoch schon bald, daß in Irland gute Köche wesentlich rarer waren als gute Hotelmanager. Inzwischen hatte sein Bruder Michael 1974 den Rat des Vaters beherzigt: »Lerne Kochen, und du findest in jeder Stadt der Welt Arbeit.« Er sammelte zunächst in Frankreich Erfahrungen und übernahm dann die Küche des Arbutus Lodge, so daß sich Declan um die Führung des Hotels und die damit zusammenhängenden Aufgaben kümmern konnte. Beide Brüder sind leidenschaftliche Genießer und stolz darauf, daß sie ihren Gästen eine hervorragende Küche mit ausschließlich irischen Gerichten anbieten können.

Am besten unterhält man sich mit Michael Ryan im »Maschinenraum« des Arbutus Lodge, in der Küche. Während der netten, lebhaften Unterhaltung wird rasch deutlich, warum das Essen hier von so konstanter Qualität ist. Zum einen kauft er nur bei erstklassigen Lieferanten. Während der letzten Jahre haben die Ryans sehr eng mit ihrem guten Freund Simon O'Flynn, einem ausgezeichneten Metzger, zusammengearbeitet, der unter ihrer Anleitung gelernt hat, erstklassige Kasseler (geräucherte Schweinerippchen) herzustellen, und damit das traditionelle irische Gericht aus Speck und Kohl neu belebt hat. Simon versorgt sie auch mit ausgezeichnetem frischem Rindfleisch, einer als Crubeens bekannten Schweinsfüße-Spezialität, die er in seinem Schaufenster als »Low-Mileage Pig's Trotters« anbietet, sowie mit dem vermutlich besten gewürzten Rindfleisch von Irland. Alle sind auch fester Bestandteil der Speisekarte des Arbutus Lodge. Dot Haynes kommt einmal pro Tag aus dem Westteil der Grafschaft und liefert solche Raritäten wie frische Seeigel und Meeresschnecken. Letztere werden an der Bar als eine Art irische *tapa* serviert. Jim Teehan aus Tipperary verkauft ihnen allerbestes Wild. Im Freiland gehaltene Enten kommen von Mrs. Barrys Fort Farm. Die Hintertür des Arbutus Lodge steht (wie übrigens in jedem guten irischen Restaurant) stets offen für unerwartete Gelegenheitslieferanten von guten Zutaten, die unangemeldet mit frischen Produkten auftauchen. Die Ryans haben gelernt, flexibel zu sein. Falls sie überraschend einen fangfrischen Glatt- oder Steinbutt, frische Wildenten, eine Kiste Waldpilze oder einen Korb saftiger Beeren bekommen, ändern sie oft sofort die Speisekarte für das Abendessen.

Der andere Grund für die hohe Qualität der Speisen ist der Kühlraum. Hier in Arbutus Lodge ist es ein riesiger Raum, in dem das gesamte Fleisch, Geflügel und Wild perfekt abhängen kann. Nichts kommt in die Küche, bevor es die richtige Reife erreicht hat. Die Speisen besitzen hier eine Frische, die ich besonders mag. Die Speisekarte, auf der auch ein köstliches achtgängiges Menü steht, bietet für jeden Geschmack etwas. Bei den Weinen wurde das Restaurant mit dem Egon-Ronay-Preis für die beste Weinkarte in Irland und im Vereinigten Königreich ausgezeichnet. Ein Großteil der Bestände wurde aus den Weinkellern von Ardnagashel House ersteigert, dessen ehemaliger Besitzer fast 30 Jahre lang sachkundig Weine gesammelt hatte. Im Arbutus Lodge gibt es immer etwas und noch ein bißchen mehr, das die Vorfreude auf den nächsten Besuch weckt.

Vor kurzem hat ein ehemaliger Koch des Arbutus Lodge, Michael Clifford, in Cork ein weiteres empfehlenswertes Restaurant eröffnet. Das nach ihm benannte Clifford's befindet sich in einem 200 Jahre alten Gebäude, das früher die Bibliothek der Grafschaft beherbergte. Das Dekor ist ungewöhnlicherweise in Purpurrot, Lila und zarten Grautönen gehalten, aber es harmoniert überraschend gut mit den klaren Konturen des modernen Mobiliars. An den Wänden hängen moderne irische Gemälde, durch die Batikjalousien fällt ein reizvolles, diffuses Licht.

Clifford's wird von einem Ehepaar geführt. Michael Clifford lernte im Claridge's und im Connaught in London sowie in Südfrankreich, bevor er in das Arbutus Lodge und das White's in Dublin zurückkehrte. In den gastronomischen Kreisen Irlands gilt er heute als Sensation; seine Gerichte orientieren sich sehr stark an der modernen irischen Schule. Er ist immer gut gelaunt; seine Küche und sein Restaurant sind sein Zuhause. Diese Einstellung kommt auch in der unermüdlichen Gastfreundschaft und Aufmerksamkeit zum Ausdruck, mit der seine Frau Deirdre die Gäste umsorgt. Michaels Gerichte sind sorgfältig, aber ohne übertriebenen Aufwand zubereitet und zeigen oft einen leicht mediterranen Hauch.

Cork, das wie Rom auf sieben Hügeln erbaut ist, entpuppt sich als überraschend geschäftige Stadt mit neu angelegten Fußgängerzonen, in denen man zahlreiche kleine Läden, Espressobars und Cafés findet. Daneben gibt es noch viele interessante Pubs wie Mutton Lane Inn und Oyster Tavern nahe der Patrick Street und das Cork's im Jurys Hotel. In solchen Pubs spürt man den wahren Geist von Irland. Dieser Geist und vor allem der Lokalpatriotismus der Einwohner von Cork wird auf prägnante Weise auch in einem Gespräch zwischen zwei »Originalen« der Stadt deutlich.

Gebratene Wildente mit Holunderbeerensauce

Wildenten aller Art werden in der Umgebung geschossen. Michael Ryan kauft stets so viele, wie er verarbeiten kann. Holunder wächst im hauseigenen Garten. Im Frühjahr steht auch Holunderblütensorbet auf der Speisekarte.

4 Portionen

4 Stockenten, 6–8 Krick- oder Pfeifenten, gerupft und ausgenommen

Sauce

1 Möhre, geputzt und gewürfelt
1 Stange Sellerie, gewürfelt
1 Zwiebel oder 2 Schalotten, geschält und gewürfelt
40 g Butter
300 ml Rotwein
100 g Holunderbeeren
Salz und frisch gemahlener Pfeffer

Für die Sauce Entenschenkel abschneiden.

Das Gemüse in 25 g Butter in einer mittelgroßen Pfanne andünsten, dann Entenschenkel hineinlegen.

Sobald diese Farbe angenommen haben, Wein angießen und das Ganze mit Wasser bedecken. 2–3 Stunden sanft köcheln.

Knochen entfernen. Flüssigkeit, Fleisch und Gemüse durch ein Sieb streichen.

Backrohr auf 220 Grad (Gas Stufe 7) vorheizen.

Entenbrüste unausgelöst 15–20 Minuten braten, herausnehmen und 10 Minuten warmstellen.

Holunderbeeren und restliche Butter zur Sauce hinzugeben und mit Salz und Pfeffer abschmecken. Leicht erwärmen, bis der Saft der Beeren auszutreten beginnt.

Vor dem Servieren die Entenbrüste auslösen und auf vorgewärmten Tellern anrichten. Mit der fertigen Sauce, die durch den Holunderbeerensaft dunkel und glänzend geworden ist, übergießen.

Schweinespeck mit Kohl

»Dies ist unsere Version des traditionellen irischen Gerichts. Kasseler, geräucherte Schweinerippchen, stammen ursprünglich aus Deutschland, aber unsere kommen von Simon O'Flynn in Cork. Die Rippenstücke von Jungschweinen werden dafür zunächst 24 Stunden mit Wacholderbeeren, Pfefferkörnern und Nelken mariniert und dann 6 Stunden in einer Mischung aus Weich- und Hartholz geräuchert.« Michael Ryan

4 Portionen

4 Kasseler Rippchen
1 Kohlkopf oder grünes Blattgemüse
2 Möhren, geputzt und gescheibelt (auf Wunsch)
Pflanzenöl
Salz und frisch gemahlener Pfeffer

Backrohr auf 220 Grad (Gas Stufe 7) vorheizen.

Kasseler in etwas Öl anbräunen, dann 10 Minuten im Rohr garen. Fein gehobelten Kohl 3 Minuten in kochendem Salzwasser blanchieren. Mit den Möhren getrennt ebenso verfahren. Gemüse abtropfen lassen und leicht würzen. – Vor dem Servieren Kohl auf vorgewärmte Teller verteilen, Möhren um den Kohl herum anrichten. Kasseler von Knochen und Fett befreien, auf den Kohl legen und das Gericht sofort auftragen.

Sorbet aus Schwarzen Johannisbeerblättern

4–6 Portionen

450 g Kristallzucker
450 ml Wasser
20–30 junge Blätter von Schwarzen Johannisbeeren, gewaschen
Zitronensaft zum Abschmecken

Zucker bei geringer Hitze im Wasser auflösen, dann zum Kochen bringen und abkühlen lassen. Eine Mischung aus 2 Teilen dieses Zuckersirups und 1 Teil Wasser herstellen. Etwas davon in den Mixer geben, Johannisbeerblätter hinzufügen und das Ganze rasch mixen, bis die Blätter fein zerrieben sind.

Masse durch ein feines Sieb streichen und das Ganze in den Gefrierschrank stellen, bis die Masse breiig und an den Rändern teilweise gefroren ist. Gut durchrühren, dann in den Gefrierschrank zurückstellen und fest werden lassen.

Schweinsfüße nach Art von Cork

»Im 19. Jahrhundert war Cork ein wichtiges Zentrum für Armeeverpflegung, von dem aus Wellingtons Soldaten mit gepökeltem Schweinefleisch, Rindfleisch und Butter versorgt wurden. Für die Einheimischen blieben nur die Abfälle übrig, woraus ein auch heute noch bekanntes Gericht entstand. Man benötigt dazu zwei Holzstücke von einer Obstkiste oder etwas Ähnlichem sowie Faden oder anderes Material, um die Schweinsfüße zusammenzubinden, damit sich die Knöchel nach dem Kochen nicht selbständig machen.« Michael Ryan

4 Portionen

4 Schweinsfüße, am besten gepökelt
4 EL Weißweinessig
1 Möhre, geputzt
1 Zwiebel, geschält
75 g Butter
1 Prise gemischte Gewürze oder geriebener Piment
mindestens 100 g Semmelbrösel
einfaches Essig-Öl-Dressing zum Servieren
Zitronenspalten zum Garnieren

Je zwei Schweinsfüße leicht an ein Holzstück binden (siehe Bild), in einen Topf geben, mit kaltem Wasser bedecken und zum Kochen bringen. Wasser abgießen. Erneut mit kaltem Wasser bedecken und Essig, Möhre und Zwiebel hinzugeben. Bei geringer Hitze 5 Stunden köcheln, bis das Fleisch weich ist. (Das kann bereits am Vortag geschehen.) Abkühlen lassen. Faden entfernen, kalte Schweinsfüße vom Holz lösen und in der Mitte durchschneiden.

Backrohr auf 230 Grad (Gas Stufe 8) oder Grill vorheizen.

50 g Butter in einer flachen Pfanne zerlassen. Gewürze und Brösel vermischen. Die Schweinsfüße durch die Butter ziehen und in den Bröseln panieren.

Schweinsfüße in eine feuerfeste Form legen und mit Butterflöckchen besetzen. 8–10 Minuten im Rohr oder unter dem Grill braten, bis sie auch innen warm sind und die Panade knusprig ist.

Auf vorgewärmten Tellern anrichten und zusammen mit Vinaigrette und Zitronenspalten servieren.

Simon O'Flynn, mit mehreren Preisen ausgezeichneter Metzger (und Cellist) in Cork, stellt sowohl köstlich gewürztes und geräuchertes Rindfleisch als auch Kasseler, geräucherte Schweinerippchen, her. Er verkauft auch Schweinsfüße, die hier als Crubeens bezeichnet werden, irisches Kalbfleisch und Wild. Seine hervorragenden Fleischprodukte findet man auch auf der Speisekarte des Arbutus Lodge; dessen Besitzer Michael und Declan Ryan führen einen Teil ihres Erfolgs auf die Verwendung erstklassiger Zutaten zurück, die von Lieferanten wie Simon stammen.

»Ich habe neulich in der Zeitung gelesen, daß Cork das Paris Irlands ist«, sagt der eine.

»Wirklich?« fragt der andere. »Und warum nennt man dann Paris nicht das Cork von Frankreich?«

Für viele Reisende, die regelmäßig nach Irland kommen, ist ein Besuch in der Grafschaft Cork ohne einen Abstecher zum Ballymaloe House südlich von Midleton in Shanagarry nicht vollständig. Midleton selbst liegt rund 30 Kilometer östlich von Cork an der Straße nach Youghal und gilt als die »Whiskey-Hauptstadt«. Ballymaloe House erhebt sich inmitten eines 120 Hektar großen Anwesens, auf dem man, laut Ivan Allen, »Schafe züchtet«. Auf weiteren 80 Hektar, die etwas weiter unten an der Straße gelegen sind, wächst frisches Gemüse, das in der Küche und der berühmten Ballymaloe Cookery School, einer von Darina Allen geleiteten Kochschule, Verwendung findet.

Das alte Haus mit den verwitterten Mauern wirkt einladend und vertrauenerweckend. Vor dem Eingang wacht ein mächtiger Kastanienbaum und wirft seinen Schatten auf den Parkplatz vor einem Kunstgewerbeladen. Hier findet man keinen Kitsch und keinen Tand, sondern unverfälschte Beispiele irischen Handwerks, darunter Arbeiten von Nicky Mosse aus Bennettsbridge und Erzeugnisse der nahegelegenen Töpferei von Shanagarry. Ein Swimmingpool, ein Krocket- und ein Golfplatz laden zum Entspannen ein. Die ruhige, friedliche Atmosphäre wird nur während der Essenszeiten gestört, wenn sich Gäste und Personal zum Abendessen oder vor dem wunderbaren Lunchbuffet versammeln – zur Abwechslung einmal ein willkommenes Gedränge. Myrtle Allen, die *Grande Dame* der irischen Gastronomie, hat jedoch alles fest im Griff. Sie lebt hier mit ihrer Familie bereits seit fast 30 Jahren, aber jeder Tag ist für sie immer noch mit Freude und Abwechslung verbunden: Bei einem meiner letzten Besuche freute sie sich gerade riesig über zwei Eimer voll frischer Wildpilze, obwohl es erst Anfang Juli war.

Myrtle Allen ist für die Zusammenstellung der Gerichte verantwortlich, die dann unter der Leitung von Rory O'Connell und Canice Sharkey zubereitet werden. Sie hat ihre Küche so gut und straff durchorganisiert, daß während der Hauptmahlzeit mehr als 120 Gäste satt werden können. Im Laufe der Jahre hat sie einen ganz eigenen Stil entwickelt: Ihre Gerichte basieren auf klassischen Zutaten, die alle aus der näheren Umgebung stammen, und werden auf zeitgemäße, typisch irische Art zubereitet. Auch der Erfolg ihrer Bücher und die Popularität der von Darina Allen geleiteten Kochschule geben ihr immer wieder recht.

Das Restaurant hat alles zur Verfügung: In der näheren Umgebung gibt es in Freilandhaltung gezüchtete Gänse, Enten, Hühner und Truthühner; aus Ballycotton kommen geräucherte Makrelen, Heringe, Aale und andere Fische. Die von einer Flotte von kleinen Booten gefangenen Fische werden jeden Abend um sechs Uhr geliefert, nur wenige Stunden nach dem Fang. Während ich mich mit Ivan unterhielt, fiel mein Blick auf vier Flaschen, gefüllt mit Stechginster-, Geißblatt-, Schlehen- und Birnenwein und versehen mit einem schönen Schild, auf dem der Name von O'Neill's in Kenmare stand: ein weiteres Reiseziel, das man aufsuchen sollte. Gäste, die hier übernachten, können sich mit einem besonders guten irischen Frühstück stärken, bevor sie nach Midleton weiterfahren, wo sie eines der bekanntesten und berühmtesten Erzeugnisse Irlands probieren können: Whiskey. Natürlich werden Sie dort ein oder zwei Flaschen kaufen, die O'Neills Fruchtwein mit nach Hause begleiten werden.

Irland lernt man am besten kennen, wenn man kein festes Ziel, aber viel Zeit hat, um das Land zu entdecken. Ich empfehle Ihnen deshalb, wieder über Cork zu fahren und dort die südliche Route nach Kinsale zu wählen. Kinsale ist zwar nicht einmal 30 Kilometer von Cork entfernt, aber es besitzt einen ganz eigentümlichen Charakter – ein Fischerei- und Jachthafen mit mittelalterlichen Straßen und malerischen Häusern. Außerdem verfügt es über zahlreiche interessante Restaurants, Bistros und Hotels, wie es sonst eher bei solchen Küstenorten auf dem europäischen Festland üblich ist

Die Restaurantbesitzer haben den Kinsale Good Food Circle gegründet, der eine enge Zusammenarbeit garantieren soll, ohne jedoch den individuellen Charakter der einzelnen Restaurants zu beeinträchtigen. Jedes Jahr im Oktober wird ein Feinschmeckerfestival veranstaltet, das zu Recht die Liebhaber guter Speisen und Weine aus aller Welt anlockt. Zu den Restaurants, die ich persönlich empfehlen würde, gehören das Man Friday, das Vintage, Doyle's Seafood Bar und – erst vor kurzem eröffnet – Skippers.

Als ich kürzlich von Kinsale in westlicher Richtung fuhr, fiel mein Blick plötzlich auf eine riesige, in Stein gemeißelte Inschrift: »Ich bin die Unbefleckte Empfängnis.« Ganz klar, ich befand mich in Ballinspittle, der Heimat von Irlands berühmter beweglicher Marienstatue. Ich wendete den Wagen, um nachzuschauen, doch leider waren das einzige, was sich bewegte, die vielen blauen und weißen Fahnen, die im Wind flatterten.

Ich fuhr weiter, denn ich wollte zu Otto Kunze, dessen Dunworley Cottage Restaurant sich ein Stück außerhalb des Dorfes Timoleague auf der Spitze der Landzunge erhebt. Otto hat sein Handwerk bei Gerry Galvin gelernt, als dieser im Vintage in Kinsale arbeitete, und versteht sich meisterhaft auf den Umgang mit ökologisch erzeugten Zutaten; sein Ziel ist es, nur noch Erzeugnisse aus biologischem Anbau und ökologischer Tierhaltung zu verwenden. Sein kleines Restaurant, das er 1984 eröffnete, erfreut sich heute trotz seines abgelegenen Standorts großer Beliebtheit; besonders dazu beigetragen hat auch die ungewöhnliche »Schweineparty«, die alljährlich im Sommer stattfindet.

Im Mittelpunkt von Ottos Party steht ein Holzkohlengrill, auf dem ökologisch gezüchtete Sattelschweine von Vicky Heslops Bauernhof in Tipperary gebraten werden; dieses Schweinefleisch wird dann zusammen mit einer reichen Auswahl von Ottos selbstgemachten Würsten und Räuchersalamis serviert. Besucher müssen Dunworley nie mit leeren Händen verlassen; viele dieser Delikatessen, bei denen einem das Wasser im Mund zusammenläuft, kann man auch käuflich erwerben und mit nach Hause nehmen.

Eine weitere Spezialität des Hauses ist Nesselsuppe. Sie wird nach einem besonderen Rezept von Ottos Mutter zubereitet und schmeckt einfach köstlich; außerdem ist sie natürlich auch sehr gesund. Otto glaubt so fest an den Wert von Nesseln für die biologische Küche, daß er sich ernsthaft mit dem Gedanken trägt, sie für kommerzielle Zwecke anzubauen. Wer immer noch Zweifel hat, sollte das Gericht einmal selbst probieren: Es schmeckt wie eine verfeinerte Spinatsuppe.

Knapp zwei Kilometer weiter trifft man auf das nächste Städtchen, Clonakilty. Ich fand es immer etwas verwirrend, daß man dieses Gebiet als das westliche Cork bezeichnet, obwohl es sich um die Südküste der Grafschaft handelt – oder genauer gesagt: um den Südwesten von Cork, der westlich der Stadt Cork liegt. Die Landschaft verändert ihr Gesicht und gewinnt einen ländlichen Charakter. Das fruchtbare Ackerland weist nur wenige Bäume auf, weil die Böden leicht sind und im Winter der Wind vom Atlantik her weht.

Ein Großteil des Landes ist in große, durch niedrige Hecken abgegrenzte Felder aufgeteilt, auf denen friedlich das Vieh weidet. Die Luft ist leicht und warm – ein Geschenk des nahen Golfstroms.

Clonakilty ist der erste in einer Reihe von kleinen Küstenorten, wo die bemalten Ladenfronten so ausschauen, wie man sich Irland immer vorstellt. Gehen Sie zu Twomey's, dem örtlichen Metzger. Er ist berühmt für seine Blutwurst, die hier *»Drisheen«* genannt wird.

Fahren Sie über Rosscarberry, um dort zu essen, oder übernachten Sie im schönen Glandore, in einem einfachen Familienbetrieb, dem Marine Hotel. Das am Strand gelegene Haus, das von Sean und Teresa O'Brien geführt wird, haben Joe und Hazel Bourke vom berühmten Assolas House für ihre Hochzeitsfeier ausgewählt – könnte es eine bessere Empfehlung geben? Das Essen in diesem überaus sauberen Hotel ist einfach

Pastetchen mit Sommerfrüchten

Das Rezept ist ziemlich kompliziert, aber das Gericht schaut wunderschön aus und schmeckt auch hervorragend zu einem besonderen Anlaß in der heißen Jahreszeit. Einige der Zutaten kann man vorbereiten. Der Sirup, für den man 275 g Kristallzucker in 600 ml Wasser aufkocht, hält sich recht gut mehrere Tage lang.

4 Portionen

4 Pastetchen
4 Löffel Eiscreme
225 g Sommerfrüchte

Obstsaucen
300 ml Sirup
(siehe oben)
100 g Erdbeeren
100 g Stachelbeeren
Saft von 4 Orangen
25 g Arrowroot

Meringue
2 Eiweiß
75 g Puderzucker
1 Prise Salz

Für die Erdbeersauce Früchte in 150 ml Sirup weichdünsten und durch ein feines Sieb streichen. Für die Stachelbeersauce Beeren in 150 ml Sirup weichdünsten, abkühlen lassen und durch ein feines Sieb streichen. Für die Orangensauce Orangensaft in einem kleinen Topf zum Kochen bringen, Arrowroot in etwas Wasser auflösen und unter den Orangensaft rühren, bis eine dickliche Masse entsteht; diese nach dem Abkühlen durch ein feines Sieb streichen.

Für die Meringue Eiweiß zu steifem Schnee schlagen, Puderzucker und Salz vorsichtig unterheben. Masse in eine Spritztüte mit sternförmigem Aufsatz füllen.

Grill vorheizen.

Je einen Löffel Eiscreme sowie einen Großteil der Früchte (falls nötig, gehackt) in die Pastetchen füllen, Meringuemasse darüberspritzen, das Ganze mit Zucker bestreuen. Pastetchen auf ein Blech legen und unter dem Grill zartbraun werden lassen.

Die Fruchtsaucen auf vier Teller verteilen (s. Bild), je ein Pastetchen in die Mitte setzen und restliche Früchte darum herum arrangieren. Sofort servieren.

Pilze à la Crème

»Das ist eine gute Zubereitungsmöglichkeit für Zuchtpilze. Da sie sich in der Sauce gut aufwärmen lassen, kann man das Gericht auch problemlos vorkochen. Diese Methode eignet sich natürlich sehr gut für Wiesenpilze.« Myrtle Allen

4 Portionen

450 g Pilze, aufgeschnitten
175 g Zwiebeln, fein gehackt
mindestens 40 g Butter
1 EL gehackte Petersilie
1 EL gehackter Schnittlauch
200–250 ml Sahne oder Crème double
Zitronensaft
Salz und frisch gemahlener Pfeffer

Zwiebeln in der Butter weichdünsten und aus der Pfanne nehmen. Pilze portionsweise braten (jeweils nur so viele, daß der Pfannenboden bedeckt ist) und herausnehmen, sobald sie weich sind. Falls nötig, noch etwas Butter hinzufügen, aber nicht zu viel nehmen.

Nach dem Abkühlen Kräuter, Zwiebeln, Sahne und einen Schuß Zitronensaft zu den Pilzen hinzugeben, das Ganze mit Salz und Pfeffer abschmecken. Sauce, falls nötig, mit einer Mehlschwitze oder etwas Beurre manié aus gleichen Teilen Butter und Mehl binden.

Dunkles Brot nach Art von Ballymaloe

4 Laibe von 13×20 cm Größe

1,5 kg Vollkornmehl
1 EL Salz
1–2 TL schwarzer Sirup
1,25 l kochend heißes Wasser
110 g frische Hefe

Mehl und Salz vermischen und warmstellen. In einer kleinen Schüssel Sirup mit etwas Wasser verrühren, Hefe hineinkrümeln und an einem warmen Ort 5 Minuten quellen lassen.

Backformen einfetten und ebenso wie ein Leinentuch warmstellen.

Gequollene Hefe gut durchrühren, zusammen mit dem restlichen Wasser zum Mehl hinzugeben und einen nicht zu trockenen Teig kneten. Diesen in vier Portionen teilen, in die Backformen geben und warmstellen oder mit dem Handtuch abdecken. Innerhalb von etwa 20 Minuten gehen die Laibe zu doppelter Größe auf. Danach bei 230 Grad (Gas Stufe 8) 45 – 50 Minuten backen, oder so lange, bis die Oberseite braun ist und die Laibe hohl klingen, wenn man dagegen klopft.

Eine kleine Auswahl der köstlichen biologischen Wurstspezialitäten, die Otto Kunze in seinem Dunworley Restaurant herstellt. Hier sieht man Salami in verschiedenen Reifegraden sowie im Haus geräucherten Schinken. Jedes Jahr im Mai veranstaltet Otto, ein überzeugter Anhänger ökologischer Methoden, seine überaus beliebte »Schweineparty«: ein im Freien abgehaltenes Fest mit würzigen Würsten, Salamis und anderen Köstlichkeiten, die aus dem Fleisch ökologisch gezüchteter Sattelrückenschweine hergestellt worden sind und zusammen mit Salaten und hausgemachtem Brot serviert werden. Man sollte sich frühzeitig anmelden, um eine Enttäuschung zu vermeiden.

und gut; Fischgerichte sind die Spezialität von Sean, der sich in den einheimischen Fanggründen bestens auskennt. Er besitzt ein eigenes Fischerboot und fängt sogar seine eigenen Garnelen in speziell importierten großen Reusen, die eine gute Fangqualität garantieren. Wenn Sie in Glandore sind, sollten Sie auch Unionhall besuchen, ein ursprüngliches Fischerdorf auf der anderen Seite der ruhigen Bucht, dessen Hafen vor allem Jachten anlaufen können.

Alle Orte in dieser Gegend besitzen gute Delikatessengeschäfte, so daß man sich mühelos ein köstliches Picknick zusammenstellen kann. Wenn Sie es jedoch vorziehen, daß jemand anders diese Aufgabe für Sie übernimmt, so bietet Ihnen Ballydehob, knapp 25 Kilometer westlich von Glendore, ein gutes Restaurant: Annie's Bistro. Der nächste Ort, den ich gern besuche, ist Schull, das am Rande einer Bucht mit dem vielsagenden Namen *Roaringwater Bay* liegt; in meinen Augen ist es das interessanteste Städtchen der gesamten Region.

Schull wird vor den Nordwestwinden durch den Mount Gabriel geschützt, der fast 400 Meter in den Himmel von Cork aufragt. Mittelpunkt des Orts ist Denis und Finola Quinlans Courtyard, ein Gebäudekomplex, zu dem eine Bar, ein Delikatessengeschäft, ein Café, ein Restaurant, ein Kunstgewerbeladen und eine traditionelle Bäckerei gehören. Das Delikatessengeschäft führt ein umfangreiches Käsesortiment; unter den angebotenen irischen Käsesorten findet man Gabriel, einen einheimischen, an Gruyère erinnernden Käse, der von Bill Hogan hergestellt wird, und Dereenatra, einen fettarmen Weichkäse mit Knoblauch und Kräutern. Beide wurden vor kurzem prämiert, ebenso wie der von Tom und Giana Ferguson produzierte Gubbeen. Außerdem gibt es eine reichhaltige Auswahl an anderen Lebensmitteln, darunter auch Gemüse aus biologischem Anbau. Als ich immer tiefer in dieser Schatzkammer des Ali Baba wühlte, entdeckte ich auch verschiedene irische Fleischpasteten und Wurstsorten, die ein Schild als »echte Würste« auswies; hergestellt wurden sie von einer Schottin namens Gill Boazman, die in Rosscarbery lebte.

Gills Mann hatte wie ich selbst Irland durch Zufall entdeckt. Als das Ehepaar hierherzog, war Gill, die gute Wurst schätzte, von der geringen Qualität der einheimischen Produkte enttäuscht und begann, ihre eigene Wurst herzustellen. Nachdem sie 10 Jahre experimentiert hatte, entschloß sie sich, 1987 ihr eigenes Geschäft zu eröffnen, das ausschließlich Würste ohne Konservierungsstoffe und künstliche Farb- oder Geschmacksstoffe herstellt. Sie produziert heute verschiedene Wurstsorten wie Schweine- und Salbeiwurst, eine traditionelle Wurst aus Schweinefleisch mit Koriander, gewürzte Würste mit Chili und Knoblauch sowie Tomaten und Basilikum. Außerdem macht sie zwei Pasteten, eine geräucherte Wild- und eine Schweinefleischpastete.

Der interessanteste Teil des Courtyard ist jedoch die Bäckerei, in der noch ein alter, mit Kohlen geschürter Ziegelbackofen von Perkins aus dem Jahre 1919 verwendet wird. Er wird mit Kohlen geschürt, weil es in der Umgebung kaum Bäume und somit auch kein gutes Feuerholz gibt. Der einzige andere Backofen dieser Art, der in Irland übriggeblieben ist, befindet sich in der Zisterzienserabtei von Roscrea, aber dort heizt man mit Torf. Der Backofen in Schull war jahrelang ungenutzt, bis eines Tages Denis Quinlan einen Mann namens Jack Bennett traf, der heute über 80 Jahre alt ist und mehr als 40 Jahre in dieser Bäckerei gearbeitet hatte. Er überredete ihn, in seinen alten Beruf zurückzukehren und auf traditionelle Weise zu backen; verwendet werden dabei die alten Originalrezepte, die heute streng geheimgehalten werden. Die Bäckerei produziert 200 Stück pro Tag für den Delikatessenladen und das Restaurant. Die Arbeit beginnt um 6.30 morgens und endet am Mittag.

Wenn man Schull wieder verläßt, sollte man unbedingt weiter an der Küste entlangfahren und Crookhaven besuchen, ein kleines Dorf, das schon immer eine beliebte Zwischenstation für Reisende war, die nicht besonders in Eile sind. Dieser malerische Hafenort, der viel Sonne einfängt, besitzt auch zahlreiche kleine Restaurants und gute Lokale, die sich auf Hummer und andere frische Meeresfrüchte spezialisiert haben. Nach dieser angenehmen Unterbrechung ist es vielleicht an der Zeit, bei Barleycove ein erfrischendes Bad im Meer zu nehmen. An einem sonnigen Tag erinnert diese südlichste Bucht Irlands, an deren Spitze Mizen Head liegt, an eine Insel in der Ägäis oder an den Norden von Korfu. Man kann hier an einem endlosen weißen Strand entlanggehen und in kristallklarem Wasser schwimmen.

An der Spitze von Dunmanus Bay, etwas weiter nördlich, aber ganz bestimmt westlich von Cork, liegt Durrus. Hier stößt man auf das Blair's Cove Restaurant, das von Philippe und Sabine De Mey geführt wird; es befindet sich in einer umgebauten steinernen Scheune neben einem georgianischen Landhaus. Mittelpunkt des von Kerzenschein erleuchteten Speiseraums ist das kalte Buffet, das eine verführerische Vielfalt von Pasteten und in Salz und süßsauer eingelegten Fischen bietet; dicht daneben steht eine wunderbare Auswahl von Nachspeisen, die normalerweise auf dem Flügel aufgebaut sind. Der zarte Geruch von dem offenen Holzfeuer des Barbecue-Grills in einer Ecke des Raums verbreitet eine elisabethanische Atmosphäre. Zum selben Gebäudekomplex gehört ein Hof mit Garten, der schöne Appartements, in denen man sich selbst verpflegen kann, und einen Kunstgewerbeladen beherbergt.

Etwas außerhalb des kleinen Ortes, in Coomkeen, stellt Jeffa Bates einen Käse her, der unter dem Namen Durrus bekannt ist und sich als einer der besten selbstgemachten irischen Käse durchgesetzt hat. Er ist halbfest und leicht flockig und zählt zu meinen Lieblingssorten. Als ich Coomkeen vor einigen Jahren zum ersten Mal besuchte, erzählte mir Jeffa eine hübsche Geschichte über die Tradition der irischen Käse. Sie scheint inzwischen die Runde in ganz Irland gemacht zu haben, und wir möchten sie nur allzu gern glauben.

Im 6. Jahrhundert soll der heilige Gallus in Begleitung einiger Mönche Irland verlassen haben, um das Christentum auf dem europäischen Festland zu verbreiten. Sie zogen über Flüsse und über Berge und ließen sich schließlich in einem abgelegenen Hochtal der Alpen nieder, wo sie ein Kloster errichteten. Daraus entwickelte sich eine Siedlung, die den Namen St. Gallen erhielt. Die Begleiter von Gallus hatten auch einige köstliche Käserezepte mitgebracht, die schon bald von den Schweizern und Franzosen übernommen wurden. Beide Länder waren jahrhundertelang mit Recht stolz auf ihre traditionellen Käse, doch aufgrund einer seltsamen Schicksalsfügung produziert Irland heute wieder Käse, die an die vergangene Tradition anknüpfen und damit die Bewunderung und vielleicht auch den Neid seiner europäischen Nachbarn, vor allem der Franzosen, erregen.

Die meisten Corker wissen eine Menge, aber dieser wußte einfach alles. Ich versuchte immer wieder, ihn mit einem exotischen Wissensgebiet zu überraschen, doch es hatte keinen Zweck. Er blieb mir unverändert keine Antwort schuldig.

Carpathian Days – and Nights

NICHEVO (ROBERT MAIRE SMYLLIE)

Die letzten Kilometer bis Bantry fährt man auf einer Hauptstraße. Bantry House, das sich über der gleichnamigen Bucht erhebt, enthält eine Fülle von alten Möbeln, Gemälden und anderen Kunstobjekten. Es befindet sich seit 1739 im Besitz der Familie White. Der gegenwärtige Besitzer, Egerton Shellswell White, hat vor kurzem im Ost- und im Westflügel Gästezimmer eingerichtet. Den Geschmack, den er bei ihrer Ausstattung bewies, hat er offensichtlich von seinem Vorfahren Richard White, dem zweiten Earl of Bantry, geerbt, der im 19. Jahrhundert auf seinen Europareisen viele Kostbarkeiten sammelte.

Das Speisezimmer im Bantry House ist mit seinen exquisiten Wandteppichen und dem kostbaren Silber und Porzellan in erster Linie etwas für das Auge, aber Gäste können es nach Vorbestellung für eine Abendgesellschaft mieten – ein Vergnügen, das ich mir sehr gern selbst einmal leisten würde. Die im italienischen Stil gehaltenen Gartenanlagen und die Spazierwege rund um das Haus sind schon allein einen Besuch wert.

Noch ein Hinweis für historisch interessierte Reisende: Eine französische Fregatte, die *Surveillante*, die im 18. Jahrhundert an einer Mission zur Eroberung und »Befreiung« Irlands beteiligt war, liegt seit fast 200 Jahren rund 43 Meter tief in der Bantry Bay. Kürzlich wurde der *Bantry 1796 French Armada Trust* ins Leben gerufen, der versuchen soll, das Schiff zu heben und zu erhalten. Man hofft, das Schiff in einem besonderen Museumsraum in Bantry House ausstellen zu können.

Wer weiter an der Küste entlangfährt, sollte unbedingt im gemütlichen Sea View Hotel meiner Freundin Kathleen O'Sullivan in Ballylickey absteigen. Sie serviert das reichhaltigste Frühstück in Irland: Pfannkuchen, weiche Eier und Räucherlachs sowie all das, was man normalerweise in anderen Hotels am Morgen bekommt. Das Abendessen ist einfach, aber hervorragend zubereitet.

Die riesige, zerklüftete Felsmasse, die sich nun vor Ihren Augen auftürmt, sieht aus wie ein gewaltiger Brocken, den das

Obwohl Jack Bennett über 80 Jahre alt ist, versteht er sich noch immer hervorragend auf das Kneten von Brotteig. Die altmodische Bäckerei im Courtyard, in Schull in der Grafschaft Cork, produziert eine wunderbare Auswahl von Broten und Semmeln. Der Duft, der von dem mit Kohlen geschürten Backofen herüberweht, scheint aus einer anderen Zeit zu stammen. Jack, der über 40 Jahre hier gearbeitet hatte, wurde von Denis Quinlan, dem jetzigen Besitzer, aus dem Ruhestand zurückgeholt. Neben der Bäckerei befindet sich auch ein erstklassiges Delikatessengeschäft.

Meer wieder ausgespien und an Land geworfen hat – wie rauher Mörtel, bevor man ihn mit der Kelle glattstreicht. Das ist Beara Peninsula, Schauplatz eines dramatischen Kampfes zwischen den Naturgewalten. Die verschlafenen Orte und die saftigen, grünen Wiesen weichen einer rauheren Landschaft, die ein Künstler in den Fels gemeißelt zu haben scheint. Sie hängt zwischen der grauen Erde und dem blauen Himmelsgewölbe, das bis zur Grafschaft Kerry hinüberreicht. Ob Beara Peninsula zu Cork oder zu Kerry gehört, war schon immer umstritten. Ihre Bewohner jedenfalls marschieren bei der Parade am Schlußtag der irischen Hurlingmeisterschaft in Rot und Weiß mit. Ihr Corker Blut regt sich bei jedem krachenden Schlag des hockeyähnlichen Spiels. Aber es ist rauher in den Gebirgspässen, die man üblicherweise mit Kerry assoziiert – doch wohlgemerkt: Wir sind noch nicht im »Königreich«.

Die meisten Reisenden legen hier nur eine kurze Rast ein, um das reizvolle Dorf Glengariff und die subtropischen Gärten von Garnish Island zu besuchen, bevor sie weiter nach Kenmare und Killarney fahren. Dabei entgeht ihnen der eigentliche

links. Bailey Cove bei Mizen Head in der Grafschaft Cork, die südlichste Bucht Irlands. Da sie im Einflußbereich des Golfstroms liegt, ist das Wasser in dieser Bucht den Großteil des Jahres über warm. Auf dem sandigen, leicht abfallenden Badestrand fühlt man sich eher wie auf Korfu als in Irland.

nachfolgende Doppelseite. Das herrliche Speisezimmer des teilweise georgianischen Bantry House geht auf den Garten am Ufer der Bantry Bay hinaus. Die zurückhaltende Eleganz des georgianischen Mahagoniholzes – Eßtisch und Stühle, Anrichtetisch und Weinkühler am Fenster – bildet einen lebhaften Kontrast zu den Rokokoornamenten und Putten der Anrichte unter dem Wandteppich. Die Gemälde von dem schottischen Künstler Allan Ramsay (1713–1784) zeigen König Georg III. (dessen Hofmaler Ramsay war) und Königin Charlotte; sie fielen durch das Gesetz über die Vereinigung von Großbritannien und Irland (1800) an den ersten Earl of Bantry.

Reiz von Beara Peninsula: die außergewöhnliche Landschaft, der sich ständig verändernde Himmel und das wunderbare Spiel des Lichts. Auf dieser Landspitze erhebt sich Hungry Hill, der mit seinen über 600 Metern Höhe kein Ende zu nehmen scheint; Daphne du Maurier hat seinen Namen für den Titel ihres Buches über die nahegelegenen Kupferminen von Allihies gewählt. Castletownbere ist der wichtigste Fischereihafen im Süden Irlands. Er liegt am Rand der Bantry Bay und soll der tiefste Hafen von Europa sein. Darüber thront düster die Ruine von Dunboy Castle, im 15. Jahrhundert Sitz der O'Sullivans, der früheren Lehnsherren dieses Gebiets.

Ein wichtiges Erzeugnis der Beara Peninsula ist noch ein anderer prämierter Käse, der weiche Milleens von Veronica und Norman Steele, die bei der Renaissance der irischen Käseherstellung Pionierarbeit geleistet haben. Der Milleens ist ein Käse mit einem ganz eigenen Geschmack und Charakter; meiner Meinung nach läßt er sich mit keinem anderen Käse vergleichen, auch wenn er viele an einen Reblochon oder einen Camembert erinnert.

Bantry House erhebt sich zwischen ausgedehnten Gärten auf der einen Seite und über der weiten, von der Sonne verwöhnten Bantry Bay auf der anderen Seite. Das schöne Gebäude befindet sich seit 1739 im Besitz der Familie White, Earls of Bantry. Nachdem die Besucher die prächtige Inneneinrichtung bewundert haben, können sie in den ebenso berühmten Gärten spazierengehen, die im italienischen Stil angelegt und mit klassischen Statuen geschmückt sind.

Kerry

Kenmare Bay reicht fast 42 Kilometer in das Land hinein und bildet eine Wassergrenze zwischen den beiden zur Grafschaft Kerry gehörenden Halbinseln Bere und Ring. Nachdem man die Brücke am Ende der Bucht überquert hat, gelangt man nach Kenmare. Zusammen mit Sneen und Dingle ist Kenmare einer der drei blühenden Orte in Kerry, die die besondere, unverfälschte Atmosphäre einer typisch irischen Stadt bewahrt haben. Dazu trägt auch das Park Hotel bei, ein viktorianischer Bau, der sich sehr gut als erste Station in der Grafschaft Kerry eignet.

Es wurde ursprünglich 1897 als Bahnhofshotel für wohlhabende englische Touristen eröffnet, die auf dem Weg in das subtropische Parknasilla an der »irischen Riviera« waren, und war damals als das Great Southern bekannt. Das Hotel war bis 1976 in Betrieb und öffnete nach einer gründlichen Renovierung vier Jahre später als Park Hotel unter der Leitung von Francis Brennan wieder seine Pforten. Die meisten der »neuen« Einrichtungsstücke wurden bei Auktionen günstig ersteigert: Kaum jemand wollte sich die wuchtigen viktorianischen oder edwardianischen Möbel in die Wohnung stellen, doch für das Hotel paßten sie perfekt. 1984 kaufte Francis das Haus und machte es innerhalb von wenigen Jahren zu einem der besten Hotels der Welt. 1988 erhielt es die Auszeichnung des »besten Hotels in Großbritannien und Irland«.

Francis ist noch ein junger Mann, der voller Enthusiasmus und Tatendrang steckt. Das 60 Personen umfassende Personal ist ebenfalls sehr jung, im Durchschnitt unter 25 Jahre alt. Das scheint ein entscheidender Faktor für den Erfolg des Hotels zu sein. Wie ein guter Fußballtrainer führt Francis seine Mannschaft zur Reife, so daß die Angestellten normalerweise nach drei bis vier Jahren günstig die Stellung wechseln können.

Das Hotel besitzt 50 Gästezimmer, aber damit seine Gäste in den Genuß des angemessenen Komforts und Service kommen, behauptet Francis, daß nur zwölf vorhanden seien. So gelingt es ihm, die Gemütlichkeit und die persönliche Atmosphäre eines Landhauses aufrechtzuerhalten, doch das bedeutet auch sehr harte Arbeit. Der »Workaholic« schafft es dennoch, immer etwas Zeit und Ruhe für sich selbst zu finden. Bisweilen kann man ihn dabei beobachten, wie er Blumen schneidet und aus ihnen die herrlichen Gestecke zaubert, die das ganze Haus schmücken. Die Teppiche auf den Zimmern wirken immer so sorgfältig gepflegt, daß man das Gefühl hat, als hätte sie noch keiner vorher betreten. Außerdem werden früh am Morgen die Windschutzscheiben von den Autos der Gäste blitzblank poliert, damit die Besucher einen ungetrübten Blick auf die Landschaft von Kerry haben. Doch das sind nur zwei der Besonderheiten, die das Park Hotel zu einem ganz speziellen Aufenthaltsort machen.

Auch das Essen erfüllt ganz die Erwartungen. Es wird unter der Leitung von Matthew Darcey zubereitet, der seit mehreren Jahren im Park Hotel arbeitet. Seine ersten beiden Jahre war er zweiter Küchenchef unter dem Mann, von dem gegenwärtig alle in Dublin sprechen: Colin O'Daly. Besonders zu empfehlen

nachfolgende Doppelseite. Dieses zauberhafte Lichtspiel ist typisch für Westirland. Nach ausgedehnten Regenfällen riß der Himmel auf. Ein Lichtstrahl fiel auf Glengariff und Garinish Island, doch nur so lange, daß ich dieses Bild aufnehmen konnte. Fünf Minuten später begann es wieder zu regnen.

sind die Fisch- und Meeresfrüchtegerichte, darunter auch Seeigel aus den einheimischen Gewässern. Ich habe noch nie einen Koch kennengelernt, der Krebsscheren so ohne eine Spur von Knorpeln auf den Tisch bringen kann, aber er weigert sich beharrlich, seine Geheimmethode vorzuführen.

Fast unmittelbar neben dem Park Hotel steht ein kleines, 200 Jahre altes ehemaliges Schulhaus, das heute ein Restaurant ist. Das Lime Tree verdankt seinen Namen den beiden herrlichen Linden, die im früheren Schulhof wachsen. Da Kenmare ein geschäftiger Ort ist, in dem es stets mehr als genug Kundschaft für Tom und Moira Foleys Restaurant gibt, empfiehlt es sich, rechtzeitig einen Platz vorzubestellen. Das Lime Tree hat nur abends geöffnet und bietet eine für ein Restaurant seiner Größe recht vielfältige Auswahl an herzhaften Gerichten: acht verschiedene Vorspeisen, zwei Suppen, zwölf Hauptgerichte (darunter acht Fischgerichte) und sechs Puddings. Mit Freude habe ich gehört, daß Moira nun auch über einen eigenen Kräutergarten verfügt. Die Pflanzen darin wurden als Setzlinge bei Eden Plants gekauft, einem Vorreiter auf diesem Gebiet, der seine Farm über 480 Kilometer entfernt in der Grafschaft Leitrim hat. Ein ortsansässiger Züchter, Billy Clifford, versorgt das Restaurant mit biologisch angebautem Gemüse. Die Foleys besitzen in Kenmare auch ein Pub, das Purple Heather, das großartiges Pubessen serviert: Probieren Sie es einmal zum Mittagessen aus.

Das 1775 gegründete Kenmare liegt inmitten einer Landschaft, die sich wunderbar für Freizeitaktivitäten im Freien eignet, insbesondere wenn man sich für Bergwandern und Bergsteigen begeistert. Wandern entwickelt sich in Irland zunehmend zu einer beliebten Freizeitbeschäftigung. Jedes Jahr am Wochenende des Bankfeiertags im Juni wird sogar ein großes Wanderfest veranstaltet. Hier findet jeder, was er sucht – ob Sie nun einen kurzen Spaziergang rund um den malerischen Ort machen oder die Ausläufer der MacGillycuddy Reeks durchstreifen möchten. Außerdem kann man in der näheren Umgebung von Kenmare Radtouren unternehmen, im Meer angeln oder baden. Für Pferdenarren gibt es in den Dramquinne-Ställen, knapp 5 Kilometer entfernt an der Straße nach Sneem gelegen, Pferde und Ponys, die man für einen Ritt in die Berge oder am Strand entlang mieten kann.

Die sinnvollste Fahrtroute nach Norden verläuft in Richtung Killarney, um die berühmten Seen anzuschauen. Ich persönlich nehme jedoch lieber die gemächlichere Route und fahre die Strecke, die als Ring of Kerry bekannt ist, wo höchstens Schafherden einen Verkehrsstau verursachen. Auf der Küstenstraße folgt man den Spuren der Reisenden, die während der Viktorianischen Ära nach Parknasilla fuhren. Dieser wunderschöne Ort liegt geschützt gegen die Nordwestwinde, so daß er von einer üppigen, subtropischen Vegetation umgeben ist: Mimosen, Eukalyptus und über sechs Meter hohe Silberfarne.

Nachdem man das farbenfrohe Sneem und Caherdaniel passiert hat, erreicht man Waterville, wo sich ein berühmter Golfplatz befindet. Sportangler können im legendären Lough Carrane ausgezeichnete Lachse und Lachsforellen fangen; für die mehr historisch interessierten Reisenden hält dieser Teil Irlands ein reiches archäologisches Erbe von Dolmen, Bergfesten, bienenkorbähnlichen Hütten und romanischen Ruinen bereit.

Wenn man über Cahirciveen und Glenbeigh fährt, hat man erneut die Gelegenheit, den besonderen Zauber der Landschaft von Kerry zu genießen: Vor dem Hintergrund der eindrucksvollen blauen Berge und des goldenen Saums von Sandstränden wirken die schimmernden Flüsse, die mit ihrem kristallklaren, kühlen Wasser von den Bergen herabstürzen, und die weiten Küstenstriche mit dem Fernblick auf das Meer wie gemalt. Man könnte fast glauben, daß hinter den Felsen von Skelling als nächste Stadt Boston oder New York auftaucht. Die Natur nimmt hier gewaltige Ausmaße an: Alles in Kerry erscheint überlebensgroß, von der ungeheuer weiten Aussicht bis zu den unglaublichen Geschichten über riesige schwarze Männer.

Wenn Sie Killorglin Anfang August besuchen, können Sie vielleicht sogar *Puck Fair* miterleben, einen berühmten Schaf-, Rinder- und Pferdemarkt, der hier alljährlich drei Tage lang abgehalten wird. Der Ablauf ist ganz und gar irisch: Die einheimischen Männer machen in den Bergen Jagd auf einen wilden Ziegenbock, der anschließend gekrönt wird und für die Dauer des Festes über seine oft lädierten Untertanen herrscht.

Biegt man bei Castlemaine sozusagen um die Ecke, in Richtung Dingle Peninsula, so bewahrheitet sich der alte Spruch, der da sagt: »Regen um sieben, Sonne nach elf.« Ich bin sieben-

Im Herzen jedes Menschen ist ein See . . .
und er lauscht seinem monotonen Flüstern Jahr um Jahr,
immer aufmerksamer, bis er schließlich ermattet.

The Lake
George Augustus Moore

Wachtel mit Morchelfüllung und Madeirasauce

Wachteln wiegen in der Regel zwischen 100 und 150 g und werden manchmal bereits ausgebeint angeboten. Die Knochen zu Hause auszulösen ist ziemlich umständlich, aber es lohnt sich trotzdem.

1 Portion

1 große Wachtel, ausgelöst
Salz und frisch gemahlener Pfeffer
Butter
175 ml Fleischsauce

Füllung
25 g frische Morcheln
175 ml Madeira
1 große Schalotte, geschält und fein gehackt
1 TL frisch gehackte Kräuter
25 g frische Semmelbrösel

Rote-Bete-Törtchen
1 dicke Scheibe Toastbrot ohne Kruste
2 kleine rote Bete, gekocht, geschält und gewürfelt

Falls Sie bei der Wachtel die Knochen selbst auslösen, lassen Sie nur die Schienbeinknochen im Fleisch. Vogel danach würzen.

Für die Füllung Morcheln 1 Stunde im Madeirawein einweichen, dann herausnehmen und fein hacken (Wein aufheben). 15 g Butter in einer Pfanne zerlassen und Schalotte, Morcheln und Kräuter kurz darin sautieren. Brösel einrühren, würzen und abkühlen lassen.

Backrohr auf 220 Grad (Gas Stufe 7) vorheizen.

Für das Törtchen Brotscheibe mit einem Nudelholz breitwalzen. Beide Seiten in 25 g zerlassene Butter eintauchen und in eine Pastetenform (oder ähnliches) geben. Mit einer weiteren Form abdecken und 4 Minuten im Rohr backen. Herausnehmen und abkühlen lassen. Danach mit Rote-Bete-Würfeln füllen. Vor dem Servieren nochmals erwärmen.

Wachtel füllen und Öffnungen zunähen oder mit Cocktailspießchen feststecken. 25 g Butter in einer Pfanne zerlassen, Wachtel darin rundum anbräunen und dann 8–12 Minuten braten. In Folie einwickeln und ca. 10 Minuten warmhalten. Übriggebliebenen Madeira in die Pfanne geben, Inhalt um die Hälfte reduzieren und Fleischsauce hinzufügen. Erneut einkochen, dann durch ein feines Sieb streichen, würzen und ein Stückchen Butter einrühren.

Vor dem Servieren Wachtel in Stücke schneiden, auf einem vorgewärmten Teller anrichten, mit Sauce übergießen (oder separat reichen), warmes Rote-Bete-Törtchen dazwischensetzen und auftragen.

Gebratener Meerengel mit Spinat-Tomaten-Timbales

Glasierte Schalotten, kleine Spinatpastetchen und in Mandeln panierter Meerengel, serviert mit Beurre blanc – eine köstliche Kombination verschiedener Farben, Konsistenz und Geschmacksnuancen. Das Gericht ist außerdem ein gutes Beispiel für die vielseitige Verwendbarkeit von Beurre blanc.

1 Portion

175 g Meerengelschwanz, enthäutet und in 3 Stücke geschnitten
ca. 15 g Mehl
Salz und frisch gemahlener Pfeffer
1 Ei, verschlagen
50 g Mandeln, gehackt
1 große Tomate, geschält, entkernt und gewürfelt
50 g frische Spinatblätter ohne Stiele, blanchiert und fein gehackt
Olivenöl
15 g Butter
2 EL Beurre blanc
(Siehe S. 103)

Glasierte Schalotten
2 Schalotten, geschält
7,5 g Butter
1/2 TL brauner Kristallzucker

Mehl mit Salz und Pfeffer würzen. Fischstücke darin wenden, durch das Ei ziehen und mit gehackten Mandeln panieren.

Tomatenwürfel und Spinat würzen, in eine leicht eingefettete Pastetenform geben (Tomaten zuerst) und 10 Minuten im Wasserbad garen.

Schalotten in eine kleine Pfanne geben und gerade eben mit Wasser bedecken. Butter, Zucker und eine Prise Salz hinzufügen, zum Kochen bringen. Weiter kochen, bis das Wasser verdunstet ist, dann Hitze drosseln und Pfanne so lange schütteln, bis die Schalotten rundum gleichmäßig braun sind.

1 EL Öl und Butter zusammen in einer Pfanne erhitzen und Fischstücke darin auf beiden Seiten goldbraun braten. Halbkreisförmig auf einem vorgewärmten Teller anrichten, Pastete stürzen, daneben legen und das Ganze, garniert mit Beurre blanc und Schalotten, servieren.

Gebratene Lammlende auf einem Austern-Walnuß-Bett

Bitten Sie Ihren Metzger, das Lendenfilet oder das beste Stück vom Hals auszulösen. Knochen für eine Brühe verwenden: Einige Minuten lang im heißen Rohr braten, mit Gemüsen und Gewürzen 3–4 Stunden köcheln, durch ein Sieb streichen und zu einer Fleischsauce einkochen.

1 Portion

1 Lammfilet
von ca. 200 g Gewicht
Salz und frisch gemahlener Pfeffer
gewürfelte rohe Tomaten,
gewürfelte gekochte rote Bete
und Petersilie zum Garnieren

Beilage
25 g Butter
1 TL feingehackte Zwiebeln
25 g Walnußkerne,
fein gehackt
2 Austern, ausgelöst und fein
gehackt
2 Basilikumblätter, fein gehackt
25 g frische Semmelbrösel

Sauce
1 Knoblauchzehe, zerdrückt
1 kleiner Rosmarinzweig
1/2 Tomate, geschält, entkernt
und gewürfelt
75 g Butter
175 ml Fleischsauce (siehe oben)

Backrohr auf 240 Grad (Gas Stufe 9) oder so heiß wie möglich vorheizen.

Lammfleisch würzen, in eine heiße, leicht eingefettete Pfanne geben, zudecken und 5–8 Minuten (je nachdem, wie Sie das Fleisch bevorzugen) im Rohr garen. Herausnehmen, in Folie wickeln und warmstellen. (Das Fleisch gart in der Folie weiter, wobei der gesamte Bratensaft erhalten bleibt.)

Für die Beilage Butter in einer Pfanne zerlassen und Zwiebeln, Walnüsse, Austern und Basilikum kurz darin andünsten. Abschmecken und Semmelbrösel einrühren. Warmhalten.

Für die Sauce in einer weiteren Pfanne Knoblauch, Rosmarin und Tomatenwürfel in der Hälfte der Butter sautieren. Fleischsauce hinzugießen und auf die Hälfte reduzieren. Abschmecken und durch ein feines Sieb streichen. Restliche Butter einrühren.

Vor dem Servieren Beilage in der Mitte eines vorgewärmten Tellers anrichten. Fleisch in Scheiben schneiden und darauflegen. Entweder mit der Sauce umgeben oder diese separat reichen. Das Gericht mit Tomaten- und Rote-Bete-Würfeln und Petersilie garnieren.

»Ein Mann, der keine Angst vor dem Meer hat, wird bald ertrinken«, sagte er, »denn er wird auch an einem ungünstigen Tag hinausfahren. Doch wir fürchten das Meer und ertrinken nur hin und wieder.«

The Aran Islands
J. M. SYNGE

oder achtmal auf dieser Halbinsel gewesen und konnte dabei immer beobachten, wie der scheinbar unaufhörliche morgendliche Nieselregen noch vor dem Mittagläuten aufhörte und einem weichen Licht und später einem strahlend blauen, wolkenlosen Himmel Platz machte. Dabei fällt auch auf, daß dieser sanfte Regen den Feldern ein sattes Grün verleiht, wie man es sonst nirgendwo in der Grafschaft erlebt. Der herrliche Strand bei Inch, ein natürlicher Wellenbrecher, der das sich ständig verändernde Licht des dramatischen Himmels über der Dingle Bay widerspiegelt, ragt wie ein kilometerlanger Finger direkt in das Meer hinein. Dieser Strand hat zwei Gesichter: entweder mit schönem, ruhigem Wetter beglückt oder an einem stürmischen Tag von den Wogen des Atlantiks gepeitscht. Für die Nachwelt erhalten bleibt der Ort durch David Leans Film *»Ryan's Daughter«* mit seinen wunderbaren Landschaftsaufnahmen.

Und nun zu Dingle selbst. Dieser vor Leben sprühende Fischerort entstand bereits im Mittelalter, doch die meisten der heute bestehenden Gebäude stammen aus spätgeorgianischer und frühviktorianischer Zeit. In früheren Jahrhunderten war Dingle ein wichtiger Handelsplatz für spanische und französische Weine; bis zum Ersten Weltkrieg wurden von hier aus Leinen und Fisch exportiert. Im Vergleich zu seiner Größe besitzt der Ort mehr Pubs als jede andere Stadt in Irland: eines für jede Woche im Jahr. Es gibt hier verwirrend viele reizvolle Straßen, so daß es sich wirklich lohnt, die Stadt zwei oder drei Tage lang zu durchstreifen. Im Sommer wirkt sie sehr weltoffen: Dann mischen sich italienische, französische, deutsche, amerikanische und skandinavische Touristen mit den Einheimischen in den kleinen Lokalen und den Straßen, in denen man überall den Geruch des nahen Meeres spürt.

Doyle's Seafood Bar and Townhouse ist mein Lieblingsrestaurant in Dingle. Es wurde von Stella Doyle aus einer Laune heraus aufgemacht, als sie sich zu langweilen begann, nachdem ihr Ehemann John Anfang der 70er Jahre seinen Beruf im Anzeigengeschäft in Dublin aufgegeben hatte und mit seinem eigenen Trawler auf Fischfang ging. Damit nicht der gesamte Fang ins Ausland ging, entschloß sich Stella, ein auf Meeresfrüchte spezialisiertes Restaurant zu eröffnen. Der Erfolg war so groß, daß John bald mit in das Geschäft einstieg und nie wieder zur See fuhr.

Dieses kleine Stück flachen Landes an der Küste des Ring of Kerry, irgendwo zwischen Waterville und Cahirdaniel, fällt etwas aus dem Rahmen. Nach einem Regenguß verwandelt sich das Plateau in einen grünen Teppich.

Blätterteigschnitten mit warmen Austern in Guinness-Sauce

Stella Doyle hat dieses Gericht erfunden, um das irische Nationalgetränk mit den bei ihren Gästen so beliebten Austern kombinieren zu können. Sie bereitet ein ähnliches Gericht aus gewürfeltem Lachsfleisch zu, wobei sie den Lachs 5 Minuten dünstet, bevor sie ihn auf größere Blätterteigvierecke verteilt. Bei Lachs serviert sie anstelle der Guinness-Sauce eine Sauerampfersauce aus 100 g Sauerampferpüree und Beurre blanc.

6 Portionen

450 g Blätterteig
1 Eigelb, verschlagen
36 ausgelöste Austern
6 EL Guinness

Guinness-Sauce
6 Schalotten, geschält und fein gehackt
40 g Butter
300 ml Guinness
400 ml Sahne
6 EL Sauce hollandaise
Salz und frisch gemahlener Pfeffer

Backrohr auf 220 Grad (Gas Stufe 7) vorheizen.

Blätterteig ca. 3 mm dick ausrollen, in sechs 4 cm große Quadrate zerschneiden und diese auf ein Backblech legen. Oberseite leicht einschneiden und mit Eigelb bepinseln. Pasteten 12–15 Minuten zartbraun backen.

Sauce hollandaise nach dem Rezept auf der gegenüberliegenden Seite zubereiten.

Für die Guinness-Sauce gehackte Schalotten 5 Minuten in Butter sautieren, Guinness angießen und das Ganze auf etwa 2 Eßlöffel reduzieren. Sahne einrühren, dicklich werden lassen, durch ein Sieb streichen und warmstellen.

Austern zusammen mit 6 EL Guinness in eine Pfanne geben, gerade eben zum Kochen bringen und vom Herd nehmen. Pasteten auseinanderschneiden und – falls nötig – im Rohr nochmals kurz anwärmen. Auf die unteren Hälften jeweils einige Austern legen. Inzwischen Sauce hollandaise und Guinness-Sahne-Masse verrühren, erwärmen und abschmekken. Über die Austern gießen und Blätterteigdeckel aufsetzen. Sofort servieren.

Beurre blanc

Stella Doyle serviert diese Sauce mit den Scheren der Krabben, die sie für die Seafood Bar kauft; der Rest wird für Krabbencocktails verwendet. Diese Kombination hat sich als recht erfolgreich erwiesen! Heute kann man bereits in einigen Supermärkten ausgelöste, vorgekochte Krabbenschere kaufen. Rohe Krabbenscheren legt man in kochendes Wasser, gibt eine halbierte Zitrone hinzu und läßt das Ganze 10 Minuten kochen.

Um Beurre blanc für sechs Personen herzustellen, 300 ml trockenen Weißwein, 1 EL schwarze Pfefferkörner, 1 EL gehackte Petersilie und 1 Lorbeerblatt in einen Topf geben und auf ein Drittel einkochen lassen. Durch ein Sieb streichen, in den Topf zurückgeben und 100 g kalte Butterwürfel einrühren. Zum Schluß 150 ml Sahne hinzugeben.

Sofort servieren.

Diese einfache Sauce paßt auch hervorragend zu vielen Fischgerichten.

Sauce hollandaise

Diese klassische, cremige Sauce gehört heute zum festen Repertoire der meisten guten Köche. Sie paßt hervorragend zu Lachs und läßt sich, wie das Rezept auf der gegenüberliegenden Seite zeigt, auch als Ausgangsbasis für kompliziertere Saucen verwenden.

2 EL Wasser, 1 EL zerdrückte weiße Pfefferkörner und 1 EL Weißweinessig vermischen. Bei starker Hitze um zwei Drittel einkochen lassen. Topf vom Herd nehmen und 1 EL Wasser und 3 Eigelb einrühren. Auf kleiner Flamme oder im Wasserbad unter ständigem Rühren erwärmen. Nach 8–10 Minuten sollte eine cremige Sauce entstanden sein. 200 g zerlassene Butter portionsweise einrühren. Sollte die Sauce zu dick werden, etwas Wasser hinzugeben. Mit Salz und dem Saft einer halben Zitrone abschmecken. Vom Feuer nehmen und warmstellen, bis sie benötigt wird.

Gegrillte Schwarze Seezunge

Einige der besten Gerichte sind nicht nur in Irland oft auch die einfachsten. Das Geheimnis dafür liegt in der Verwendung der besten und frischesten Zutaten, was bei Doyle's wahrlich kein Problem ist.

Eine frische Schwarze oder Dover-Seezunge von ca. 450 g Gewicht pro Person auf ein eingefettetes Backblech legen und mit Butter bestreichen. Etwa 10 Minuten unter dem heißen Grill goldbraun werden lassen.

Heiß servieren, auf Wunsch mit Petersilie und Zitronenspalten garniert. Als Beilage schmecken frischer Salat oder leicht gedünstetes frisches Gemüse.

unten. Coracles, Boote aus Weidengeflecht, die mit Häuten überzogen sind, im Hafen von Dingle. Früher wurden sie zum Fischen benutzt, doch heute tragen Ruderer mit ihnen Wettfahrten aus: Die Bootsrennen von Dingle sind berühmt. Angeblich sind die Männer in dieser Gegend so stark, daß sie das Schandeck vom Boot abreißen können.

rechts. Bunte, heute aus synthetischen Fasern hergestellte Fischernetze geben dem grauen Steinboden im Hafen von Dingle Farbe.

Doyle's ist mittags und abends geöffnet, aber es kann nur 40 Personen fassen. Deshalb ist es unbedingt nötig, Plätze vorzubestellen. Man wird zwar rasch und umfassend bedient, aber dennoch verwenden die Besitzer große Sorgfalt und Geduld auf die Auswahl der Zutaten und die Zubereitung der Gerichte, die täglich wechseln, je nachdem, was der Fang gebracht hat. Während der letzten Jahre haben die Doyles außerdem einige gut ausgestattete Gästezimmer hinzugenommen.

Westlich von Dingle findet man eine der grandiosesten Küstenlandschaften von ganz Irland, insbesondere bei stürmischem Wetter. Bei Sonnenuntergang kann man atemberaubende Lichtspiele beobachten. Von Slea Head aus bietet sich ein herrlicher Blick auf die weitgehend unbewohnten Blasket Islands, die wild und einsam dort draußen im Ozean liegen. Dahinter gibt es, wie in der Vergangenheit Tausende von irischen Auswanderern am eigenen Leib erlebten, nichts als die grünen Wogen des Atlantiks, bis man die Neue Welt erreicht.

Kommst du in die grüne Laube
über den grenzenlosen, weiten Ozean, wo die riesigen Wellen tosen,
wo Meerjungfrauen aufsteigen und sich wilde Stürme sammeln.
In das geliebte Irland, das teure Land unserer Väter.
Wirst du kommen, wirst du in die Laube kommen?

Come to the Bower
VERFASSER UNBEKANNT

Wo das Gras unberührt sprießt und das Wasser ungezähmt fließt

Limerick
Clare · Galway

unten. Die Früchte des Landes: St.-Tola-Ziegenkäse und Salat, wie man sie im Drimcong House serviert.

gegenüberliegende Seite. Blick über die unfruchtbaren, baumlosen Sümpfe, die die Fanggründe bei Screeb in der Grafschaft Galway umgeben. Die winzige Hütte bietet Anglern, die Lachsforellen fangen wollen, an nassen Tagen wie diesem »ein wenig Komfort«.

übernächste Seite. Adare Manor mit seinen gotischen Bögen und Spitztürmen besitzt eine ganz eigene Atmosphäre. Holzgeschnitzte Raben, die das Familienwappen der Dunravens tragen, bewachen die große Eichenholztreppe.

Limerick

Der Mittelwesten Irlands, der durch die Trichtermündung des lachsreichen Shannon geteilt und von den grünen Fluten des Atlantiks begrenzt wird, ist eine Region der scharfen Gegensätze. Die üppige grüne Landschaft von Limerick liegt nicht weit entfernt von der eigenartigen Mondlandschaft des nördlichen Clare und der einsamen, aber schönen Weite von Connemara. Das ist das Land der Steine: Über Jahrhunderte haben Maurer und andere Handwerker dieselben Steine verwendet, um daraus die Burgen zu errichten, für die ein großer Teil dieses Gebiets berühmt ist. Ganz ungewohnt sind diese imposanten Zeugnisse der irischen Vergangenheit und der großen Kriegsherren hier keine Ruinen, die ohne Dach in den Himmel aufragen, sondern häufig noch bewohnt. Deshalb bewahrt diese Region auch die alte Sprache; sie ist eines der gälischsprachigen Hauptgebiete von Irland.

Im Mittelwesten liegen zwei der größten Städte des Landes: Limerick, an der Stelle, wo der Shannon auf seinem Weg zum Meer breiter wird, und die Universitätsstadt Galway. Doch auch das alte Irland ist noch sehr lebendig. Die Fischer fahren noch immer in ihren Booten mit den hölzernen, mit geteertem Segeltuch überzogenen Spanten, die man hier als *Currachs* bezeichnet, auf das Meer hinaus. Die schwarz gewordenen Rahen der liebevoll restaurierten »Galway-Huker« sind als elegante Silhouette bis weit hinaus in die Galway Bay zu erkennen. Die Küsten dieser westlichen Grafschaften sind berühmt für Schalentiere wie beispielsweise die Galway-Austern. In diesem Teil Irlands ist man nie weit vom Wasser entfernt; die ganze Region ist deshalb ein Paradies für Sportfischer, die hier ihre Kräfte mit Lachsforellen und Lachsen messen können.

Um die Jahrhundertwende bot das hübsche Dorf Castleconnell, etwas außerhalb von Limerick an der Hauptstraße nach Dublin gelegen, die vermutlich besten Fangmöglichkeiten für Lachse in Europa. Die Aufzeichnungen belegen regelmäßige Fänge von riesigen Fischen, die etwa 40–50 Pfund wogen. Damals haben die Angler zumeist die wuchtigen, über 5 Meter langen Grünholzruten geschwungen, die die hier ansässige Familie Enright berühmt gemacht hat; heute sind sie nur noch Sammlerobjekte. Doch die Zeit bleibt auch in Irland nicht stehen. Seit dem Bau des Wasserkraftwerks in Ardnacrusha sind die Fänge in Castleconnell beträchtlich zurückgegangen. Etwas weiter stromabwärts jedoch, bei Annacotty, wo der Mulcair in den Shannon mündet, kann man auch heute noch im Frühherbst den wunderbaren Anblick erleben, wie Hunderte von Lachsen auf dem Weg in ihre Laichgründe über die Wasserfälle springen.

Für die Touristen ist die Stadt Limerick eine Art Wegscheide: Von hier aus kann man südwärts nach Cork, in südwestlicher Richtung nach Kerry, nordwärts nach Galway oder nach Osten in Richtung Dublin fahren. Wer nicht sehr viel Zeit hat, wird kaum einen Grund finden, sich hier lange aufzuhalten. Die einzige Ausnahme bildet Adare, knapp 15 Kilometer südlich der Stadt an der Hauptstraße nach Killarney. Dieses Dorf am Ufer des Maigue, das mehr englisch als irisch wirkt, gehört zu den schönsten in Irland: Man findet hier malerische strohgedeckte Katen, die mit Rosen geschmückt sind, eine alte Postkutschenstation und ein Herrenhaus aus dem 18. Jahrhundert sowie Ruinen von Burgen, Abteien und Klöstern in der Umgebung. Vor einigen Jahren hatte Daniel Mullane die Weitsicht, ein zweistöckiges Cottage zu kaufen, um es in ein – nach seinen Worten – »irisches Restaurant im neuen Stil« umzuwandeln. Er nannte es »Mustard Seed«. In diesem kleinen, vielbesuchten Restaurant arbeitet Thomas O'Leary, der früher Koch in der Schweiz und auf den Bermudas war. Als er erfuhr, daß sich in Irland eine Renaissance des guten Essens vollzog, kehrte er in seine Heimat zurück und entwickelte eine Küche, die »traditionelle und ländliche Rezepte abwandelt und auf frischen, je nach Jahreszeit verfügbaren Produkten basiert«. Er ist bemüht, nur Gemüse aus biologischem Anbau zu verwenden – eine Seltenheit in dieser Gegend, abgesehen von den Erzeugnissen kleiner Bauernhöfe in der Umgebung oder auf dem Samstagsmarkt von Limerick. Auf der Speisekarte stehen außerdem Blutwurst und Preßsack von dem lokalen Metzger Tony Sheehey, der Fleisch von ökologisch gezüchteten Tieren verarbeitet. Tony besann sich nämlich darauf, daß Limerick früher für seinen Schinken und seinen Speck berühmt war, und eröffnete vor kurzem ein Geschäft, das sich auf hausgemachte Würste, Preßsack, Blutwurst und Räucherschinken (alle ohne Konservierungsstoffe hergestellt) spezialisiert hat.

Mittelpunkt des reizvollen Ortes ist zweifellos das großartige Adare Manor. Dieser ehemalige Sitz der Earls of Dunraven besitzt die zweitlängste Galerie Europas. Das Gebäude ist dem Schloß von Versailles nachgebildet; im Inneren gibt es zahlreiche prächtige Kamine von gewaltigem Ausmaß, die mit Schnitzereien und Marmor verziert sind. Ähnlich wie für andere irische Herrenhäuser und Güter hat auch für dieses hier vor kurzem ein neues Zeitalter begonnen: Es ist in ein Luxushotel umgewandelt worden. Das Manor steht in einem herrlichen Park mit einem 18-Loch-Golfplatz; zu den vielen anderen Freizeitaktivitäten, denen man hier nachgehen kann, gehören Reiten, Schießen und Jagen. Für weniger sportbegeisterte Gäste, die nur spazierengehen und den wundervollen Anblick genießen wollen, hält der 400 Hektar große Park entlang der Westseite des Hauses einen Hain bereit, wo Blutbuchen, Libanonzedern, Pfirsichbäume, Steineichen und Korkeichen wachsen.

Die Atmosphäre und die Architektur von Adare Manor bieten die seltene Gelegenheit, ein Stück Geschichte zu erleben. Über der Halle und dem Empfang wölben sich neugotische Bögen aus den 30er Jahren des 19. Jahrhunderts. Am Abend stehlen sich manchmal einige späte Sonnenstrahlen durch die Fenster, so daß ein mattes Licht den Raum erfüllt und vom prächtigen kristallenen Kronleuchter reflektiert wird. Geschnitzte Raben wachen an der wuchtigen Treppe aus Eichenholz, die zur berühmten Galerie und den geräumigen Suiten führt. Die Speiseräume, von denen einer im ehemaligen Kreuzgang eingerichtet wurde, sind von faszinierenden Kontrasten geprägt: Teilwei-

unten. Adare Manor, eines der schönsten Gebäude Irlands, das sich inmitten eines über 400 Hektar großen Anwesens erhebt, besitzt die zweitlängste Galerie in Europa.

se wirken sie vornehm, dunkel und sehr ernst, teilweise sehr hell – die warme Reichhaltigkeit eines Burgunderweins direkt neben der Kühle eines Sancerre.

Als der Küchenchef Ian McAndrew nach Adare Manor kam, war er bereits kein Unbekannter mehr; er hatte schon mehrere hervorragende Bücher über Fisch und Wild geschrieben. Im Augenblick ist er dabei, den ausgedehnten, von einer Mauer umschlossenen Garten des Guts neu anzulegen, um die Qualität des Gemüses und der Kräuter für seine Küche zu verbessern und ihre Vielfalt zu erweitern. Das Adare Manor ist zwar erst seit relativ kurzer Zeit ein Hotel, aber mit seinem Flair und Komfort und der exquisiten Küche ist es sicherlich eines der besten irischen Landhaushotels und zudem ein wunderbarer Ausgangspunkt für Ausflüge zu den Sehenswürdigkeiten und Naturschönheiten von Limerick.

gegenüberliegende Seite. Der ehemalige Kreuzgang, der heute verglast ist, dient als Speiseraum, wo die Gäste bei Kerzenlicht zu Abend essen. Blumen, blitzende Gläser und frischgewaschene weiße Leinentischtücher tragen zur eleganten Atmosphäre bei.

Kalbsfilets mit Lauch-Tagliatelle

Ian McAndrew, der von Michelin mit einem Stern ausgezeichnete Küchenchef des Adare Manor, ist bekannt für seine einfallsreichen Rezepte, die nur frische Zutaten verwenden. In seiner Küche spielen Geschmack, Konsistenz und Farben eine wichtige Rolle. Bei diesem Gericht kontrastiert das helle Kalbfleisch mit dem Grün des Lauchs. Da Ian McAndrew seine Gemüse stets einfach zubereitet, wird der Lauch lediglich blanchiert und in etwas Butter geschwenkt.

4 Portionen

4 je 2,5 cm dicke Kalbsfilets zu je 75 g
4 mittelgroße Lauchstangen, geputzt, gewaschen und in 7,5 cm lange und 6 mm breite Streifen geschnitten
75 g Butter
1 EL Pflanzenöl
50 ml Noilly Prat oder anderer trockener französischer Wermut
450 ml heiße Kalbsbrühe
4 EL Walnußkerne, gehackt
Salz und frisch gemahlener Pfeffer

Lauchstreifen 30 Sekunden in kochendem Salzwasser blanchieren. Mit einem Sieblöffel herausnehmen und sofort in eiskaltes Wasser tauchen, damit die Farbe erhalten bleibt. Lauch gut abtropfen lassen.

50 g Butter und Öl in einer schweren Pfanne erhitzen und Kalbsfilets darin auf jeder Seite 4 Minuten braten, bis sie zartbraun und in der Mitte noch leicht rosa sind. Herausnehmen und warmstellen.

Die Hälfte des Fetts abgießen, Wermut hinzugeben und 1–2 Minuten bei mittlerer Hitze gut durchrühren, damit sich der Bratensatz löst und der Alkohol verdampft. Heiße Brühe angießen und unter Rühren um die Hälfte reduzieren. Walnüsse hinzugeben, mit Salz und Pfeffer abschmecken, vom Feuer nehmen und warmstellen.

Restliche Butter in einer kleinen Pfanne zerlassen, Lauch darin kurz schwenken und mit Salz und Pfeffer würzen.

Kalbsfilets auf vorgewärmten Tellern anrichten und mit der Sauce übergießen. Mit Lauchstreifen garnieren und als Beilage gedünstetes Gemüse wie Karotten, Brokkoli und neue Kartoffeln servieren.

Schweinerillettes mit Rotwein-Schalotten-Vinaigrette

Diese Rillettes sind die verfeinerte Form eines alten bäuerlichen Gerichts, das früher zu Beginn des Winters zubereitet und in Steinkrügen aufbewahrt wurde, damit es den ganzen Winter über verwendet werden konnte. Der grüne Wirsing bildet als Garnierung einen schönen farblichen Kontrast; ebenso wie das Gemüse beim gegenüberstehenden Rezept wurde er auf sehr einfache Art zubereitet.

6 Portionen

900 g Schweineschulter oder -bauch, ohne Schwarte und Knochen
Meersalz und frisch gemahlener schwarzer Pfeffer
1 EL Wacholderbeeren, grob zerdrückt
1 Zweig getrockneter Rosmarin, gehackt
1 mittelgroßer Kopf Wirsing
Kerbel zum Garnieren

Vinaigrette
300 ml Rotwein
300 ml Rotweinessig
6 EL gehackte Schalotten
3 EL Olivenöl, extra vergine

Für die Vinaigrette Wein und Essig in einer mittelgroßen Pfanne ohne Deckel auf die Hälfte einkochen lassen. Inzwischen in einer kleinen Pfanne Schalotten 2 Minuten im Olivenöl sautieren. Schalotten und Öl zum Rotwein hinzugeben, gut durchrühren, langsam abkühlen lassen, damit der Geschmack einziehen kann, und mit Salz und Pfeffer abschmecken.

Backrohr auf 140 Grad (Gas Stufe 1) vorheizen.

Überschüssiges Fett vom Fleisch entfernen und Fleisch gut mit Meersalz einreiben. Mit einem scharfen Messer in dicke Streifen schneiden und diese in ein ausreichend großes Tongefäß geben. Mit Wacholderbeeren, Rosmarin und Pfeffer würzen, einen Schöpflöffel Wasser hinzugießen, Deckel aufsetzen und ca. 4 Stunden im Rohr schmoren, bis das Fleisch sehr weich und zart ist und das ganze Fett ausgelassen ist.

Ein Drahtsieb über eine Schüssel hängen, Fleisch hineingeben und das Fett abtropfen lassen. Fleisch im Mixer nicht zu fein pürieren und, falls nötig, erneut mit Salz und Pfeffer würzen.

Fleischmasse in eine rechteckige Terrine mit 600 ml Fassungsvermögen geben; eine kleine Menge, die für eine dünne Schicht in der Terrine ausreicht, warmhalten. Terrineninhalt abkühlen lassen und Fett für andere Gelegenheiten aufheben.

Alle beschädigten Außenblätter vom Wirsing entfernen, dann die inneren Blätter zerrupfen. Wirsingblätter 30 Sekunden in kochendem Salzwasser blanchieren, mit einem Sieblöffel herausnehmen, in eiskaltem Wasser abschrecken und gut abtropfen lassen. Wirsing pürieren und leicht mit Salz und Pfeffer würzen.

Sobald das Fleisch in der Terrine abgekühlt ist, eine Schicht Wirsingpüree daraufstreichen und mit der warmgestellten Fleischmasse bedecken. Erneut abkühlen lassen.

Vor dem Servieren Rillettes in Scheiben schneiden, diese auf Tellern anrichten, mit Vinaigrette umgießen und mit Kerbel garnieren. Als Beilage Toast oder Brot servieren.

Clare

Limericks Nachbar, die Grafschaft Clare, wird im Westen vom Atlantik, im Nordwesten von der Galway Bay und im Südosten von der trichterförmigen Flußmündung des Shannon begrenzt. Sie ist ein Paradies für Angler und Liebhaber von Fischgerichten und Meeresfrüchten, für Vogelfreunde und Menschen, die einmal ausspannen und neue Kräfte sammeln wollen.

Wenn man auf der Straße von Limerick nach Clare fährt, kommt man zunächst in das Dorf Bunratty. Das Pub und Restaurant mit dem vielsagenden Namen Durty Nellie's und der Freizeitpark von Bunratty Castle bieten dort eine willkommene Möglichkeit, sich zu stärken und die Beine zu vertreten. Man kann aber auch in MacCloskey's Restaurant essen, das von Gerry und Marie MacCloskey in den alten Küchenräumen und Kellern des im 19. Jahrhundert errichteten Bunratty House betrieben wird. Mary hat das Restaurant liebevoll mit Blumen geschmückt und eine heimelige Atmosphäre geschaffen. Spezialitäten des Hauses sind die süßen und pikanten Soufflés. Wer die Zeit hat, länger hier zu bleiben, sollte sich in dem von Türmchen bekrönten Dromoland Castle einquartieren, das wie ein Märchenschloß inmitten von Wäldern liegt und heute ein hervorragendes Hotel ist. Der ehemalige Wohnsitz der Earls of Inchiquin verfügt über einen Golfplatz mit 18 Löchern; man kann dort aber auch Tennis spielen, auf Fasanenjagd gehen oder reiten. Hier erlebt man das aristokratische Irland. Ist man davon übersättigt, kann man im Kunsthandwerkszentrum von Ballycasey die rustikalere Seite kennenlernen; dort gibt es auf traditionelle Weise hergestellte Töpfer-, Leder- und Korbwaren.

Fast schon an der Küste liegt das reizvolle Ennistymon, das im Volksmund als »Stadt der Wasserfälle« bezeichnet wird. Denn die Hauptattraktion dieses hübschen kleinen Marktfleckens am Inagh ist ein 200 Meter langes Flußstück mit Wasserfällen. Wenn der Fluß Hochwasser führt, verwandeln sich die normalerweise harmlosen Stromschnellen in einen reißenden Katarakt, der die Felsen tosend zum Meer hinunterstürzt. Die Ladenfassaden georgianischer und viktorianischer Zeit tragen zum besonderen Charakter des Ortes bei. Einige von ihnen sind liebevoll renoviert worden, während andere, immer noch reizvoll, abblättern und abbröckeln. Die Einwohner hüten ihr Erbe und arbeiten unermüdlich daran, es zu erhalten; dabei ermuntern sie auch die Geschäftsleute, die Atmosphäre zu bewahren, die sich seit 200 Jahren fast nicht verändert hat.

Im Hinterland von Ennistymon werden zwei einheimische Käsespezialitäten hergestellt: St Tola, ein Ziegenkäse, und Kilshanny, ein goudaähnlicher Käse. Seit 1980 liefert eine Herde von 60 Ziegen, die Meg und Derrick Gordon in Inagh Lodge halten, die Milch für den köstlichen weißen Weichkäse St Tola und den ovalen Hartkäse Lough Caum. Die Gordons produzieren etwa zwei Tonnen Käse im Jahr und beliefern damit viele der führenden, mit Preisen ausgezeichneten Restaurants Irlands, darunter auch Drimcong House in der Grafschaft Galway und Adare Manor in der Grafschaft Limerick. Meg und Derrick züchten auch Bienen. Deshalb empfiehlt Derrick, seinen St Tola auf griechische Art zu essen, zusammen mit seinem Lieblingshonig, der aus dem Nektar von Weißdornblüten gewonnen wird.

Der Kilshanny, die andere Spezialität dieser Region, ist ein fester, vollfetter Käse, der in verschiedenen Größen und Geschmacksrichtungen (Kräuter-, Knoblauch-, roter und grüner Paprika- und Kümmelsamenkäse) auf den Markt kommt. Janette und Peter Nibbering stellen ihren Käse in drei kühlen Räumen ihrer Pension her, die nach Norden gehen und speziell für diesen Zweck eingerichtet sind; trotz der beengten Raumverhältnisse herrscht dort peinlichste Sauberkeit. Peter läßt

Es gibt auf der ganzen Welt kein Mädchen
wie das Mädchen aus der Grafschaft Clare

The Darlin' Girl from Clare
William Percy French

links. Die Saanen-Ziegen des Inagh Lodge in der Grafschaft Clare sind schneeweiß, nicht überzüchtet und – wie alle Ziegen – schrecklich neugierig. Aus ihrer Milch stellen Meg und Derrick Gordon St Tola und Lough Caum her, zwei Käse, die bei den besten Restaurants und Käsehändlern in der Umgebung äußerst begehrt sind.

unten links. Kilshanny, ein goudaähnlicher Käse, wird von Janette und Peter Nibbering in verschiedenen Geschmacksrichtungen aus nichtpasteurisierter Kuhmilch hergestellt. Hier reibt Peter gerade die Rinde eines reifenden Käselaibes ab. Den Käse kann man auf dem Markt von Limerick oder direkt auf dem Bauernhof kaufen, wo Besucher auch übernachten und frühstücken können.

während jeder Phase des Reifungsprozesses größte Sorgfalt walten und dreht eigenhändig jeden einzelnen Käse um und reibt ihn ab, bis er reif zum Verkauf ist.

Der hier vorkommende Liscannor-Stein wird beim Bau von Häusern in dieser Gegend häufig verwendet und ist auch in andere Teile Irlands vorgedrungen. Weiter nördlich ragen die vom Wind gepeitschten Klippen von Moher über 300 Meter hoch auf und blicken hinaus auf die Aran Islands und hinüber zu den Bergen von Connemara. Die schönste Aussicht genießt man bei Sonnenuntergang oder stürmischem Wetter, doch allzu oft wird der Blick jedoch von Nebel oder von der Gischt des Atlantiks getrübt. Der über acht Kilometer lange Küstenstreifen ist mit seinen zerklüfteten Klippen die Heimat zahlloser Kolonien von Seevögeln: Papageitaucher, Eissturmvögel, Dreizehenmöwen und Krähenscharben. Sportangler können in den Gewässern am Fuß der Klippen und rund um die Liscannor Bay Heringshaie fangen und dabei gleichzeitig den grandiosen Anblick der Felsen genießen, die majestätisch alles überragen.

Doolin ist ein Zentrum der traditionellen irischen Musik, für die die Grafschaft Clare berühmt ist. Hier kann man im legendären Pub von Gus O'Connor einen unterhaltsamen Abend verbringen und den Klängen von *Port an Bheal* (traditioneller irischer Gesang ohne Instrumentalbegleitung), dem Rhythmus des *Bodhran* (traditionelle irische Trommel) oder den fröhlichen Weisen von Dudelsäcken, Geigen, Flöten und Ziehharmonikas lauschen. Außerdem gibt es hier eine Reihe von Lokalen und Restaurants, in denen gute Fisch-, Wild- und vegetarische Gerichte serviert werden. Mein Lieblingsrestaurant ist Bruach na hAille, was »Ufer des Flusses« bedeutet.

Nach einer langen und sicher ziemlich anstrengenden Nacht in Doolin sollte man am besten seine Kräfte mit dem Wasser von Lisdoonvarna neu stärken. Die kleine Stadt ist seit dem 18. Jahrhundert als Kurort mit schwefel- und eisenhaltigen Mineralquellen berühmt und bietet heute überdies verschiedene Veranstaltungen. Im Juli können die Besucher ein Festival der Folk-Music erleben, während im September ein kurioseres Ritual – ein Heiratsmarkt – stattfindet. Wen nach einer anderen Art Kur verlangt, dem kann ich das an der Straße gelegene Gasthaus der Familie Curtin mit seinen exzentrischen Wandmalereien und seinem guten, anständigen Essen empfehlen. In Brigitte und Peter Curtins jüngstem Lokal, dem Lisdoonvarna Smoke House, können Sie ausgezeichnete geräucherte Lachse, Forellen und Makrelen essen.

Von hier aus führen mehrere Wege nach Ballyvaughan an der Galway Bay. Es gibt eine Touristenstraße an der Küste entlang, die in westlicher Richtung über Black Head verläuft, und eine Straße mit zahlreichen Kurven und Windungen, die mitten durch eine außergewöhnliche Landschaft, das Burren, führt. Doch die Straße, die ich am liebsten fahre, geht nach Süden, vorbei an den Ruinen von Leamanach Castle und einer alten Grabkammer, dem Poulnabrone-Portaldolmen, zur Spitze des Burren.

Das Burren, vermutlich die faszinierendste Landschaft der Grafschaft Clare, ist ein steiniges Paradies mit Pflanzen. Das verkarstete Gebiet ist mit Schiefer und zerbröckelnden Steinwällen bedeckt, so daß man sich in einem anderen Zeitalter, fast in der Steinzeit, glaubt. Diesen Eindruck mildern lediglich einige Torfflächen, die als dünne Schicht auf dem Kalksteinuntergrund liegen. Die Sonnenwärme des Tages, die vom Kalkstein gespeichert wird, trägt zusammen mit einem leicht feuchten, frostfreien Klima dazu bei, daß hier zahlreiche seltene und

exotische Pflanzen wachsen, die man so nirgendwo sonst in Europa beieinander findet: Winzige alpine Gewächse kämpfen mit sonnenhungrigen mediterranen Gewächsen um einen Platz.

Aus der stillen Wunderwelt des Burren fährt man hinunter in irdischere Gefilde, genauer gesagt in das Dorf Ballyvaughan, das sich verträumt in eine kleine Fischerbucht an der Nordküste der Grafschaft schmiegt. Hier findet man ebenfalls Ruhe und Abgeschiedenheit. Der Ort entwickelt sich deshalb auch immer zu einem Lieblingsziel von Besuchern, die solche Werte

Die berühmten Klippen von Moher, direkt am Atlantik, sind ein Paradies für Seevögel und Vogelkundler. In den umliegenden Gewässern kann man auf Haifischfang gehen. Häufig verhüllen Dunst und Nebel dieses Naturwunder an der Küste der Grafschaft Clare. Das Bild entstand an einem Spätnachmittag bei ruhiger See, kurz bevor der vom Ozean aufsteigende abendliche Dunstschleier wieder alles einhüllt.

schätzen und bewahren wollen. Nachmittags kann man in der wunderschönen Teestube von Mrs. O'Donoghue, einer leidenschaftlichen Gärtnerin, seinen Tee trinken. Wer auch den Abend hier verbringen möchte, kann einen Tisch im Claire's Restaurant vorbestellen – was man unbedingt auch früh genug tun sollte, weil es sehr beliebt ist. Vor einigen Jahren eröffneten Claire Walsh und ihr Mann einen Laden, wo sie Erzeugnisse des einheimischen Kunsthandwerks verkaufen. Da dieses Geschäft aber nicht ihre ganze Zeit beanspruchte, beschloß Clare, im rückwärtigen Teil des Ladens ein Restaurant aufzumachen. Auf der umfangreichen Speisekarte steht eine ausgezeichnete, stets frische Tagessuppe, gefolgt von Hauptgerichten, bei denen der Schwerpunkt auf Fischen und Meeresfrüchten aus der Region liegt.

Bei einem meiner letzten Besuche war ich zu früh für das Abendessen. Claire führte mich deshalb in die Monk's Quayside Bar, wo sich Gäste der verschiedensten Nationalitäten an Fisch-Chowder, Miesmuscheln, Krebsscheren und Lachs gütlich taten.

»Kleine Felder voller Steinbrocken, graue steinerne Schultern safrangelb gesprenkelt« – so beschrieb John Betjeman den Burren, diese phantastische Mondlandschaft in der Grafschaft Clare. Die Kalksteinflächen, die als Karst bezeichnet werden, zeigen üblicherweise diese an Zinn erinnernde stumpfe Färbung.
Der Boden, der zwischen den Spalten hervorschaut, wird von der Sonne erwärmt, so daß im Frühling und Sommer Tausende von wilden Blumen in dieser scheinbar unfruchtbaren Gegend blühen.

Galway

Wenn man wieder nach Norden fährt, kommt man durch das Dorf Kinvara, das berühmt für die alljährlich im Sommer stattfindende Galway-Huker-Regatta ist. Bevor der eine oder andere Leser seiner Phantasie allzu freien Lauf läßt, sollte ich vielleicht erklären, daß es sich bei den Galway-Hukers um malerische Fischerboote mit Segelmasten handelt.

In dieser Gegend sollte man unbedingt einen Abstecher zu Moran's of the Weir machen, das knapp eineinhalb Kilometer westlich von Kilcolgan liegt. Dort kann man die besten einheimischen Austern essen, gezüchtet in den noch unverschmutzten Gewässern des Atlantiks. Alljährlich im Herbst wallfahren zahllose »Pilger« aus ganz Irland und dem Ausland zu Willy Morans Lokal, das sich am Flußufer befindet, um im Rahmen des Galway Oyster Festival Austern zu schlürfen und Guinness zu trinken, während draußen die Straßensänger zu hören sind. Der ehemalige Weltmeister im Austernöffnen stemmt seine köstlichen Schalentiere von hinten auf, wobei er ein kleines, mit Stoff umwickeltes Taschenmesser benutzt. Bereits im Juli läßt Moran die einheimischen Fischer den Meeresboden nach Austern absuchen, die er dann in seinen eigenen Becken in den seichten Gezeitengewässern in der Nähe seines Pubs hält. Während der Zeit des Niedrigwassers, die von September bis April dauert (eine alte Regel besagt, daß man Austern nur in den Monaten mit einem »r« essen soll), sammelt er sie dann ein und verkauft sie an Stammkunden und Laufkundschaft.

Austern, die so frisch und gut wie diese hier sind und noch nach dem salzigen Meerwasser schmecken, sollen eine eigenartige und wunderbare Wirkung auf diejenigen haben, die sie essen. Eine Frau von hier, die erheblich jünger als ihr Mann war, erzählte mir, er habe ihr nach einem Austernessen im Moran's einen Heiratsantrag gemacht. Seit dieser Zeit haben ihnen die allmonatlichen Besuche in diesem Pub während der Austernsaison – angeblich? – dabei geholfen, daß die Familie ständig größer wird und das Familienglück erhalten bleibt. Außer Austern serviert die Familie Moran ihren Gästen eines der besten Guinness-Biere in ganz Irland sowie hervorragendes Pubessen.

Fahren Sie auf die Hauptstraße zurück und halten Sie dann Ausschau nach McDonagh's Pub, einem bezaubernden, strohgedeckten Haus in Oranmore auf dem Weg nach Galway. Die Stadt Galway, die an der Mündung eines weiteren lachsreichen Flusses liegt, ist während der Sommermonate voller Leben und weltoffen: In den Straßen hört man neben Irisch auch viele andere Sprachen. Vor allem junge Leute zieht es hierher. Die Industrie konzentriert sich hier glücklicherweise in den Vororten; außerdem gibt es auch keine Trabantenstädte, die sich ausdehnen. Die Stadt verfügt zudem über ein funktionierendes Einbahnstraßensystem. In den winzigen Seitenstraßen stößt man auf faszinierende kleine Läden, Lokale und Restaurants. Galway besitzt auch altmodische Gehwege am Kai entlang und die *»Bridge«*. Diese »Brücke« befindet sich in der Nähe der Kathedrale und überspannt den Fluß dort, wo die meisten Lachse geangelt werden. Sie ist zweifellos *die* lokale Uferpromenade.

Vielleicht nur in Irland können Graffiti zu einer Kunstform werden. Das hier ist ein Laden für Angelbedarf in Kinvara in der Grafschaft Galway – falls überhaupt Zweifel daran bestehen könnte.

Hier drängen sich Menschen aus aller Welt Seite an Seite mit den Einheimischen, um die Lachse zu beobachten, die sich oft zu Tausenden im kristallklaren Wasser des Corrib sammeln, um in die ruhigeren Gewässer über dem Wehr aufzusteigen. Vom Brückengeländer erleben Sie mit, wie die Fische die von den Anglern ausgeworfenen Köder schlucken oder verschmähen, und begleiten diesen faszinierenden Kampf zwischen Mensch und Tier mit lauten *Olé*-Anfeuerungsrufen für eine der beiden Seiten oder einem schlichten »ah«.

Galways berühmtestes Wahrzeichen ist der »Spanische Bogen«, das einzige, was von den alten Befestigungsanlagen der Stadt übriggeblieben ist. Er erinnert an die Zeit, als spanische Handelsschiffe hier ihre Weinfässer und andere Waren aus Andalusien entluden. Eine weitere Verbindung zur Iberischen Halbinsel kam eher zufällig zustande: Angeblich sind die berühmten Ponys von Connemara Abkömmlinge der stolzen arabischen Hengste, die mühsam an Land kletterten, nachdem die Schiffe der unglückseligen Armada an der felsigen Küste zerschellt waren.

Das herausragende gesellschaftliche Ereignis des Jahres sind die Galway Races. Dabei handelt es sich ebenso um einen großen Karneval wie um ein Pferderennen, doch viele Besucher verbringen ihre Zeit ausschließlich bei den Nebenveranstaltungen und im Bierzelt und kommen nie in die Nähe der Pferde. Aber das spielt keine Rolle – was zählt, ist vor allem, daß man dabeigewesen ist.

Westlich der Stadt liegt ein Gebiet, in dem sich eine sehr alte Kultur und Folklore erhalten hat und wo in der Sprache, im Geschichtenerzählen, in der Musik, im Theater und in der Kleidung noch die gälischen Traditionen gepflegt werden. Diese Region, die bis Killary Harbour hinaufreicht, ist unter dem Namen Connemara bekannt. Spiddal bietet sich als Ausgangspunkt an, wenn man diese immer noch wilde Gegend bereisen oder mit dem Schiff zu den Aran Islands fahren möchte, die weit draußen in der Galway Bay liegen. Auf den zerklüfteten, kahlen Inseln, wo man noch gälisch spricht und häufig die alten Trachten trägt, befindet sich Dun Aengus, eines der schönsten prähistorischen Monumente von Europa. Im Dorf Barna auf dem Weg nach Spiddal kann man die Fahrt unterbrechen und die herzliche Gastfreundschaft genießen, wie sie bei den keltischen Vettern Tradition ist: Ein bretonisches Restaurant namens Ty Ar Mor, das in einem umgebauten Cottage in der Nähe des kleinen Landungsstegs untergebracht ist, lohnt in jedem Fall einen Besuch.

Im Winter ist Connemara in einen geheimnisvollen, romantischen Nebel gehüllt; dann dominieren rötliche und gelbliche Brauntöne. Im Sommer säumen weiße, goldene und korallenrote Küstenstriche die riesige Steinwüste. Kupferrote Flecken weisen auf das saure Wasser von Dutzenden von vertorften Flüssen und Seen hin. Durch die felsige, unfruchtbare Region, in der keine Bäume wachsen, zieht sich ein Labyrinth von unregelmäßigen Steinwällen. Die Küste ist mit steinigen Tümpeln voller Krabben, Meeresschnecken, Miesmuscheln, Garnelen

Siopa na mbád
FISHING
TACKLE
HOOKS
NETS
ROPES
LAMPS
FISHING
RODS
REELS
TRIONA.G
ELSKE BH.
BRIAN K.
JEROEN.V

vorhergehende Doppelseite. Die »Früchte« der Grafschaft Galway. Im Uhrzeigersinn von links oben: Venusmuscheln; Kaisergranate, in Irland als Dublin Bay Prawns bekannt; Pazifische Austern, die heute hier für kommerzielle Zwecke gezüchtet und mehr als doppelt so groß wie die einheimischen werden; Miesmuscheln; Riesenkammuscheln; Hummer; Meeresschnecken und schließlich die echten einheimischen Galway-Bay-Austern. Michael Reynolds bietet im Sawer's in der Chatham Street in Dublin, wann immer möglich, eine große Auswahl an Meeresfrüchten aus Galway.

und Seeigeln übersät, während nicht weit davon entfernt auf den hohen Brechern des Atlantiks, die ohne Unterlaß gegen das Land schmettern, Delphine reiten. Auf der Fahrt entlang dieser Küste kann man in eine unendliche Ferne schauen, als ob man sich am Rande der Welt befinden würde. Weiter landeinwärts hat man einen grandiosen Ausblick auf das Inagh-Tal, das mit seinen dichten Nadelwäldern steil zwischen zwei Bergketten, Twelve Pins und Maamturk, abfällt.

In der Grafschaft Galway liegt der riesige Lough Corrib, der zumeist nur als »der Corrib« bezeichnet wird. Der mit rund 176 Quadratkilometern größte See der Republik Irland enthält Hunderte von kleinen Inseln mit Untiefen, die von Schilf umsäumt sind. Er ist der beliebteste Forellen- und Lachssee des Landes, insbesondere während der Zeit der Eintagsfliegen. Zahlreiche Besucher kommen in die Dörfer am See, vor allem solche, die hier segeln wollen. Angler werden – wie eigentlich überall in Irland – ebenfalls mit magischer Kraft angezogen, denn im Corrib sind schon immer riesige Forellen gefangen worden. Im Jahre 1860 zappelte ein fast 11 Kilogramm schwerer Fisch an der Angel, aber man hört immer wieder, daß hier auch doppelt so schwere Forellen gefangen werden. Normalerweise sind solche riesigen Exemplare die Zufallsbeute von Anglern, die eigentlich auf Lachse aus sind, doch wenn jemand häufiger Riesenforellen fängt, verwendet er bestimmt eine spezielle Methode.

Etwas abseits der über Moycullen führenden Straße liegt ganz in der Nähe des Corrib das Drimcong House. Hier befindet sich das Reich von Gerry Galvin, dem unbestritten besten Koch Irlands. Er sammelte erste Lorbeeren im Vintage Restaurant in der Feinschmeckerhochburg Kinsale, wo er ein führendes Mitglied des Local Food Circle war. Zusammen mit seiner Frau Marie zog er dann nach Moycullen und eröffnete in dem hübschen Drimcong House aus dem 17. Jahrhundert sein exquisites Restaurant. In weniger als einem Monat machte das Ehepaar aus dem heruntergekommenen Privathaus ein Restaurant mit der jetzigen behaglichen Atmosphäre – eine Rekordleistung. Zu den Gärten, die das Haus umgeben, gehören ausgedehnte Rasenflächen und ein kleiner See. Dort schwimmen Flußbarsche, Karpfen und Hechte, von denen viele in Gerrys Kochtöpfen landen. Der träge dahinfließende Wasserlauf, der diesen See speist, hilft ebenfalls mit, die Gäste zu verwöhnen: An seinen Ufern sprießt üppig liebevoll umhegte Brunnenkresse, die sich aus einer einzigen winzigen Pflanze entwickelt hat und frisch in der Küche Verwendung findet. Der Kräutergarten liefert frische Salatgemüse, duftende Kräuter und zahlreiche saftige Sommerfrüchte. Marie hat ihren Kräuter- und Gemüsegarten klug und optisch eindrucksvoll in einer Reihe von kleinen Beeten angelegt, während sich vor dem Haus ein sorgfältig gepflegter Blumengarten befindet. Wer im Sommer hierherkommt, kann nicht umhin, die üppig wachsende Kletterrose zu bewundern, die sich über die ganze Mauer ausgebreitet hat und einen prächtigen Kontrast zu der anspruchsvollen Gepflegtheit des Gartens bildet.

Galway ist in dem Maße irisch, wie Dublin, Belfast, Cork und Derry nicht irisch, sondern kosmopolitisch sind. Seine Einwohner, ihre Sprache, ihre Kleidung, ihre dunkle Gesichtsfarbe, ihr schwarzes Haar, ihre Augen, die wie blaue Flammen leuchten, regen die Phantasie zu sonderbaren Vermutungen an. Galway City, eigentlich nur eine Kleinstadt, ist für den Entdecker Irlands, was Chapmans »Homer« für Keats war – ein Schlüssel, eine Provokation, eine Verlockung.

Galway of the Races
ROBERT WILSON LYND

In dem alten, an das Haus grenzenden Hof geht es zu wie auf der Arche Noah. Wäre Noah ein irischer Bauer gewesen, so hätte er sich hier zwischen den Hühnern, Moschusenten, Hunden, Katzen, Eseln und Schafen bestimmt wohl gefühlt. Er hätte dann ähnlich wie Gerry auch eine verletzte Schleiereule in Pflege genommen, wenn er eine gefunden hätte. Selbstproduzierte Lebensmittel sind im Überfluß vorhanden. So kann man Mrs. Keady, ein altes, treues Mitglied der Mannschaft im Drimcong, oft sehen, wie sie mit einem Korb voll frischer Eier über den Hof geht.

Im Inneren des Hauses sorgen Möbel aus lackiertem Eichenholz, feines irisches Glasgeschirr und Torffeuer, die in den Wintermonaten in den offenen Kaminen brennen, für eine Umgebung, die perfekt zu der hervorragenden Küche paßt. Heute kennt jeder Feinschmecker in Irland Gerry Galvins Namen. Er selbst nährt in aller Stille das kleine Feuer einer gastronomischen Revolution, die aus seinem Wissen um die Möglichkeiten der frischen einheimischen Produkte, Käse, Fisch und Wild entstanden ist. Er ist auch großzügig genug, um die Geheimnisse seiner Küche mit anderen zu teilen: Der viertägige Kochkurs, den er jedes Jahr im November abhält, ist bei Frauen und Männern gleichermaßen beliebt.

Der stille Mann mit der leisen Stimme wacht aufmerksam über seine winzige Küche. Mit sparsamen, bedächtigen Gesten dirigiert er seine Mannschaft wie ein erfahrener Choreograph sein Ballettensemble. Für ihn ist jedes Abendessen eine Galavorstellung, eine Premiere, bei der er den Gästen im Speisesaal hervorragend zubereitete Gerichte präsentiert.

Wenn ich Drimcong in nordwestlicher Richtung verlasse, biege ich auf der Hauptstraße nach Clifden oft bei Oughterard ab, um am Corrib entlangzufahren und einen Freund und Berufskollegen zu besuchen. Hier befindet sich auch Currarevagh House. Wer Überraschungen liebt, sollte am besten im Spätfrühling nach Einbruch der Dunkelheit hierherkommen! Beim ersten morgendlichen Lichtstrahl kann man einen Chor scheinbar aller bekannten Singvögel vernehmen, die mit ihrem Gesang die über dem Corrib aufgehende Sonne begrüßen. Langsam durchdringen ihre Strahlen die dichten Bäume und fallen auf die herrlichen Rhododendren, Azaleen, Kamelien und süß duftenden Lorbeerblüten in den Gärten und auf den Rasenflächen, die sanft zum Ufer des Corrib hin abfallen. Wer zum Horizont und zu den winzigen Inseln dieses riesigen Sees hinausschaut, ist vielleicht etwas verwirrt, wenn er zu seiner Rechten einige Palmen entdeckt. Ist man etwa in den Tropen? Plötzlich schwimmt eine Forelle an die Wasseroberfläche. Eine Amsel, die mit einem Warnruf einen Kuckuck vertreibt, erinnert einen wieder daran, daß man sich immer noch in Irland befindet.

Currarevagh House, das von Harry und June Hodgson geführt wird, ist ein echtes irisches Landhaus. Das im italienischen Stil gehaltene Haus aus frühviktorianischer Zeit, das inmitten eines 60 Hektar großen Waldgebiets an den Ufern des Corrib steht, gehört seit seinem Bau der Familie Hodgson und ist seit 50 Jahren Hotel. Es verkörpert den Typ Landhotel, den

nächste Doppelseite. Blick in südwestlicher Richtung über einen kleinen Teil des riesigen Corrib zwischen Conn und dem Dorf Maam in der Grafschaft Galway. Mit 32 Kilometer Länge ist der Lough Corrib der größte See in der Republik Irland. Um den gesamten See herum befinden sich Dörfer, die von Sportfischern aufgesucht werden, denn der Lough Corrib ist zu Recht bei Anglern der beliebteste See Irlands. Es gibt Forellen in großen Mengen; außerdem kann man hier Lachse fangen.

Kaninchenroulade mit Brennessel- und Senfsauce

»Kaninchenfleisch hat einen feinen, milden Wildgeschmack und ist nicht teuer. Die Spitzen der Nesselblätter sollte man nur jung im Frühling verwenden; man schneidet sie mit einer Schere ab,wobei man Gummihandschuhe tragen sollte. Sie sind eine würzige, nahrhafte Alternative zu Spinat. Obwohl Brennesseln häufig in alten irischen Kochbüchern vorkamen, werden sie heute in Irland in der Küche kaum noch verwendet.« Gerry Galvin

4 Portionen

1,4 kg Wildkaninchenfleisch, enthäutet und entbeint
1 Ei
2 TL Senfkörner
2 TL irischer Whiskey
2 TL Chutney (Kürbis oder ähnliches)
100 g junge Brennesselblätterspitzen, gut gewaschen und getrocknet
50 g weiche Butter
150 ml trockener Weißwein
Salz und frisch gemahlener Pfeffer
12 Scheiben Rückenspeck
12 Pistazien- oder Haselnußkerne

Brennesselsauce
100 g junge Brennesselblätterspitzen, gut gewaschen und getrocknet
300 ml Sahne
1/4 TL frisch gemahlener Muskat
2 TL Zitronensaft

Senfsauce
300 ml Sahne
1 EL Senfkörner

Backrohr auf 200 Grad (Gas Stufe 6) vorheizen.

Für die Brennesselsauce Nesselblätter zusammen mit der Sahne aufkochen lassen und dann Ofen ausschalten. Ziehen lassen.

Aus dem Fleisch der Kaninchenkeulen, Ei, Senf, Whiskey und Chutney im Mixer eine weiche Mousse herstellen.

Nesselblätter mit 25 g Butter und dem Weißwein dünsten, bis die Mischung eine grüne Farbe hat und an gekochten Spinat erinnert. Mit Salz und Pfeffer abschmecken.

Ein 45 cm großes Stück Alufolie ausbreiten und leicht mit der restlichen Butter bestreichen. Speckscheiben nebeneinander darauflegen und Mousse so über ihre Mitte verteilen, daß man die Ränder hochschlagen kann.

Nüsse gleichmäßig über die Mousse streuen. Nesselmasse darüberstreichen. Restliches Kaninchenfleisch auf die Nesselschicht legen. Nur mit schwarzem Pfeffer würzen.

Folie zylinderförmig aufrollen und die Enden gut befestigen.

Roulade 45–50 Minuten im Rohr garen.

Für die Brennesselsauce nun Nessel-Sahne-Mischung erneut aufkochen lassen und mit Muskat und Zitronensaft abschmecken. Flüssig werden lassen und bei Bedarf nachwürzen. Für die Senfsauce Sahne und Senfkörner mit viel frisch gemahlenem Pfeffer mischen und auf dem Herd zu einer Sauce einkochen.

Sobald die Kaninchenroulade gar ist, aus der Folie wickeln und in Scheiben schneiden. Zusammen mit den Saucen servieren.

Eingelegte Trockenaprikosen mit Sherry und Mandellikör

Ein besonders für den Winter geeignetes Dessert, das heiß oder kalt, mit Sauce oder Eis oder krümelig gekocht serviert werden kann. Besonders köstlich schmeckt es zu Schmelzkäse mit Honig (siehe unten). Gerry Galvin bietet seinen Gästen während der Wintermonate eine große Auswahl an eingelegten Früchten, aber dieses Gericht ist besonders beliebt.

Für ein Glas von 450 g Fassungsvermögen

225 g Trockenaprikosen
50 g Puderzucker
Schale einer halben Orange
Schale einer halben Zitrone
50–85 ml trockener Sherry
1 EL Amaretto (Bittermandellikör)

Aprikosen zusammen mit Zucker, Orangen- und Zitronenschale und 600 ml Wasser unter gelegentlichem Umrühren zum Kochen bringen. 5 Minuten köcheln, damit der Sirup dicklich wird, und weitere 20 Minuten, damit die Früchte weich werden.

Glas sterilisieren, warmstellen und dann Aprikosen zusammen mit Sherry und Amaretto hineingeben. Verschließen.

Aprikosen mindestens 10 Tage stehenlassen, damit sich die zarten Geschmacksnuancen vermischen können.

Schmelzkäse mit Honig

Diese Schmelzkäsemischung paßt zu fast allen Obstsorten und ist eine gute Alternative zu Schlagsahne.

Für 4 Portionen 225 g weißen Schmelz- oder Quarkkäse, 1 EL Sahne, den Saft einer Zitrone und 1/4 TL Salz verrühren, kaltstellen. Kräuterhonig verleiht dem Ganzen eine besonders reizvolle Geschmacksnote. Man kann zum Verfeinern aber auch einen beliebigen Likör oder eine Prise Gewürze wie etwa Zimt oder Muskat verwenden.

Ziegenkäse mit Salat und Kräuterpesto

Für dieses einfache Rezept nimmt man eine 50 g große Scheibe St Tola (von Meg Gordon aus der Grafschaft Clare).

Für das Kräuterpesto 50 g frische Basilikumblätter, 3 EL Pinienkerne, 3 geschälte Knoblauchzehen und 175 ml Olivenöl im Mixer pürieren, abschmecken und mit 2 TL geriebenem Parmesan vermischen. 1 TL Pesto auf die Käsescheibe geben und diese 1 Minute unter den heißen Grill stellen. Käse anrichten und mit Salatblättern, Gemüse und Kräutern garnieren (s. Bild).

Gegrillte Seeforelle mit wildem Knoblauch

Bei dem für dieses Gericht verwendeten wilden Knoblauch handelt es sich um Bärenlauch, eine breitblättrige Lauchart, die im späten Frühjahr in großer Zahl im feuchten Waldgebiet rund um Drimcong wächst. Wer keinen Bärenlauch zur Verfügung hat, kann eine Mischung aus jungen Lauchblättern und etwas Knoblauch verwenden.

4 Portionen

4 Portionen
4 Forellenfilets zu je 175 g
65 g Butter
2 Schalotten, fein gehackt
225 g Bärenlauchblätter, grob gehackt
frisch gemahlener Muskat
Saft einer halben Zitrone

Sauce
50 g Bärenlauchblätter
100 g weiche Butter
4 EL Sahne
2 EL trockener Weißwein
Saft einer halben Zitrone

Für die Sauce Bärenlauchblätter grob hacken, dann zusammen mit der weichen Butter im Mixer gut verrühren und in den Kühlschrank stellen, bis die Masse ein wenig fest geworden ist. Sahne und Wein für die Sauce zum Kochen bringen und um die Hälfte reduzieren. Bei niedriger Hitze Knoblauchbutter portionsweise einrühren. Mit etwas Zitronensaft abschmecken und warmstellen.

50 g Butter zerlassen und Schalotten darin 1–2 Minuten sautieren, die Bärenlauchblätter hinzugeben und 1 Minute weiterdünsten. Mit Muskat, Salz und Pfeffer würzen. Warmstellen.

Grill vorheizen.

Restliche Butter zerlassen, Zitronensaft einrühren. Forellenfilets mit der Mischung bestreichen und mit Salz und Pfeffer würzen. Auf jeder Seite ca. 2 1/2 Minuten grillen.

Fisch auf ein Bett aus Bärenlauchblättern und Schalotten legen und Sauce um die Forelle herum verteilen.

ich persönlich am meisten schätze, weil es mich immer an eine gute, alte Tweedjacke erinnert, die vom Vater auf den Sohn weitergegeben worden ist: An den Ärmeln ist sie bereits etwas abgetragen, aber gleichzeitig entwickelt sie dabei eine einzigartige Würde, die sich nicht erklären läßt.

Harry empfängt die Gäste in einer großen Halle, die als Rezeption und Bar dient; er ist wirklich ein sehr guter Gastgeber. June kümmert sich nicht nur um die Küche, sondern steht auch jeden Morgen um 5.30 auf, um Blumen und Zweige für die herrlichen Gestecke zu schneiden, die farbenfroh das ganze Haus schmücken. Gastfreundschaft bedeutet hier, daß man dem Gast das Gefühl vermittelt, er sei hier »zu Hause« – doch was für ein Zuhause! Man fühlt sich fast wie auf einer Landhausgesellschaft in der guten, alten Zeit vor dem Ersten Weltkrieg. Tiefe, bequeme Sessel und offene Kamine machen den Nachmittagstee zu einem echten Vergnügen. Im hellen, luftigen Speisesaal, in dem eine Reihe von eigenartig geformten Tischen stehen, tragen die Kaffeekannen im Art-déco-Stil zur angenehm exzentrischen Atmosphäre bei.

Die Küche ist sehr traditionell und recht einfach, aber auch sehr gut. Um neun Uhr morgens ruft ein Gong die Gäste zum Frühstück – zu einem Frühstück wie zur Zeit von König Eduard VII. Es ist auf einer Anrichte aufgebaut und umfaßt so klassische Spezialitäten wie Kedgeree, ein Reisgericht mit Fisch, Erbsen, Zwiebeln, Eiern, Butter und Gewürzen. Gebratener Speck und Spiegeleier haben hier einen unnachahmlichen Geschmack, den man ganz besonders bei dem gerösteten Brot spürt, das man dazu ißt. June hat mir verraten, wie sie diesen guten, alten Geschmack erzielt: Sie läßt Lammfett aus und verwendet es beim Braten anstelle des heute zumeist üblichen Pflanzenöls.

Das Abendessen wird ebenfalls vom Gong angekündigt – pünktlich um acht Uhr. Es besteht aus einem fünfgängigen Menü, wobei jeder Gast »nachfassen« kann, wenn er nach Junes großzügigen Portionen immer noch Hunger hat. Die gute Weinliste enthält auch ausgezeichnete Hausschoppen. Die Hauptgerichte umfassen in der Regel einen guten Braten oder frischen Fisch, während es zum Dessert Köstlichkeiten wie Siruppudding, eine riesige Eisbombe oder eine weiße Schokoladenmousse gibt.

Wer bei diesem guten Essen um seine schlanke Linie fürchtet oder sich Appetit für das nächste Menü holen möchte, findet in der näheren Umgebung reichlich Gelegenheit für verschiedene Sportarten und andere Freizeitaktivitäten. Angler können im ruhigen Corrib Steinforellen, Lachse, Hechte und Flußbarsche fangen. Wer kein eigenes Boot mitgebracht hat, kann hier eines zusammen mit einem professionellen Bootsführer mieten. Zu den Kuriositäten von Currarevagh House gehören übrigens mehrere Prachtexemplare von Corrib-Forellen, die präpariert in einer Vitrine in der Eingangshalle ausgestellt sind. Doch falls Sie nichts vom Angelsport halten, können Sie sich auch eines der dicken Currarevagh-Lunchpakete einpacken lassen und im klaren, sauberen Wasser des Sees baden oder eine Fahrt zu einer der zahlreichen Inseln unternehmen.

Besonders lohnenswert ist es, die Uferstraße von Currarevagh weiterzufahren: Sie endet zwar in einer Sackgasse, aber man wird dafür mit einem herrlichen Ausblick entschädigt. Das traditionelle strohgedeckte Cottage am Ende der Straße, das man nicht verfehlen kann, gehört meinem Freund Liam Jordan, der es klugerweise als privaten Zufluchtsort benutzt.

Wenn man Oughterard verläßt, sollte man über Maam Cross zum reizvollen viktorianischen Cashel House fahren, das in einer kleinen Felsenbucht der Cashel Bay am südwestlichen Rand von Connemara liegt und einen eigenen kleinen Strand besitzt. Hier haben Dermot und Kay McEvilly inmitten von herrlichen Gärten, die bereits mehrere Preise gewonnen haben und sich im Frühling in ein Meer aus farbenprächtigen Azaleen, Rhododendren und eleganten Kamelien verwandeln, ein Hotel aufgezogen, das sein internationales Ansehen vollauf verdient. Seit dem Besuch von Charles de Gaulle im Jahre 1969 ist Cashel House besonders beliebt bei französischen Besuchern, die ja bekanntlich eine Menge von gutem Essen und Wein verstehen und eine untrügliche Nase dafür haben, wo sie damit verwöhnt werden. Sie haben in nicht geringem Maße dazu beigetragen, daß sich ein neuer Stil des Kochens entwickelt hat, wobei allerdings nach wie vor frische irische Produkte verwendet werden.

Spezialität des Hauses ist Hummer. Dermot und Kay kennen sich aber auch gut mit Austern aus und bereiten eine ausgezeichnete Fischsuppe zu. Zwischen den einzelnen Gängen wird ein saures Apfelsorbet serviert, das den Gaumen neutralisiert und auf die nächste Köstlichkeit vorbereitet. Der stets gutgelaunte Dermot sitzt, bebrillt und etwas linkisch, eine Zigarre im Mundwinkel, in seinem Büro, wo der kleine Computer beweist, daß die modernen technischen Errungenschaften durchaus in einem solchen Haus Einzug halten können, ohne die persönliche Atmosphäre in irgendeiner Form zu beeinträchtigen.

Dieses Gebiet, das zwischen Juli und Anfang Oktober berühmt für seine Lachsforellen ist, umfaßt auch den bekannten Fluß Ballinahinch und den gleichnamigen See. Beide werden von Wasserläufen gespeist, die von den Twelve Pins und den Maamturk Mountains herunterstürzen und sich zu einer Reihe von Teichen und Untiefen erweitern, bevor sie sich unterhalb von Toombeola Bridge in die Cashel Bay ergießen. Der Ballinahinch war schon immer für seine Lachse bekannt; heute ist er ein gutes Beispiel dafür, wie man einen Fluß so zähmen kann, daß er sich für Angler eignet. Angelausflüge auf dem Fluß kann man im Ballinahinch Castle buchen, das heute ein Hotel ist, aber früher einem indischen Maharadscha gehörte. Wer nicht hierherkommt, um zu angeln, kann über Roundstone und Ballyconnelly nach Clifden fahren; er wird dabei schöne Strände und reizvolle Landschaften kennenlernen, wo man spazierengehen, fotografieren oder sich einfach nur erholen kann. Der englische Schriftsteller Thackeray war im 19. Jahrhundert

Kaminecke im Cashel House, am Ufer der Cashel Bay. Es gibt sicherlich keinen gemütlicheren Platz für den Tee an einem kalten Winternachmittag als diese Ecke mit ihren warmen Farben, den behaglichen Möbeln und dem Torffeuer.
Zu dem 20 Hektar großen Gut, einer Oase der Ruhe, gehören mehrfach prämierte Gärten und ein Hartplatz für Tennis.

von dieser Gegend so begeistert, daß er schrieb, sie sei der schönste Landstrich, den man als Reisender erleben könne.

Clifden ist ein blühender, geschäftiger Ort mit bezaubernder Atmosphäre. Ich empfehle eine Pause zum Lunch oder zum Abendessen in O'Grady's Seafood Restaurant. Dieses kleine, nicht zu teure Restaurant bietet eine hervorragende Küche: Zu den Spezialitäten dort gehören Meeresfrüchte-Chowder und Miesmuscheln mit Knoblauch. Geführt wird es von der unternehmungslustigen, stets freundlichen Familie O'Grady, die einen eigenen kleinen Trawler besitzt, so daß sie stets mit bestem fangfrischem Fisch versorgt ist. Wer sich nach dem Mittagessen oder vor dem Abendessen etwas die Beine vertreten möchte, kann in der Stadt spazierengehen und traditionelle Tweederzeugnisse einkaufen. Ein großes Ereignis ist die alljährlich stattfindende Connemara Pony Show.

Von einem einfachen Restaurant wechseln wir nun in ein Haus für gehobene Ansprüche, doch auch hier – schließlich befinden wir uns ja in Irland! – sind gutes Essen und ein freundlicher Empfang eine Selbstverständlichkeit. Das von Paddy und Anne Foyle geführte Rosleague Manor in Letterfrack erhebt sich über der Ballinakill Bay und dem »Diamond«, einem kleinen Berg im Connemara National Park, der seinen Namen der Tatsache verdankt, daß er bei Regen wie ein Diamant funkelt. Die Aussicht vom Gipfel lohnt den Aufstieg. Rosleague Manor gehört zu meinen Lieblingshotels. Der elegante, mit Ölgemälden geschmückte Speiseraum, in dem das Abendessen bei Kerzenlicht serviert wird, wirkt eher maskulin. Das bezaubernde Haus im Regency-Stil vermittelt eine unaufdringliche Behaglichkeit: Die Gesellschaftsräume sind geschmackvoll möbliert; die vielen liebevoll behandelten Antiquitäten geben einem das Gefühl, daß man sich in einem sehr gepflegten Privathaus und nicht in einem Hotel befindet. Paddy und Anne Foyle – Bruder und Schwester – wurden buchstäblich in das Hotelfach hinein-

geboren. Die Familie führte nämlich über 100 Jahre lang ein Hotel im nahegelegenen Clifden.
Hier kann man unter der sachverständigen Anleitung eines einheimischen Künstlers malen oder die überflüssigen Kalorien des üppigen traditionellen Frühstücks beim Reiten, Fahrradfahren, Tennisspielen oder Schwimmen an einem der schönen Strände abtrainieren. Und natürlich kann man hier auch meinem Lieblingssport, dem Angeln, nachgehen. Die einheimischen Fischer aus Cleggan liefern wunderbar frischen Fisch für die Küche des Rosleague Manor. Außerdem gibt es Lamm- und Rindfleisch aus Connemara, während die Kräuter und Gemüse aus dem hauseigenen Garten oder von Züchtern in der Umgebung stammen.

Da Irland, insbesondere der Westen des Landes, für seine Pferdezucht weltbekannt ist, muß man in einem Kapitel über Galway unbedingt auch den großen Oktobermarkt in Ballinasloe erwähnen, den angeblich ältesten Pferdemarkt Europas. Ursprünglich handelte es sich dabei um einen riesigen Jahrmarkt, der auf die Zeit zurückging, als Irland noch seine eigenen Oberkönige hatte, doch heute ist er ein alljährlicher Treffpunkt für Zigeuner, Kesselflicker und alle Arten von fahrendem Volk. Früher war es der Ort, wo man – wie dies bei allen Jahrmärkten der Fall war – Arbeitskräfte in Dienst nahm. Da die Verkehrsverbindungen damals viel schlechter waren und sich die Leute seltener trafen, wurden hier auch Heiraten in die Wege geleitet. Ein Bauer soll sich zusammen mit seiner Tochter in einem Ponywagen auf den Weg gemacht haben und ohne Pony, doch immer noch mit Tochter zurückgekehrt sein – der erhoffte Bräutigam hatte offensichtlich das Pferd vorgezogen! Selbst am Ende des 20. Jahrhunderts hat sich noch viel von der mittelalterlichen Atmosphäre erhalten: Es gibt Buden und Veranstaltungen sowie auch zahlreiche zwielichtige Gestalten. Die Pferde zeigen straßauf, straßab unter den Zurufen und Pfiffen der Zuschauer ihre verschiedenen Gangarten. Käufe werden in althergebrachter Weise durch Handschlag besiegelt. In der ersten Oktoberwoche gehört die Stadt ganz dem Pferdemarkt.

Der Ort leitet seinen Namen ab vom gälischen *Beal Atha na Sluaighe* (»Mündung der Furt«), dem Punkt, an dem einst die

Etwas von Connacht
Haftet an mir,
Ein wilder Zug,
Etwas Grobes.

Lieber würde ich
Den Geigen der
Vagabunden
Auf dem Jahrmarkt
Von Galway lauschen.

Ballade of a Dublin Salon
MICHAEL JOSEPH MACMANUS

Mit Knoblauch überbackene Miesmuscheln

»Dieses einfache Gericht ist ein seit langem bewährtes Rezept. Früher kochte man Schalen- und Weichtiere in einer der beiden Schalen im eigenen Saft über einem offenen Feuer, wobei man eine Bratpfanne verwendete. Dieses Rezept verbindet Vergangenheit und Gegenwart, indem es zwar die alte Zubereitungsmethode, aber gleichzeitig Gewürze von heute benutzt.«
Jack O'Grady

4–6 Portionen

1,8 kg Miesmuscheln
Salz
120 ml Weißwein
Petersilienzweige
1 EL frisch gepreßter Zitronensaft

225 g Butter
6 Schalotten, fein gehackt
4 EL gehackte Petersilie
4 Knoblauchzehen, zerdrückt
225 g Semmelbrösel

Muscheln gründlich säubern und alle aussondern, die geöffnet bleiben, wenn man mit der stumpfen Seite einer Messerklinge kurz dagegenklopft. Muscheln zusammen mit etwas Meer- oder Salzwasser, Wein, Petersilienzweigen und Zitronensaft in einen großen Topf geben. Zugedeckt einige Minuten kochen, bis sie sich öffnen. Noch geschlossene Muscheln wegwerfen, von den anderen die obere Schale entfernen.

In einer Pfanne die Hälfte der Butter zerlassen und Schalotten, Petersilie und Knoblauch mehrere Minuten darin sautieren. Semmelbrösel einrühren, restliche Butter hinzugeben und dicklich werden lassen. Ca. 5 Minuten köcheln, damit sich der Geschmack des Knoblauchs voll entfalten kann.

Grill vorheizen.

Muscheln in der verbliebenen Schalenhälfte auf ein Backblech legen, mit der Bröselmischung bedecken und unter dem Grill goldbraun werden lassen.

Sofort servieren, garniert mit Zitronenspalten und Petersilienzweigen.

Der Speisesaal im Rosleague Manor wirkt elegant und altmodisch, aber er ist erst 20 Jahre alt. Diese Wirkung wird durch Möbel in gedämpften Farben und Kronleuchter erreicht, während Ölgemälde und eine Tellersammlung die Wände schmücken.

Könige von Connacht auf ihrer Reise nach Tara, dem Sitz des Oberkönigs, überzusetzen pflegten. Um die Furt herum entstand schon bald eine Siedlung, die sich bis zum 5. Jahrhundert zu einem wichtigen Umschlagplatz für die vielen Pferde in der Umgebung entwickelte. Da die Weiden auf Kalksteinböden liegen, sind sie reich an Kalzium, was dazu beiträgt, daß hier kräftige, gesunde Pferde mit starkem Knochenbau heranwachsen.

Das vermutlich berühmteste Pferd, das hier verkauft wurde, war Marengo, Napoleons Reittier in der Schlacht bei Waterloo. Tausende von Kavalleriepferden wurden hier für die zahlreichen Kriege gekauft, die im 19. Jahrhundert stattfanden. Im Ersten Weltkrieg wäre das irische Zugpferd fast ausgestorben, denn zahllose Tiere wurden verkauft, um die schweren Kanonen durch den Morast von Flandern zu ziehen.

Der erste offizielle Pferdemarkt wurde im frühen 18. Jahrhundert abgehalten, aber seinen Höhepunkt erreichte er Mitte des 19. Jahrhunderts, als es der Bau der Eisenbahn ermöglichte, daß immer mehr Menschen zu dem Ereignis kamen. Damals drängten sich in der Woche des Jahrmarkts schätzungsweise 30000 Menschen in dem kleinen Ort; etwa 4000 Pferde, 20000 Rinder und 100000 Schafe wurden bei einem solchen Markt verkauft. Da die Straße von Schafen vollständig blockiert war, soll dabei ein Besucher auf den Rücken der Tiere vom Bahnhof bis zum Marktplatz gelaufen sein! Selbst wenn diese Geschichte – wie so viele Geschichten in Irland – nicht so ganz verbürgt ist, beweist sie doch, daß die Veranstaltung damals wie heute nicht nur ein Pferdemarkt, sondern eine richtige Landwirtschaftsmesse war. Heute gibt es Springturniere, landwirtschaftliche Ausstellungen, bei denen Vieh und andere Agrarprodukte gezeigt werden, Hundeschauen und Modevorführungen in Ballinasloe zu sehen.

Aber der alte Nomadengeist ist noch lebendig. Schon immer kamen zum Jahrmarkt auch fahrendes Volk, Landstreicher und Diebe. Heute wird hier ebenso häufig mit Autos wie mit Pferden gehandelt, denn schließlich haben sich die Fortbewegungsmethoden verändert. Blankpolierte Range Rover und chromblitzende Wohnmobile mit getönten Scheiben stehen dicht neben Wohnwagen, an denen sich gemalte Rosen emporranken –

Ragout aus Fischen und Meeresfrüchten

»Alle in unserer Küche verwendeten Fische und Meeresfrüchte werden in einheimischen Gewässern gefangen und am Pier vor dem Hotel entladen, so daß wir sie fast vor der Haustür haben. Dieses Rezept gehört zu denen, für die wir ausschließlich einheimische Produkte hernehmen.«
Patrick Foyle

4 Portionen

1 kleiner Hummer von ca. 900 g Gewicht
4 Stücke frischer Wildlachs zu je 50 g
ca. 20 große Garnelen
8 Kammuscheln, horizontal in Scheiben geschnitten
4 frische Fischfilets mit hellem Fleisch zu je 50 g (z. B. Steinbutt, Glattbutt, Seezunge oder gemischt)
150–200 ml Fischbrühe (Rezept siehe unten und S. 60)
mindestens 50 g Butter
150 ml trockener Martini
1 EL Weißwein
150 ml Sahne
Zitronenspalten zum Garnieren

Am besten wäre es, den Hummer roh in den Topf zu geben, wenn alle anderen Fische und Meerestiere bereits kurz gegart sind; es könnte dabei jedoch etwas schwierig werden, das Fleisch rasch auszulösen. Deshalb sollte man den Hummer statt dessen zunächst 10 Minuten separat kochen und dann vorsichtig Panzer und Scheren öffnen, damit das Fleisch nicht zu stark beschädigt wird. Fleisch auslösen und warmstellen, austretenden Saft aufheben.

Hummerkochwasser als Basis für die Fischbrühe ebenfalls aufheben. Zusammen mit den Abfällen vom Hummer und von den Fischen sowie einigen Gewürzen auf etwa 150–200 ml einkochen lassen.

Lachs in Butter ca. 1–2 Minuten fast gar dünsten, herausnehmen. Garnelen und Kammuscheln in derselben Pfanne 1–2 Minuten fast gar dünsten und herausnehmen. Ebenso mit den Fischfilets verfahren. Fisch und Meeresfrüchte warmstellen.

Martini, Fischbrühe und Hummersaft in die Pfanne geben. Kräftig kochen, bis die Flüssigkeit beginnt, sich zu reduzieren. Falls der Martinigeschmack zu stark dominiert, ihn mit etwas Weißwein neutralisieren. Sahne einrühren und bei geringer Hitze etwas eindicken lassen. Falls nötig, Sauce mit etwas Butter binden. Fischstücke und Meeresfrüchte hinzugeben und ganz leicht erwärmen, damit das Fleisch nicht zerfällt.

Fische und Meeresfrüchte gleichmäßig auf tiefe Teller verteilen, Sauce darübergeben und, garniert mit Zitronenspalten, sofort servieren.

wie elegante Bungalows mit Schallschutzfenstern neben gemütlichen, strohgedeckten Cottages. Ihre Fahrer, die Nomaden von heute, sind der Kern der Fahrzeughändler, die ein Geschäft mit Handschlag abschließen. Natürlich gibt es auch eine Menge Gerüchte über alle Arten von Tricks, die alte Stallknechte und Pferdetrainer kennen: Ingwerzäpfchen, die einem müden, alten Gaul neue Kraft verleihen, oder lahme Pferde, die von einem Mann geführt werden, der noch erbärmlicher hinkt. Schausteller präsentieren sich in gestreiften Anzügen, mit goldenen Lockenperücken auf dem Kopf und mit riesigen »22-Karätern« an den Fingern. Und Vorsicht – die Pubs haben bis weit nach Mitternacht geöffnet!

*Die Stadt Ballinasloe liegt an einem Fluß,
nach dessen Namen zu fragen ich vergaß. Sie wird
häufig von Heiligen und Viehhändlern besucht.
Schafe und Proselyten haben Hochkonjunktur,
Bibeln und Ochsen sind so »dick wie die Blätter
am Vallambrosa«. . . Schweine und Papisterei
sind verboten.*

Wild Sports of the West
William Hamilton Maxwell

oben. Pferde aller Rassen wechseln während des einwöchigen Viehmarktes in Ballinasloe rasch den Besitzer.

rechts. Zwei alte Fachleute, vertieft in eine Unterhaltung über die Geschäfte des Tages.

oben. Pferdehandel macht durstig. Während der Markttage sind die rund 30 Pubs in Ballinasloe mindestens 16 Stunden am Tag geöffnet.

links. Hier sagt man: »Wenn es regnet, dann regnet es eben« – und heute muß jeder selbst sehen, wo er bleibt.

In Irland braucht man für eine Geschichte nur zwei Männer mit Charakteren, die einander ergänzen – beispielsweise einen Gemeindepfarrer und seinen Küster.

The Cat and the Cornfield
BRYAN MACMAHON

The Sligo Champion
Amstrad
BRODRICKS
MULREANY'S
Moylough Belt goes back to its roots
Historic church re-dedicated
Fans take to the streets to hail Ireland's win
String, beetles, flies among items found

Wann immer ich weite Landschaften und Gewässer um mich habe, bin ich zu Hause

Mayo · Sligo
Donegal · Leitrim
Roscommon

oben. Biologisch angebaute Erdbeeren und Himbeeren aus dem von einer Mauer umgebenen Garten von Temple House in Ballymote in der Grafschaft Sligo.

gegenüberliegende Seite. Hargadon's in der Stadt Sligo ist bestimmt eines der schönsten Pubs in der ganzen Grafschaft. Im Gegensatz zu vielen anderen Pubs blieb ihm glücklicherweise eine »Verbesserung« erspart, so daß es seine gemütliche, typisch irische Atmosphäre bewahren konnte. Es ist zu Recht eine beliebte Oase für durstige Reisende.

Mayo

Da hier im Gegensatz zu den Grafschaften Cork und Kerry die südliche Wärme des Golfstroms fehlt und unablässig Nordwestwinde wehen, ist es wahrscheinlich der feuchteste Teil von Irland. Die Winter sind zwar mild, aber dafür sind die Sommer unbeständig. Doch als Ausgleich für den Regen gibt es hier weder intensiven Ackerbau noch Massentourismus. Der Nordwesten ist auch ein Gebiet großer Forellenseen und Lachsflüsse. In meinen Augen ist er der wildeste und zugleich reichste Teil des Landes, und bestimmt ist es auch die Region, zu der ich mich am meisten hingezogen fühle. Wie der Großteil von Irland, ist es ein Gebiet scharfer Gegensätze: von der rauhen Berglandschaft der Grafschaft Mayo mit ihren großen Seen bis zum Lake District und zur Grafschaft Sligo, der wesentlich sanfteren Landschaft von Yeats Country.

Hier befinden sich auch die Küstenlandschaften von Donegal mit ihrer tosenden Brandung und den endlos langen, menschenleeren Stränden, wo noch kein Wanderer seinen Fußabdruck hinterlassen hat. In der Grafschaft Leitrim, die man oft verächtlich als das »Aschenputtel« unter den 26 Grafschaften der Republik bezeichnet, entspringt der mächtige Shannon. Ihre nur drei Kilometer lange Küste schiebt sich wie ein winziger Keil zwischen die Grafschaften Sligo und Donegal. Für jemanden, der Landschaften liebt, sind die vielen wunderschönen Hecken im Grenzgebiet zwischen Leitrim, Sligo und Roscommon ein unvergeßlicher Anblick.

Ob Sie nun das komfortable, im Regency-Stil gehaltene Rosleague Manor in Connemara als Ausgangspunkt gewählt oder in einer einfacheren Unterkunft im Dorf Letterfrack übernachtet haben – Sie werden höchstwahrscheinlich von Leenane her in die Grafschaft Mayo kommen. Auf dem Weg dorthin fahren Sie an Kylemore Abbey, heute eine Klosterschule, und mehreren Seen vorbei, bevor Sie Killary Harbour erreichen. Irlands einziger Fjord ist die Heimat einer reichen Vielfalt von Meerestieren.

Wenn Sie dagegen vom majestätischen, von Türmchen gekrönten Ashford Castle in Cong her anreisen, können Sie am Nordufer des Lough Corrib entlangfahren. Sie passieren dabei Maam Bay, wo Sie den schönsten Blick auf den riesigen See haben. Vor der Fahrt sollte man unbedingt tanken, denn in dieser entlegenen Gegend gibt es nur wenige Tankstellen, die zudem weit auseinander liegen.

Zwei Routen stehen für die Fahrt nach Westport zur Auswahl. Die eine führt durch das Erriff-Tal, das zwischen den Sheaffry Hills und den Partry Mountains liegt; die andere verläuft nördlich von Killary zum Doolough Pass.

Auf seinem gemächlichen Weg durch das Erriff-Tal schlängelt sich der Fluß, ein hervorragendes Gewässer für Lachsfang, das heute in staatlichem Besitz ist, über 18 Kilometer durch die Hügel, sammelt dabei das Regenwasser und ergießt sich über die Ashleagh Falls in den Killary Harbour. Die Landschaft besitzt eine ungeheure, erregende Schönheit mit ihren olivgrünen, beigen und samtbraunen Bergen: Der Ben Grom ragt wie der Koloß von Rhodos auf. Diese Berge haben nie etwas anderes als Mühsal kennengelernt, doch heute bieten sie mit den Schafen, die dort weiden, einen wunderschönen Anblick.

Auf der anderen Strecke, die an den Wasserfällen vorüberführt und der nördlichen Küstenstraße, am Bundorragha entlang, zum Finn Lough und Doolough folgt, kommt man in ein Gebiet, das als Delphi Fishery bezeichnet wird und für seine Lachsforellen und Lachse berühmt ist. Das 1988 wunderschön restaurierte Delphi Lodge wird von Jane und Peter Mantle als Pension der gehobenen Kategorie geführt. Das 1830 auf dem Jagdgut der Marquess of Sligo errichtete Gebäude ist heute ein beliebtes Ziel von Jagdgesellschaften und Wanderern. Einheimische Fische und Meeresfrüchte, eine Spezialität des Hauses, werden in einem herrlichen, mit Eichenholz getäfelten Speisesaal serviert. Das Haus besitzt auch eine umfangreiche Bibliothek mit Literatur über Fischfang. An einem stürmischen Tag mit Regen und Wind ist das Panorama in Doolough noch grandioser: Zu der fast 20 Meter hohen Gischt, die auf den Wellenkämmen reitet, kommen die silbernen Fäden des Regenwas-

Ashleagh Falls am Erriff bei Hochwasser Mitte des Sommers. Im schäumenden weißen Wasser unterhalb der Fälle warten Dutzende von Lachsen, um über den »Fischpaß« weiter flußaufwärts zu steigen. Der Erriff gilt als einer der bedeutendsten Lachsflüsse von Irland. Wer nicht angeln will, findet in den umliegenden Bergen traumhaft schöne Plätze und Wanderwege. Man sollte sich jedoch nur mit guter Ausrüstung in dieses wilde, abgelegene Gebiet wagen – egal, ob man zu Fuß oder mit dem Auto unterwegs ist.

sers hinzu, das die Felsen der Mweelrea Mountains hinunterstürzt.

Die beiden nach Norden führenden Reiserouten kommen an dem Pilgerberg Croagh Patrick vorbei, der in einen Dunstschleier gehüllt ist. Seine steilen, mit Geröll bedeckten Hänge werden Jahr für Jahr von Tausenden von Gläubigen erklommen, die auf diese Weise Buße für ihre Sünden tun wollen. Der Legende nach ist dies auch der Ort, von dem aus der heilige Patrick die Schlangen aus Irland vertrieb. Die beiden Routen treffen in der eleganten, blühenden Stadt Westport zusammen, deren Bauten großenteils aus dem 18. Jahrhundert stammen. In der Stadt und ihrer Umgebung gibt es zahlreiche gute Übernachtungsmöglichkeiten, die sich auch als Ausgangspunkte für Ausflüge in den landschaftlich reizvollen Nordwesten der Grafschaft Mayo anbieten.

Beispielsweise kann man zu dem rund 15 Kilometer nördlich liegenden Newport House fahren, einem geschichtlich bedeutsamen Gebäude im georgianischen Stil, das den Newport River

und den Kai überblickt. Es ist ein Mittelpunkt vor allem für Angler, die im Fluß und im Lough Beltra Lachse und Lachsforellen fangen können. Außerdem ist das Hotel berühmt für seine hervorragende Küche, die frische Produkte aus dem eigenen Fischfang, Garten und Bauernhof verwendet. Die Besitzer von Newport House, Kieran und Thelma Thompson, überwachen persönlich den Hotelbetrieb. Ihre Mühe und die Anstrengungen des Personals, das hier schon lange Jahre Dienst tut, zahlen sich besonders gegen Ende der Saison aus, wenn sich der Efeu an den Hauswänden dunkelrot färbt und den reizvollen Anblick des Gebäudes noch steigert. Stolz sein kann Newport House auch auf Owen Mullins, der sich schon seit Jahren geduldig um das Haus, das Personal und das Wohl der Gäste kümmert. Der Räucherlachs, den er nach einem eigenen Rezept herstellt, ist der beste, den ich je gegessen habe.

Einige Kilometer weiter landeinwärts kann man die Gastlichkeit von Enniscoe House genießen. Es steht im Schatten des Nephin, des höchsten Berges der Grafschaft Mayo, und verfügt über einen eigenen Anlegesteg am Ufer des Lough Conn. Wie viele andere irische Landhäuser kam auch Enniscoe, das unter dem Schutz der Irish Georgian Society steht, durch Erbschaft in den Besitz der gegenwärtigen Eigentümerin Susan Kellett. Im

gegenüberliegende Seite. Prächtiger »Zuckerbäckerstuck« schmückt wie Spitze das strahlend helle Treppenhaus im Newport House in der Grafschaft Mayo. Das georgianische Newport House, vielleicht das großartigste Landhaushotel Irlands, wird von vielen Sportanglern besucht.

rechts. Hier werden gerade die schönen Stuckarbeiten im Enniscoe House in der Grafschaft Mayo restauriert. Die Verwendung einer speziellen Farbe aus natürlichen Grundstoffen erlaubt es, daß der Gips atmen kann, und bewahrt ihn besser als herkömmliche Farben, die auf chemischen Stoffen beruhen.

Im Enniscoe House werden die Gäste jeden Tag daran erinnert, daß der Lough Conn früher ein Paradies für Hechte war. Dieses fast 35 Pfund schwere Prachtexemplar kann man in der Eingangshalle bewundern. Darüber befinden sich ein ausgestopfter Fasan und Angelruten für den Forellenfang. Sportfischer, die heute hierherkommen, um Lachse und Forellen zu fangen, können den hauseigenen Bootsanlegesteg benutzen.

Inneren des Hauses fällt besonders die große Treppe auf, die sich zu einem ellipsenförmigen Oberlicht hinaufwindet. Bei meinem letzten Besuch war gerade ein deutscher Maler damit beschäftigt, die Stuckverzierung dieses Dachfensters zu restaurieren – überraschenderweise mit einer Farbe aus natürlichen Grundstoffen, die den Gips »atmen« läßt und ihn so wesentlich länger als herkömmliche Farben schützt. Enniscoe hat sich auf Angelausflüge spezialisiert und vor kurzem einen neuen Manager eingestellt, der sich speziell um die Angler kümmert.

Während meines Besuches traf ich auch Patrick Percival, dessen Geschäft in Westport, Rare Foods, die Landhotels in der Umgebung mit irischem Käse, Wild, Wachteln und Räucheraal versorgt und stets auf der Suche nach besonderen Spezialitäten ist. Durch ihn lernte ich den Ring-Käse kennen, einen vollreifen, cheddarähnlichen Hartkäse. Die Probe, die er mir anbot, brachte mich dazu, ein zweites Stück zu versuchen; heute ist der Ring mein Lieblingskäse.

Fährt man weiter nördlich, so stößt man hinter Castlebar auf einen Wasserlauf, der Lough Conn und Lough Cullin bei Pontoon verbindet. Diese große Wasserfläche spielte eine wichtige Rolle in der Geschichte des irischen Angelsports; bis heute ist sie zusammen mit dem Fluß Moy so etwas wie ein Fischfangphänomen. Lough Conn war früher berühmt für seine Riesenhechte, zu denen auch die von John Garvin gefangenen gehören. 1920 zog Garvin ein über 24 Kilogramm schweres Prachtexemplar an Land und stellte damit einen irischen Rekord auf. Heute gibt es hier Bachforellen, die nicht allzu groß werden; doch als See für Naßfliegen hat er wahrscheinlich keine Konkurrenz. Seit der Regulierung des Moy, dem Hauptzufluß in diesem Teil der Gewässer, kann man hier auch Lachse fangen. Der Moy selbst ist heute vermutlich der an Atlanti-

Constance Aldridge führt eines der beliebtesten irischen Landhaushotels, Mount Falcon Castle in der Grafschaft Mayo, und bietet ihren Gästen erstklassige einheimische Produkte. Hier wartet ein über 15 Pfund schwerer Königslachs darauf, gewässert und gesäubert zu werden, bevor er seine Reise in die Küche antritt und das köstliche Hauptgericht des Abendessens wird. Constance und ihr inzwischen verstorbener Mann haben das Haus vor über 50 Jahren gekauft und es die ganze Zeit als Hotel geführt.

schen Lachsen reichste Fluß in Europa und für den Fremdenverkehr Millionen wert. Er war zwar noch nie ein schöner Fluß, doch seitdem er in den 60er Jahren reguliert worden ist, bietet er einen ausgesprochen häßlichen Anblick; große Steindämme, die an einen Kanal erinnern, verunstalten die Landschaft.

Spricht man vom Moy, so fallen einem sofort die legendäre Constance Aldridge und ihr Mount Falcon Castle ein. Connie, wie sie von ihren Freunden genannt wird, ist schon über 80 Jahre alt, aber sie führt immer noch mit großem Enthusiasmus und voller Tatkraft das sicherlich beliebteste Landhaushotel von Irland. Sie kam zusammen mit ihrem Ehemann, dem mittlerweile verstorbenen Major Aldridge, in den 30er Jahren nach Irland und erwarb Mount Falcon, in erster Linie als Pension für Sportangler. Heute gehört zu dem Haus ein rund 13 Kilometer langer Uferstreifen am Moy, wo die Gäste angeln können. Major Aldridge war selbst ein begeisterter Angler. Wenn man die Erinnerungsstücke im Mount Falcon betrachtet, kann man auch die Prachtexemplare von Lachsen bewundern, die er und seine Gäste gefangen haben. Connie erinnert sich noch gut daran, wie traurig ihr Mann über die Regulierung »ihres« Flusses war. Trotz ihres hohen Alters strahlt sie eine Lebensfreude aus, die man im ganzen Haus spürt. Die Gäste dort kommen in den besonderen Genuß ihrer außerordentlichen Liebe zu frischen Produkten und guter Küche. Connie Aldridge ist eine Hundenärrin. Die beiden Spaniels Dudley und Gail, »ihr Page und ihre Hofdame«, begleiten sie auf Schritt und Tritt. Sie besucht auch gern das Art-déco-Bad mit heißem Meerwasser in Enniscorne in der Grafschaft Sligo. Obwohl sie behauptet, das warme Wasser mache sie müde, muß es an der Wirkung des Seetangs liegen, daß sie immer noch so jung aussieht. Connie herrscht in ihrem Schloß wie eine Königin. Als huldvolle Gastgeberin versammelt sie zahlreiche ergebene Gäste um ihre Tafel. Sicher-

Gebratene Waldschnepfen

In der Grafschaft Mayo gehen zumeist Besucher vom Festland auf die Waldschnepfenjagd, weil die Winter an der Westküste von Irland milder als auf dem Kontinent sind.

Die Schnepfen müssen sorgfältig gerupft werden, weil man den gesamten Vogel, d. h. mit dem Kopf und nicht ausgenommen, brät. Sie schmecken am besten, wenn man sie vorher 4–5 Tage abhängen läßt. Waldschnepfen müssen langsam gebraten werden, damit das Fleisch saftig und zartrosa bleibt. Schnepfen gut würzen und jeden Vogel mit einer großen Speckscheibe umwickeln. Diese mit dem langen Schnabel feststecken. Jeden Vogel auf eine leicht mit Butter bestrichene Brotscheibe legen, die den Bratensaft aufsaugt.

Backrohr auf 200 Grad (Gas Stufe 6) vorheizen.

Schnepfen 20–25 Minuten braten und dann zusammen mit einer Sauce aus dem Bratensaft, abgeschmeckt mit einem Schuß Zitronensaft und Rotwein, servieren.

Nun, da der Frühling gekommen ist,
werden die Tage länger. Nach dem Fest der heiligen Brigida
werde ich mich auf den Weg machen. Denn ich habe das Gefühl,
daß ich nicht eine Sekunde rasten darf,
bevor ich meinen Fuß in die Grafschaft Mayo gesetzt habe.

Cill Aodain

ANTOINE RAIFTEIRI O'REACHATABHRA

Wildhasensuppe

Die Jagdsaison für Wildhasen dauert in Irland von August bis März. Die in der Küche von Mount Falcon verwendeten Tiere werden in der Umgebung geschossen. Die Suppe, die besonders von den französischen Gästen geschätzt wird, wärmt im Winter wundervoll von innen heraus. Die Orangenmarmelade verleiht ihr einen besonderen Geschmack.

10 Portionen

1 Hase, ausgenommen und enthäutet
Mehl
Salz und frisch gemahlener Pfeffer
100 g Butter oder 100 ml Pflanzenöl
2 Zwiebeln, geschält und in Ringe geschnitten
2 Möhren, geputzt und in Scheiben geschnitten
1/2 Rübe, geputzt und in Scheiben geschnitten
2 Selleriestangen, in Ringe geschnitten
3,5 l gute Hühnerbrühe
1 Bouquet garni
12 schwarze Pfefferkörner
4 Knoblauchzehen, geschält
300 ml Rotwein
1 EL Orangenmarmelade
Zitronensaft (auf Wunsch)
Croûtons zum Servieren

Hasenfleisch in große Stücke schneiden und diese im mit Salz und Pfeffer gewürzten Mehl wenden. Butter in einem großen Topf zerlassen und Fleisch und Gemüse darin zartbraun werden lassen. Brühe, Kräuter, Pfefferkörner und Knoblauch hinzugeben und das Ganze 3–5 Stunden köcheln.

Durch ein Sieb gießen. Fleisch von den Knochen lösen und zusammen mit den Gemüsen pürieren. Püree zusammen mit der Flüssigkeit, dem Rotwein und der Marmelade in einen großen Topf geben und erneut erwärmen.

Falls nötig, mit mehr Wein, einem Schuß Zitronensaft, Salz und Pfeffer abschmecken.

Mit Croûtons bestreut heiß servieren.

Holunderblütensorbet

»Im Juni duften die Hecken in der Grafschaft Mayo nach dem blühenden Holunder. Später stellt man aus den kleinen schwarzen Beeren Wein und Sirup her. Blütendolden gut ausschütteln, aber nicht waschen. Da es schwierig ist, die für das Rezept benötigte Menge Holunderblüten genau zu bestimmen, habe ich diese ungefähren Mengenangaben gewählt.«
Constance Aldridge

6–8 Portionen

1 Kiste voll Holunderblütendolden
1/2 l Wasser
225 g Zucker je 600 ml Flüssigkeit
2 Zitronen je 600 ml Flüssigkeit
2 Eiweiß je 600 ml Flüssigkeit

Blüten soweit möglich von den Stengeln zupfen. Zwei große Handvoll davon (beide Hände benutzen) zusammen mit dem Wasser in einen großen Topf geben, zum Kochen bringen und 15 Minuten köcheln. Durch ein Sieb gießen und abkühlen lassen. Menge der erhaltenen Flüssigkeit abmessen.

Benötigte Menge Zucker hinzugeben und langsam erhitzen, bis sich der Zucker aufgelöst hat. 20 Minuten kräftig kochen, danach abkühlen lassen.

In einem passenden Behälter in der Gefriertruhe 1 Stunde fest werden lassen.

Benötigte Menge frisch gepreßten Zitronensaft einrühren. Benötigte Menge Eiweiß zu steifem Schnee schlagen und unterheben.

20 Minuten gefrieren lassen, danach erneut umrühren, damit der gesamte Eischnee gut eingebunden ist.

Gefrieren lassen, bis die Masse fest ist.

lich wird sich vielen von ihnen ein Bild einprägen: wie sie am Kopfende des Tisches sitzt und aus einer silbernen Schüssel Suppe schöpft, oder einen Braten auf dem alten Anrichtetisch tranchiert.

Mount Falcon ist ein traditionelles irisches Landhaushotel mit zwangloser Atmosphäre, aber gutem Service, geschmückt mit bunten, stets frischen Blumengestecken. Außer angeln kann man hier auch Waldschnepfen schießen; entsprechende Jagdgesellschaften werden von Salmon und Woodcock aus dem benachbarten Foxford veranstaltet. Beides läßt zur Genüge auf die Qualität des Essens schließen. Im Sommer gibt es häufig Gravlax und Holunderblütensorbet, im Winter Hasensuppe und gebratene Waldschnepfen. Das ganze Jahr über werden dazu gartenfrische Gemüse serviert.

Von diesen drei Hotels aus kann man in aller Ruhe Ausflüge in den entlegenen, wilden Nordwesten Irlands unternehmen. Beginnen Sie am besten mit den Bergen an der Clew Bay im Süden, fahren Sie dann hinunter zu den Mooren nördlich der Nephtin Mountains und weiter zur Halbinsel Mullet, einem Paradies für Zugvögel aller Art. Hier befindet sich die bemerkenswerte Bucht von Portacloy, auf den ersten Blick ein friedlicher, von der Brandung ausgespülter Strand, der ideal für ein Picknick ist, oder wo man einfach in völliger Abgeschiedenheit baden kann. Doch manche finden hier andere Schätze: Ein Meeresbiologe zeigte mir voll Stolz den Platz, an dem er 15 Arten von Seetang und über 20 verschiedene Fischarten entdeckt hatte.

Diese prächtige Auswahl von frisch gefangenen Fischen würde man wohl eher auf einem Markt im Mittelmeerraum als auf den Britischen Inseln erwarten. Doch tatsächlich wurden all diese Fische in der Killala Bay im Norden der Grafschaft Mayo geangelt. Zu sehen sind u. a. Katzenhai, Hechtdorsch, Pollack, junger Kabeljau, Grauer und Roter Knurrhahn, Streifenklippfisch, Köhler, Hechtdorsch, Rochen, Schwarze Seezunge.

Jeder Felsen, den die Ebbe freigibt, scheint bei Portocloy in der Grafschaft Mayo mit einer Schicht Teermakadam bedeckt zu sein. Bei näherem Hinsehen erkennt man jedoch, daß es sich dabei um Tausende von Muscheln handelt, die nur darauf warten, eingesammelt zu werden.

Sligo

unten. Ein Eimer voll großer saftiger Herzmuscheln, gesammelt an der Küste von Strand Hill in der Grafschaft Sligo. Herz- und Miesmuscheln findet man in dieser Gegend überall an der Küste in großer Zahl – ein Essen, das ganz und gar kostenlos ist. Der Name »Sligo« leitet sich übrigens vom gälischen Wort für Muschel ab.

gegenüberliegende Seite. Eine Ecke in der inneren Eingangshalle von Temple House nach der Waldschnepfenjagd. Ab und zu werden auch ein Hase und andere Wildvögel geschossen. In der anderen Ecke der Halle, die man auf dem Bild nicht sehen kann, schlafen die dampfenden Jagdhunde, schnarchend und keuchend wie alte Männer, während sich ihre Beine noch immer bewegen.

folgende Doppelseite. Eine Sammlung von alten Jagdutensilien im Temple House, darunter sog. Jagdbücher aus viktorianischer Zeit, in die jeden Tag eingetragen wurde, was man geschossen hatte, und eine Meerschaumpfeife in Form einer Waldschnepfe. Über ein Jahrhundert lang hat die Familie Percival 120 Hektar Moor- und Waldgebiet erhalten, in dem die Waldschnepfen auf ihrem Weg nach Sibirien unter idealen Bedingungen überwintern können.

Bei Knockacreagh erreicht man die Grafschaft Sligo – Yeats Country. Oft mache ich bei Strand Hill eine erste Rast, um bei Ebbe einen oder zwei Eimer Herz- und Miesmuscheln aus dem seichten Wasser zu holen. Sligo bedeutet übrigens »Muschel«, und früher gab es hier auch riesige Austernbänke. Innerhalb weniger Minuten hat man hier die Muscheln eingesammelt, die von den meisten Landgasthöfen oder -hotels gern für ihre Gäste zubereitet werden.

In diesem Teil des Landes gibt es ebenfalls gute Übernachtungsmöglichkeiten und ein bis zwei ausgezeichnete Restaurants. Am interessantesten ist wohl Temple House in Ballymote, ein georgianisches Herrenhaus, das von einem 400 Hektar großen Besitz mit Acker- und Waldland umgeben ist. Die Familie Percival ist hier seit 1665 ansässig. Das bestehende Haus besitzt seinen eigenen ummauerten Garten, der für die Familie und die Gäste biologisch angebautes Gemüse liefert. Sandy Percival kümmert sich um die Landwirtschaft, während seine Frau Deborah das Haus versorgt.

GAME BOOK.
THE
SPORTSMAN'S GAME
OR
DAILY REGISTER OF GAME
MANUFACTURERS
LONDON.
Head Game Keeper
Died Oct. 1869
Names and Number of
Date
190
Dec
Hubertus

links Im herrlichen, 8000 Quadratmeter großen Küchengarten von Temple House zieht Francis Bell liebevoll Knoblauch von erstaunlicher Größe und hervorragender Qualität. Produkte aus biologischem Anbau spielen hier in der Küche eine wichtige Rolle.

unten. Das Treppenhaus von Temple House, in dem Familienporträts hängen, wird sanft von einem Oberlicht erhellt. Das im georgianischen Stil errichtete Haus wurde in viktorianischer Zeit erweitert und verfügt über mehr Zimmer als alle anderen Privathotels in Irland.

Wasser aus den umliegenden Kalksteingebieten stammt. Deshalb gedeihen hier große, überdurchschnittlich schwere Steinforellen mit wohlschmeckendem rosafarbenem Fleisch. John Henderson, der überragende Angler um die Jahrhundertwende, führte hier das Angeln mit Trockenfliegen an den irischen Seen ein. Heute ist der Lough Arrow einer der berühmten Eintagsfliegenseen, zu dessen besonderen Attraktionen das Angeln mit Trockenfliegen gehört.

Hoch über dem See, den Bricklieve Mountains und dem größten Teil von Yeats Country erhebt sich ein modernes Hotel, das nach Westen liegt – das von Christy und Myra Tighe geführte Cromleach Lodge. Fast wie ein Observatorium bietet es einen erregenden Ausblick über die sanften Hügel und Täler der Grafschaft Sligo. Die ausgezeichnete Küche zieht immer mehr Gäste an. Das Haus ist auch bei anspruchsvollen Einhei-

nächste Doppelseite. Flechten wie auf diesem Bild wachsen nur, wenn die Luft ganz rein ist. Hier beim Temple House hängen sie im Winter von den Bäumen herab, wie in einem phantastischen Urwald. Einige sind sehr selten und kommen nirgendwo anders südlich des Polarkreises vor.

Die Möbel in dem heute nur noch selten benutzten Salon von Temple House sind abgedeckt. Die heute zerschlissenen, früher prächtigen Vorhänge gehören zur Originaleinrichtung.

mischen beliebt. Wer im Lough Arrow angeln möchte, findet hier eine Unterkunft und kann in der Nähe auch ein Boot mieten. Doch allein schon wegen der Aussicht ist eine Mahlzeit in diesem Hotel ein unvergeßliches Erlebnis – gleichgültig, ob man die aufgehende Sonne durch den Morgennebel dringen oder den Mond still über den See wandern sieht.

Näher an der Stadt Sligo liegt in nördlicher Richtung Coopershill, ein weiteres elegantes Landhaus. Es wurde Mitte des 18. Jahrhunderts von Francis Bindon im palladianischen Stil errichtet; als Baumaterial diente einheimischer Sandstein, der auf dem Platz, wo sich heute der Rasen vor dem Haus befindet, in Blöcke geschnitten wurde. Das anmutige, freundliche Haus, das von 200 Hektar Ackerland und Wald umgeben ist, gehörte von Anfang an der Familie O'Hara. Es bietet einen herzlichen Empfang und eine sehr gute Küche. Die Räume sind zum Bersten gefüllt mit faszinierenden alten Fotografien, Gemälden und anderen Erinnerungsstücken.

Coopershill ist ein recht komfortables Haus: Die meisten Gästezimmer verfügen über Himmelbetten; im Salon brennt im offenen Kamin ein Holzfeuer. Das Kerzenlicht trägt noch zusätzlich zu dem authentischen Rahmen des klassischen Landhausessens bei, das unter den wachsamen Augen von Brian und Lindy O'Hara in einem kleinen, aber eleganten Speiseraum serviert wird. Dort kann man auch eine wunderschöne Sammlung von Zinn- und Silbergeschirr und Glaskaraffen bewundern. Viele der Fenster enthalten noch die originalen georgianischen Glasscheiben. Blickfang in der äußeren Eingangshalle sind die Lünette und der Architrav, die sich – original erhalten – über der Innentür befinden. Die Holztreppe führt zu einem Raum hinauf, der von einem halben Dutzend Fenster erhellt wird. An den Wänden mehrere stolze Hirschköpfe, die noch an den ehemaligen Rotwildpark erinnern. Am einen Ende der Galerie liegt ein Badezimmer aus viktorianischer Zeit; die Stehdusche darin funktioniert noch. Der bizarre Kopf der Brause bringt einen überraschend kräftigen Wasserstrahl hervor, der schon so manchen müden Reisenden wieder munter gemacht hat.

Coopershill, eines der kleinsten Landhaushotels in Irland, versteckt sich in einem ausgedehnten Waldgebiet, wo winzige Waldblumen und Kletterpflanzen am Fuße der von Flechten überwucherten Buchen und Kastanienbäume wachsen. Der Arrow fließt durch das 200 Hektar große Anwesen. Eine einzi-

folgende Doppelseite. Von Cromleach Lodge aus hat man einen weiten Ausblick auf den Lough Arrow, wahrscheinlich der beste See für Eintagsfliegen in Europa, mit den Bricklieve Mountains und den Megalithgräbern von Carrowkeel im Hintergrund.

Herzmuschelspießchen mit Kräuter-Mandel-Butter

»Michael McGowan ist eines der älteren Kinder der McGowans, der einzigen noch auf Coney Island lebenden Familie. Wenn er nicht Heu machen muß, sammelt er am Strand Muscheln. Sein Vater bringt die Kinder jeden Morgen mit dem Ruderboot nach Rosses Point, von wo aus sie mit dem Schulbus nach Sligo fahren. Wenn Michael am Restaurant vorbeikommt, legt er den Sack mit Muscheln vor die Hintertür. Sie werden innerhalb von 12 Stunden zubereitet und verzehrt.«

Paula Gilvarry und Sarah Spears

4 Portionen als Vorspeise

12 oder mehr Herzmuscheln pro Person
1 Prise Hafermehl
1 Bund große Frühlingszwiebeln, in 1 cm große Stücke geschnitten

Panade
100 g weiche Butter
1 TL gehackte Mandeln
1 Knoblauchzehe, gehackt
1 TL fein gehackte Petersilie
frisch gemahlener Pfeffer
50 g Semmelbrösel

Muscheln, die sich nicht sofort schließen, wenn man mit dem Messerrücken kurz dagegenklopft, aussondern. Die übrigen zusammen mit einer Prise Hafermehl über Nacht einweichen.

Am folgenden Tag Muscheln abtropfen lassen und in 600 ml frischem Wasser kochen, bis sie sich öffnen. Noch geschlossene Muscheln wegwerfen, die übrigen aus den Schalen lösen.

Aus den angegebenen Zutaten für die Panade eine breiige Masse herstellen und gut würzen. Muscheln abwechselnd mit den Frühlingszwiebeln auf ca. 15 cm lange dünne Spießchen stecken, in der Semmelbröselpanade wenden und unter dem heißen Grill einige Minuten garen.

Man kann die Muscheln auch ohne Spießchen zusammen mit der erhitzten Butter in einer Auflaufform servieren. Die Brösel in diesem Fall nicht vor dem Grillen hinzufügen.

Salat- und Liebstöckelsuppe und Herzmuscheln

Liebstöckel wächst an vielen Stellen wild, aber man kann es auch aus dem Samen selbst ziehen oder die Pflanzen in einer guten Gärtnerei kaufen und dann im eigenen Garten ziehen. Liebstöckel hat einen kräftigen Selleriegeschmack. Man kann es nicht nur für Suppen und Saucen verwenden, sondern die großen mittelgrünen Blätter geben auch eine wunderbare Garnierung ab.

6–8 Portionen

450 g frische Herzmuscheln in Schalen
1 Prise Hafermehl
1 l Brühe
25 g Butter
das Weiße einer Lauchstange, geputzt und gehackt
200 g Kopfsalatblätter, zerzupft
14–16 mittelgroße Liebstöckelblätter
150 ml Sahne
Salz und frisch gemahlener Pfeffer

Muscheln, die sich nicht sofort schließen, wenn man mit dem Messerrücken scharf dagegenklopft, aussondern. Die übrigen Muscheln über Nacht zusammen mit etwas Hafermehl einweichen.

Am folgenden Tag Muscheln abtropfen lassen und in frischem Wasser einige Minuten kochen, bis sie sich öffnen. Muscheln aus den Schalen lösen. Austretende Flüssigkeit auffangen und durch ein Leinentuch pressen, damit keine Sandkörner mit hineinkommen. Mit guter Fisch- oder Hühnerbrühe auf 1 l auffüllen.

Butter zerlassen und Lauch darin 4–5 Minuten dünsten. Salatblätter und die Hälfte der Liebstöckelblätter zerzupft hinzugeben, Lauch zusammen mit der Brühe einrühren. Aufkochen lassen und dann 5 Minuten köcheln. Pürieren, in den Topf zurückgeben und Sahne hinzufügen.

Muscheln hinzugeben und langsam erwärmen. Suppe abschmecken und in einer flachen Terrine servieren, garniert mit den übrigen Liebstöckelblättern.

Entenconfit

»Wir verwenden Aylesbury-Enten, die Ken Moffat für uns auf dem Hof seiner Familie in Blacklion in der Grafschaft Cavan züchtet. Wir lösen von den Enten die Schenkel ab und braten die Brüste mit verschiedenen Saucen.« Paula Gilvarry und Sarah Spears

6 Portionen

12 Entenschenkel
600 ml Enten- oder Schweinefett
1 Zwiebel, geschält und gehackt
2 Möhren, geputzt und gehackt
4 Knoblauchzehen, geschält
1 Lorbeerblatt
12 schwarze Pfefferkörner

Backrohr auf 150 Grad (Gas Stufe 2) vorheizen.

Fett in einer tiefen Fettpfanne zerlassen, dann Gemüse, Lorbeerblatt und Pfefferkörner hinzugeben. Entenschenkel in einer Schicht oder übereinander hineinlegen. Mit Alufolie oder einem Deckel abdecken und 2 Stunden langsam im Rohr garen. Von Zeit zu Zeit sicherstellen, daß das Fett keine Blasen wirft. Über Nacht abkühlen lassen, dann 2 Tage in den Kühlschrank stellen. (Das Entenfleisch hält sich im Fett 10 Tage.)

Vor dem Servieren Entenschenkel aus dem Fett nehmen. Mit der Hautseite nach unten in eine Fettpfanne legen und im 180 Grad (Gas Stufe 4) heißen Rohr 15–20 Minuten braten, bis die Haut knusprig ist. Heiß zusammen mit süß-sauer zubereitetem Blaukraut servieren.

Ein breiter silberner Lichtstrahl fällt auf den Lough Gill in der Grafschaft Sligo und läßt die Landschaft von Knocknarea und das Grab der Königin Maeve räumlich hervortreten.

ge Brücke führt über den Fluß – gleichzeitig die einzige Zufahrt, über die man das Haus auf einer kurvenreichen Allee erreichen kann. Angeblich verhindern heute mehrere Schichten von Schaffellen, die sich aufgebläht haben und die das Sumpfwasser konserviert hat, daß die alte Steinbrücke weiter absinkt. Die kreischenden Laute, die man aus dem Unterholz hören kann, sind nicht unheimlicher als die Rufe der Pfauen, die ebenfalls zur reizvollen Atmosphäre von Coopershill beitragen. Im Haus selbst trifft man auf weiteres Federvieh: Für unkundige Ohren klingt das Geschrei des afrikanischen Papageis manchmal so, als würde in der Küche gerade jemand umgebracht!

Ein anderes großes Hotel in dieser Gegend ist Markree Castle. Es steht in einem 400 Hektar großen Anwesen und ist seit mehr als 300 Jahren im Besitz der Familie Cooper. Das

ursprüngliche Gebäude wurde jedoch im Laufe der Jahre wiederholt umgebaut; seine beeindruckende Fassade wurde 1802 von Francis Johnston gestaltet. Am meisten fallen heute die italienischen Stuckarbeiten auf, die aus dem 19. Jahrhundert stammen. Der jetzige Besitzer, Charles Cooper, hat in verschiedenen Ländern Erfahrungen im Hotelfach gesammelt und führte zunächst das Restaurant in Knockmuldowney in der Grafschaft Sligo, das er zusammen mit seiner Frau 1982 renovierte und später zu einem kleinen Hotel ausbaute. Das hohe Niveau des sehr persönlichen Service, das er in Knockmuldowney erreichte, findet man auch in Markree. Ob Sie nun zum Angeln hierherkommen oder als Tourist die landschaftlichen Reize dieser Region kennenlernen wollen – Markree ist in jedem Fall der ideale Aufenthaltsort.

Der Lough Gill, in dem die Insel liegt, die Yeats zu seinem Gedicht »*The Lake Isle of Innisfree*« inspirierte, ist von jedem der oben beschriebenen Hotels aus leicht zu erreichen.

Trotz der landschaftlichen Schönheit ihrer Umgebung sollte man die Stadt Sligo nicht links liegen lassen und sich die Zeit nehmen, in Hargadon's Pub in der O'Connell Street einzukehren, um dort ein oder zwei Gläser Bier zu trinken.

Als nächstes empfehle ich einen Besuch im Reveries Restaurant in Rosses Point an der Sligo Bay. Mit seiner Wintergartenatmosphäre bildet es einen erfrischend modernen Kontrast zu den eher traditionellen Speiseräumen der meisten Landhaushotels. Damien Brennan und Paula Gilvarry bieten eine sehr einfallsreiche, zeitgemäße Speisekarte an, auf der Wildbret und Tauben ebenso zu finden sind wie einfachere Gerichte. Ich war angenehm überrascht, daß es auch Herzmuscheln gab, als ich dort aß. Zum Nachtisch kann der Gast unter zahlreichen irischen Käsesorten wählen.

Wer in der Grafschaft Sligo mit dem Auto unterwegs ist, kann den wuchtigen majestätischen Benbulben nicht übersehen. Der Riese, neben dem sich mehrere schroffe Hügel wie prähistorische Ungeheuer unter einem stürmischen Wolkenhimmel rekeln, der ständig seine Formen ändert, starrt mit aufgerissenem Maul auf das Meer. Was für ein Kontrast zu den weiblich abgerundeten Formen, die man in Knocknarea auf der anderen Seite der Bucht vor sich hat! Dabei klingt der Name doch alles andere als freundlich: Im Gälischen bedeutet Knocknarea soviel wie »Hügel der Hinrichtungen«. Ein großer Steinhaufen auf dem Gipfel gilt als Grabstätte der sagenhaften blutrünstigen Königin Maeve. Wenn Sie dort hinaufsteigen, finden Sie schroffe Geröllhalden und steile Abhänge, die zu einem der größten Megalithfriedhöfe Europas führen.

Die Küstenstraße führt von Sligo über Bundoran direkt nach Donegal, aber bei Grange sollte man einen kleinen Umweg machen, um die wunderschöne Küstenlandschaft und die malerischen Buchten von Mullaghmore kennenzulernen. Ich erinnere mich noch gut daran, wie ich an einem heißen, sonnigen Apriltag nach Donegal kam. Damals wehte ein sehr warmer Südwind, und der Wetterbericht hatte auch für die nächsten Tage Hitze vorausgesagt – völlig ungewöhnlich für Donegal und vor allem für diese Jahreszeit. Kurz vor der Stadt Donegal befindet sich St Ernan's House Hotel, ein ausgezeichneter Ausgangspunkt für Ausflüge in die umliegende Region. Die Sonne schickte sich gerade an, hinter dem Horizont zu verschwinden, als ich den Damm erreichte, der zu St Ernan's hinüberführt. Das Hotel liegt idyllisch auf seiner eigenen Gezeiteninsel, inmitten von vielen anderen Inselchen in angenehm ruhiger Umgebung. Ich kam mir damals vor wie auf Mykonos.

St Ernan's ist nach einem frühchristlichen Mönch benannt, der als »Mann aus Eisen« bekannt war. Das schöne georgianische Haus wurde von einem gewissen J. Hamilton erbaut, einem wohlhabenden jungen Grundbesitzer, der mit dem Herzog von Wellington verwandt und ein Mündel der Familie Pakenham aus Strokestown in der Grafschaft Roscommon war. Brian und Carmel O'Down, die über keine Ausbildung im

Hotelfach verfügen, führen das kleine Landhaushotel seit 1987; Carmel war früher Lehrerin, Brian arbeitete in einer Bank. Das Haus besitzt »zwölf plus ein« großzügige, elegant ausgestattete Gästezimmer. Brian legt gerade einen großen, von einer Mauer umgebenen Garten und einige Fußwege an, die durch ein über 3 Hektar großes Waldstück führen; im Spätfrühling sind dort viele Stellen mit üppig wachsendem Bärlauch bedeckt. Die Insel ist von Sandbänken und Schlammzonen umgeben, die bei Niedrigwasser einer großen Zahl von Wattvögeln reiche Nahrung bieten. Bei Vollmond und Ebbe werden Sie die Brachvögel mit ihren unheimlich klingenden Rufen wie mit Zauberkraft in den Schlaf singen.

Das Essen im St Ernan's paßt zu der Umgebung: großzügige Portionen, aber leichte, sehr gefällig angerichtete Speisen. Die Küche untersteht Jim McLaughlin, einem Meister seines Faches. Obwohl er bereits im zarten Alter von 14 Jahren mit dem Kochen begann, liebt er seinen Beruf immer noch über alles. Jim möchte bei allem der beste sein; dank seiner großen Berufserfahrung kann er mit der Genauigkeit eines Schweizer Uhrwerks arbeiten. Während viele Köche ihre besten Leistungen zu vollbringen scheinen, wenn es in ihrer Küche wie in einem Irrenhaus zugeht, ist das lauteste Geräusch, das man aus Jims Küche hören kann, ein zufriedenes Pfeifen.

Donegal

Schüttle jedem Nachbarn
Die Hand und gib jedem
Mädchen einen Kuß.
Wieder zu Hause
In Donegal
Bist du so willkommen
Wie die Blumen
Im Mai.

Shake Hands with Your Uncle Dan
JOHNNY PATTERSON

Die Grafschaft Donegal wird häufig als das Land der Kartoffeln, des Tweeds und der Fische beschrieben. Aus der Stadt Donegal kommt der berühmte Tweedstoff, dessen Entwicklung eng mit dem örtlichen Wollhandel und der daraus hervorgegangenen Weberheimarbeit verknüpft ist. Diese Tradition wird weiter gepflegt; die für Donegal typischen Stoffe mit den echten Fischgräten- und gesprenkelten Noppenmustern werden auch heute noch hergestellt.

Selbst eine große Tweedfabrik wie die der Magees hat einmal bescheiden angefangen. Der Betrieb wurde in den 60er Jahren des 19. Jahrhunderts gegründet. 1887 nahm der erste Magee einen Partner, Robert Temple, hinzu. Sie verkauften zunächst handgewebte Tweedstoffe. Sie fuhren dabei mit einem zweirädrigen Karren zu Orten wie Ardara oder Kilcar, um Stoffe aufzukaufen, die in Heimarbeit hergestellt wurden; diese Weber verwendeten dafür Wolle, die sie selbst spannen. Die Heimweber brachten ihre Ware mit Eseln auf den Markt, wobei jedes Tier mit zwei Bastkörben bepackt war, die jeder eine rund 64 Meter lange Stoffbahn enthielten. Nachdem die Käufer den Stoff mit Argusaugen geprüft und ausgesucht hatten, nahmen sie ihn mit nach Donegal, wo er gereinigt und dekatiert wurde. Danach konnte der fertige Tweed an anspruchsvolle Kunden in der ganzen Welt verkauft werden.

Nach dem Ersten Weltkrieg stieg die Nachfrage nach Tweed sprunghaft an. Magees kaufte deshalb nicht mehr nur bei Heimarbeitern, sondern übernahm selbst das Weben. Dadurch wurde auch eine gewisse Qualitätskontrolle erreicht, ohne daß man auf die besonderen Eigenschaften von handgewebtem Tweed verzichten mußte. Heute läuft das Geschäft so gut wie eh und je: Um die Wünsche international renommierter Designer und Couturiers zufriedenzustellen, entwickelt man in jeder Saison neue Gewebe, Muster und Farben.

Seit kurzem verfügt Magees auch über eine eigene Schneiderei für Herrenkleidung und ist heute der größte Betrieb seiner Art in ganz Irland. Das Geschäft in Donegal ist sicherlich einer der wenigen Orte auf der Welt, wo man einen Stoff – nach eigenen Vorgaben handgewebt – auswählen und sich daraus einen Anzug, einen Mantel oder ein anderes Kleidungsstück anfertigen lassen kann – tatsächlich durchläuft hier der Stoff alle Stufen vom Vlies bis zum fertigen Kleidungsstück unter einem einzigen Dach.

Ursprünglich wurde der Donegaler Tweed mit weißen Kettfäden gewebt; Effekte und Farben erzielte man durch gesprenkelte Schußfäden. Betrachtet man die Granithügel von Donegal mit ihren zarten Grau-, Braun-, Grün- und Rottönen, so kann man unschwer erraten, woher die Ideen für die verschiedenen Farbkombinationen kamen. Es gibt auch heute noch Heimweber, die zu Hause auf Handwebstühlen Tweed herstellen, aber es kann nur eine Nebenerwerbsbeschäftigung sein, weil sie auf ihren kleinen Bauernhöfen, die über das Umland verstreut sind, Getreide säen, Torf stechen und zahlreiche andere Arbeiten erledigen müssen.

Die Straße, die von Donegal nach Westen geht, führt zum großen Fischereihafen Killybeg. Dort wird die Rückkehr der Fangflotte zu dem Pier mitten in der Stadt von Scharen kreischender Seemöwen angekündigt, die auf die Schiffe herabstoßen und Fische stehlen. Von hier aus sollte man die Küstenstraße nehmen, über Kilcar, ein anderes großes Webereizentrum, und weiter zum Slieve League, den mit 600 Metern höchsten Klippen der Grafschaft Donegal. Der Aufstieg dort ist nichts für Ängstliche oder Ungeübte oder Menschen, die unter Höhenangst leiden, denn man muß zunächst schmale Gesimse über endlos tiefen Abgründen bewältigen, bevor man den grandiosen Ausblick über fünf Grafschaften und den weiten Atlantik genießen kann.

Die Dörfer Ardara und Glencolumbkille sind von hier aus leicht zu erreichen. In Glencolumbkille kann man ein Freilichtmuseum mit alten irischen Hütten aus verschiedenen Epochen besichtigen, die einen guten Eindruck davon vermitteln, wie die Menschen hier früher lebten und eingerichtet waren. Wenn Sie etwas Hunger verspüren oder – falls Sie die Spitze des Slieve League erklommen haben – einen Bärenhunger haben, sollten Sie in Ardara im Lobster Pot Restaurant einkehren, das an seiner eindrucksvollen Fassade leicht auszumachen ist. Lassen Sie sich dabei nicht von der an einen modernen Schnellimbiß erinnernden Einrichtung mit den Spielautomaten und Ketchupflaschen aus Plastik abschrecken. Neben den unvermeidlichen Hamburgern und Cheeseburgern findet man hier nämlich auch hervorragende frische Lachssalate, Meeresfrüchte-Chowder, Miesmuscheln in Knoblauch und Meerengel sowie gebackenen Kabeljau und Schellfisch. Ich entschied mich für mein altes Lieblingsgericht, gebackenen Schellfisch mit Pommes frites und bekam den besten, den ich je gegessen hatte.

Auf einer Fahrt durch diese Gegend stellt sich bei Letterkenny, das nördlich von Donegal liegt, eine entscheidende Frage: Soll man sich rechts halten und die Halbinsel von Inishowen besuchen oder geradeaus weiter nach Rathmullan und Fanad fahren? Beide Strecken lohnen sich, aber ich würde empfehlen, zunächst Station im Rathmullan House zu machen, das sich an einem Sandstrand am Lough Swilly befindet.

Es kommt ein paar Kilometer, nachdem man das malerische Dorf Ramelton hinter sich gelassen hat, und ist eine angenehme Überraschung. Rathmullan wurde Ende des 18. Jahrhunderts errichtet, aber im 19. Jahrhundert beträchtlich erweitert und fiel durch Heirat an die Familie Batt, Grundbesitzer, Bankiers und Leinenhändler aus dieser Gegend. An sie erinnert auch der Batts Walk, ein Gehweg, der am Ufer entlang zum Dorf führt.

Seit 1962 ist dieses schöne Gebäude im Besitz von Bob und Robin Wheeler. Es ist umgeben von herrlichen, mit Preisen ausgezeichneten Gärten, die sanft zum Seeufer hin abfallen. Die Bäume, Ulmen, Buchen und riesige Kastanien, tragen zu dieser friedlichen Idylle bei. Doch bei Morgengrauen wird diese Stille jäh durch das rauhe Krächzen der vielen Krähen gestört, die die hellrot über dem Lough Swilly aufsteigende Sonne begrüßen.

Der außergewöhnliche, von einem baldachinartigen Gewölbe überspannte Speisesaal ist in drei »Pavillons« gegliedert, wodurch er zwar sehr geräumig erscheint, die Gäste aber trotzdem nicht das Gefühl der Verlorenheit haben. Auf der ausgezeichneten Speisekarte stehen die besten der hier gefangenen Fische wie etwa Lachse und Lachsforellen sowie Lamm- und Rindfleisch aus der Grafschaft Donegal. Ähnlich wie in vielen anderen Landhaushotels ist auch hier das Frühstück ein wahres Festmahl, das man nicht versäumen sollte; ungewöhnlicherweise wird dabei Irischer Knorpeltang, ein traditionelles Algengericht, serviert.

Gäste, die gerne schwimmen, kommen hier doppelt auf ihre Kosten. Denn neben dem verlockend sauberen, weißen Sandstrand am Lough Swilly besitzt Rathmullan noch sogenannte »Ägyptische Bäder«. Zu diesen gehört ein moderner Meerwasser-Swimmingpool im Inneren des Hauses, dessen Wasser eine konstante Temperatur von 21 °C hat und der besonders sicher ist, weil er an der tiefsten Stelle knapp 2 Meter mißt.

Auf der Fahrt nach Norden, in Richtung Portsalon, entdeckt man die menschenleeren, goldfarbenen Strände von Ballymastacka, die sich über 8 Kilometer hinziehen und an die Schönheit der Ägäisküste erinnern. Unbedingt besuchen sollte man Milford und Downings, wo die weltberühmte Tweedfabrik von McNutts steht. Die Straße schlängelt sich durch flaches Land, an dessen Küste der blaue Atlantik brandet. Hinter jeder Kurve taucht ein neuer, noch schönerer Sandstrand auf. Auf dem Rückweg von Downings kommt man durch die Dörfer Portnablagh, Dunfanaghy und Creeslough nach Falcarragh – alle Teil eines kleinen Gebiets, in dem noch Gälisch gesprochen wird. Nicht weit entfernt von Falcarragh liegt das Bloody Fore-

Teures Irland, wie herrlich wogt dein grüner Busen!
Ein Smaragd, eingefaßt in den Ring des Meeres,
Mein treues Herz preist jeden Grashalm deiner Wiesen,
Du Königin des Westens! Der Welt Cushla ma chree!

Cushla ma chree
JOHN PHILPOT CURRAN

Blick in den Salon von Rathmullan House in der Grafschaft Donegal. Die Tür mit einem prachtvoll verzierten Architrav umrahmt einen alten Tisch mit einem wunderschönen Blumengesteck. Durch das Fenster erhascht man einen Blick auf einen der vielen uralten Bäume in den preisgekrönten Gärten, die bis zum Lough Swilly hinabreichen.

land, das »Blutige Kap«, das seinen beziehungsreichen Namen nicht etwa der Tatsache verdankt, daß hier viele Schiffe zerschellt wären, sondern nach der blutroten Farbe der untergehenden Sonne benannt ist, die von den Steinen reflektiert wird. Entlang der Küste ragen hier gigantische Sanddünen turmhoch zum Himmel auf, so daß man fast glauben könnte, man befände sich in einer afrikanischen oder arabischen Wüste. Die Straße über Gortahork zurück nach Letterkenny führt durch unwirtliche, sumpfige Torfmoore, aus denen plötzlich kegelförmig der Mount Errigal aufragt – fast wie ein Zwillingsbruder des El Tiede auf Teneriffa.

Hier kann man den wilden, einsamen Glenveagh National Park durchstreifen, in dem Rotwild und Falken häufiger als Menschen sind. Man kann kilometerweit durch diese gebirgige Gegend wandern, ohne auf eine Menschenseele zu treffen. Wer die Natur in etwas zivilisierterer Form vorzieht, sollte die Gärten des herrlichen gotischen Schlosses besuchen, dem der Park seinen Namen verdankt. Es fiel nach dem Tod seines Besitzers Henry McIlhenny als Schenkung an den irischen Staat. In den 30er und 40er Jahren war es Schauplatz von verschwenderischen Partys, die der Treffpunkt der internationalen Gesellschaft waren; zu den berühmten Gästen gehörten u. a. Greta Garbo und Cecil Beaton.

Wenn Sie sich anstelle der Rathmullan-Route für die Halbinsel Inishowen entscheiden, wird Ihnen – sobald Sie Letterkenny verlassen – unwillkürlich auffallen, daß sich die Landschaft abrupt verändert. Die letzten 500 Kilometer unserer Rundreise durch Irland, die ich hier beschrieben habe, von der Grenze der Grafschaften Cork und Kerry bis hinauf nach Donegal, führten fast ständig durch eine Landschaft mit zerklüfteten Küsten. Seen und Bergen. Nun sieht der Reisende erstmals ein ausgedehntes Gebiet mit sehr flachem Kulturland vor sich, das Lagan-Tal. Es verläuft am Südostrand und direkt in den Lough Swilly hinein und trennt die beiden Halbinseln.

Der Boden ist hier sehr fruchtbar und sehr wichtig für die irische Landwirtschaft. Mit Hilfe von Landgewinnungsmethoden, die bereits in den Niederlanden erfolgreich waren, hat man dem Meer große Parzellen abgerungen, so daß das Gebiet unmittelbar an die Polderlandschaft in Holland erinnert. Da es sehr weit nördlich liegt, gibt es hier zwar viele Niederschläge, aber der Boden entwässert sehr gut und wird sowohl für den Anbau von Gerste und Kartoffeln als auch als Weideland für Schafe und Milchkühe genutzt. Wie in allen Küstenregionen wird der Boden beständig mit Mineralstoffen angereichert, die der Wind über dem Meer aufnimmt und hier ablagert. Wenn das Vieh auf solchen Wiesen weidet, steigen die Milcherträge; außerdem verleiht das hier wachsende Gras dem Fleisch der Lämmer einen besonderen Geschmack. Dieses Lammfleisch, das in der Gastronomie als *pré salé* oder Salzmarsch-Lamm bezeichnet wird, ist auch bei den sachkundigen Käufern auf dem Kontinent sehr begehrt.

Die Sonne brannte immer noch vom Himmel, als ich nach Fahan fuhr, das südlich von Buncrana am Ostufer des Lough Swilly liegt, und dort Reggie Ryan im Restaurant St John einen Besuch abstattete. Die umliegenden Felder waren zwar mehr das Werk des Menschen als der Natur, aber dennoch boten sie einen wunderschönen Anblick. Die Furchen der neuangepflanzten Kartoffeläcker unterbrachen die saftigen grünen Weiden. Hin und wieder leuchtete strahlend gelb ein Rapsfeld, während man auf der anderen, unwirtlicheren Seite des Lough Swilly die leuchtenden Blüten des Stechginsters sehen konnte.

Zum ersten Mal traf ich den ehemaligen Teppichfabrikanten und jetzigen Restaurantbesitzer Reggie Ryan bei einem Fototermin in Inishowen. Er begrüßte meinen Kollegen und mich, als wären wir Missionare: Anscheinend kam nie jemand so weit hinauf, um über diesen wunderschönen Teil der Grafschaft Donegal zu berichten. Es gibt hier zwar keine Landhotels von der Art, wie ich sie in diesem Buch so häufig beschrieben habe, doch Reggie kennt alle Pensionen und Hotels in dieser Gegend und tut alles, was in seiner Macht steht, damit seine Besucher und Freunde im nördlichen Donegal gut untergebracht werden.

Das seit 10 Jahren bestehende Restaurant St John liegt direkt am Ufer des Lough Swilly. Es befindet sich neben dem St-John-Jachtclub und blickt auf Rathmullan, das auf der anderen Seite der Bucht liegt, knapp 5 Kilometer entfernt. Die Partnerschaft von Reggie Ryan und seinem Chefkoch Phil McAvee, einem ehemaligen Hauswirtschaftslehrer, hat sich als überaus erfolgreich erwiesen und dem Lokal viele Auszeichnungen eingebracht. Kein Wunder – sie finden direkt vor der Haustür einige der besten Produkte von Irland: das berühmte Lagan-Lamm, ausgezeichnete Fische mit hellem Fleisch wie z. B. Glattbutt und Meerengel aus Greencastle und eine reiche Auswahl an erstklassigen Schalentieren aus Malin Head. Frische Gemüse und Kräuter kommen direkt aus dem Garten vor dem Haus. Folgerichtig haben sich Reggie und Phil dafür entschieden, die Küche einfach zu halten und die hervorragenden Zutaten für sich selbst sprechen zu lassen. Lammrippchen sind ein besonders beliebtes Gericht, zu dem es je nach Jahreszeit Stachelbeer- oder Apfel-Minze-Gelee gibt.

Im St John lernte ich auch Irländisches Moos kennen: eine Art von Milchpudding, den man herstellt, indem man Knorpeltang zusammen mit Milch erhitzt. Nachdem die Masse durch ein Sieb gegossen und fest geworden ist, kann man sie als pikante Vorspeise (im Rathmullan wird dieses Gericht, falls Sie sich noch erinnern können, zum Frühstück serviert) oder als Süßspeise auf den Tisch bringen. Irischer Knorpeltang ist recht gut für die Verdauung und gehört zu den traditionellen Gerichten der irischen Küche.

Das St John hat nur abends geöffnet, so daß mir Reggie vorschlug, ich sollte mich auf Inishowen umsehen und dann zum Abendessen wiederkommen. Wer den Wegweisern (Inishowen One Hundred) folgt, die eine rund 160 Kilometer lange Touristenstraße markieren, entdeckt einen der landschaftlich schönsten und zugleich unberührten Flecken von Irland. Wenn Sie sich schon einmal so weit nach Norden vorgewagt haben, sollten Sie auch nicht die Mühe scheuen, eine der grandiosesten Grafschaften Irlands kennenzulernen.

Ich fuhr weiter über Buncrana und »erklomm« dann Mamore Gap – für Autofahrer ein ganz besonderes Erlebnis. Vermutlich fühlt sich so ein Astronaut, wenn er in den Weltraum startet. Die kerzengerade Zufahrtsstraße steigt 250 Meter lang immer weiter an, bis zu dem Spalt zwischen den Uris und Mamore Hills. Doch gerade in dem Augenblick, in dem man erwartet, daß der Wagen abhebt, geschieht nichts. Dennoch befindet man sich in sehr luftiger Höhe: Sobald das Auto zum Stillstand gekommen ist, hat man einen der ungewöhnlichsten Ausblicke: eine ausgedehnte Hochebene aus kleinen, eingedeichten Feldern vor dem sich kräuselnden Meer. Linker Hand liegen ein herrlicher, einsamer Strand und ein kleiner Hafen mit einigen Hütten herum. »Hinaus aus dieser Welt und hinein nach Leenan«, wie es einmal jemand formuliert hat, ist eine treffende Beschreibung für diesen Augenblick.

Die Straße hinunter nach Leenan ist so schmal wie eine Haarlocke – fahren Sie deshalb ganz langsam. Die strohgedeckten Häuschen, die hier übriggeblieben sind, dürften die typischsten Katen an der ganzen irischen Westküste sein. Die meisten von ihnen sind blitzsauber, überzogen mit dem charakteristischen weißen »Zuckerguß«, der jedes Jahr durch goldfarbenes Stroh ersetzt wird. Die Fensterrahmen und Türen, die in den Grundfarben gestrichen sind, heben sich deutlich ab. Die Dächer steigen nicht geradlinig bis zum First an, sondern bie-

Pudding aus Irischem Knorpeltang

Knorpeltang (oder Irländisches Moos), den man an der Nord- und Westküste von Irland findet, ist reich an Jod und Kalium. Während der großen Hungersnot in den Jahren 1840 bis 1843 war er das einzige Nahrungsmittel, das in den Küstengebieten vorhanden war. Heute wird er vor allem in der sogenannten gesunden Küche verwendet.

8–10 Portionen

25 g Knorpeltang
2 l Milch
fein geriebene Schale einer Zitrone
75 g Zucker
frische Früchte zum Garnieren

Knorpeltang gründlich säubern, indem man ihn von Muscheln und Sand befreit, und 10–15 Minuten in kaltes Wasser legen, bis er weich und schwammig ist. Abtropfen lassen und mit kaltem Wasser abspülen.

Tang, Milch, Zitronenschale und Zucker in einen Topf geben. 10–15 Minuten köcheln, bis die Masse gut eingedickt ist.

Durch ein Sieb in nasse kleine Puddingformen von 7,5 cm Größe oder in eine große Form von 1,75 l Fassungsvermögen gießen. In den Kühlschrank stellen: kleine Formen 1 Stunde, große Form 3–4 Stunden lang. Vor dem Servieren stürzen und mit frischem Obst und/oder mit Fruchtpüree (Erdbeeren, schwarze und rote Johannisbeeren, Himbeeren etc.) garnieren.

Stachelbeer-Minze-Gelee

»Dies ist eine ideale Beilage zu gebratenem Donegaler Berglamm – einem der saftigsten und besten Gerichte, die Irland hervorbringen kann.« Phil McAvee

1,8 kg Stachelbeeren
600 ml Wasser
Gelierzucker
1 großer Bund frische Minze, gewaschen
25 g frische Minzeblätter, fein gehackt

Stachelbeeren und Wasser in einen Einkochtopf geben und 15–20 Minuten köcheln, bis die Früchte geplatzt und weich sind.

Über Nacht stehenlassen und dann durch ein Leinentuch pressen.

Flüssigkeitsmenge abmessen. Für je 600 ml Flüssigkeit 450 g Gelierzucker hinzugeben und das Ganze bei geringer Hitze unter Rühren so lange erwärmen, bis der Zucker vollkommen aufgelöst ist. Minzebund hinzufügen. 5–10 Minuten scharf kochen, bis die Masse dicklich ist.

Minzebund entfernen und das Gelee gut durchrühren. Gehackte Minzeblätter hinzugeben und alles gut durchrühren. Ca. 30 Minuten abkühlen lassen, dann in sterilisierte, vorgewärmte Gläser füllen und verschließen.

»Die Berge wirkten, als hätte man sie kreuz und quer in die Ferne geschleudert, wo das Meer lag. Die weiße, staubige Straße wand sich malerisch um das nahe Tal herum und fiel dann sanft zu der Bogenbrücke hin ab. Zwischen den weit ausladenden Eichen hinter der Brücke lugte die Kirche hervor. Ein paar strohgedeckte Häuser kauerten sich um sie herum. Das Lied der Vögel war leiser geworden und dann ganz verstummt.«

Evening in Ireland
BRYAN MACMAHON

gen sich eher nach oben. Sie sind mit einem Netz aus Schnüren festgebunden, die an Holzpflöcken befestigt sind; damit soll verhindert werden, daß der unablässig wehende Nordwestwind die Dächer abdeckt. Die ganze Atmosphäre in dieser kleinen Oase hat etwas angenehm Friedliches und Zeitloses, fast Zauberhaftes an sich. Die hier ansässigen Fischer und Kleinbauern scheinen sich von der Wand der hinter ihnen aufragenden Berge abgewendet zu haben: Sie haben sich mit ihrer Abgeschiedenheit abgefunden und sind zufrieden damit, auf das Meer zu blicken. Von Leenan geht es weiter zur Spitze von Irland bei Malin Head. Man kommt dabei durch Carndonagh, das Zentrum von Inishowen, hindurch. Nunmehr müssen Sie – immer noch der Touristenstraße Inishowen One Hundred folgend – am Strand die obere der beiden ausgeschilderten Straßen nach Knockamanybens nehmen.

Die West- und Nordwestküste Irlands besitzen eine Vielzahl von atemberaubenden Bergen, silbrig glänzenden Flüssen, Seen, deren Wasser sich im Wind kräuselt, und einladenden goldenen Stränden. Doch in Knockamanybens gibt es etwas, das man nicht in Worte fassen kann – eine besondere Aura, die dieses Gebiet ausstrahlt. Man kann sie weder anfassen noch beschreiben, weder riechen noch schmecken. Und ich kann sie nicht fotografieren: den »Geist dieses Orts«.

Der kleine Fischerhafen Malin Head ist die nördlichste Siedlung von Irland und die Heimat von einigen der liebenswürdigsten Menschen, die ich je kennengelernt habe. Der Pier wurde 1884 ursprünglich als Anlegestelle für Frachtschiffe errichtet. Damals schoben die hier ansässigen Fischer ihre Boote, über 7 Meter lange Fahrzeuge, deren Außenplanken ziegelartig übereinandergriffen und mit einem zusätzlichen Gaffelsegel ausgestattet waren, beherzt vom Strand aus in das Meer, dessen meterhohe Wellen fortwährend gegen die zerklüftete Küste donnern. Mitte der 50er Jahre gab es hier keinen Fischfang mehr, aber man fing immer noch Hummer. In den 70er Jahren klagten die einheimischen Fischer darüber, daß alles, was sie in ihren Hummerreusen fingen, Krebse und Krabben waren – in riesigen Mengen allerdings. Aber ein kluger Fischhändler über-

oben. Stroh und nicht Schilfgras ist der typische Dachbelag in der Grafschaft Donegal. Dieses Haus hat keine Regenrinne, so daß das Wasser einfach hinunterläuft. Das Dachstroh wird nicht durch ein Netz, sondern durch Stricke gehalten, die an Holzpflöcken befestigt sind.

redete sie, weiterzumachen und so viele Krabben und Krebse zu fangen, wie sie nur konnten; er würde alle kaufen. Die Männer hörten auf ihn und entdeckten nicht weit vor der Küste einen tiefen Graben, in dem schier unzählige Krebstiere lebten. Zu jener Zeit brachte der Krabbenfang in Irland so gut wie nichts ein, doch der Fischhändler war so geschäftstüchtig, den alten Bahnhof in eine Fabrik umzuwandeln, in der die Krabben verarbeitet wurden. Das Wagnis machte sich bezahlt. Heute ist Malin Head eines der großen Krabbenfangzentren Europas.

Das Dorf besitzt – was keine Überraschung ist – die nördlichste Teestube Irlands, eine vor kurzem umgebaute alte Hütte, deren Inneneinrichtung erhalten geblieben ist. Auf der Speisekarte stehen hier gefangene Lachse, Krabben, Krebse und Hummer. Außerdem gibt es eine interessante Kunstgewerbewerkstatt. In so abgelegenen Orten wie diesem muß man manchmal improvisieren: Man erzählt sich hier, daß eines Tages ein Überseedampfer vor der Küste vor Anker ging, damit ein weiblicher Passagier in ein einheimisches Boot umsteigen konnte, das die Frau nach Hause brachte.

folgende Doppelseite. Ein bezauberndes kleines Haus mit gotischen Elementen am Ufer des Lough Esk in der Grafschaft Donegal. Obwohl es heute etwas verwildert ist und nicht mehr so liebevoll wie früher umhegt wird, bietet es im sommerlichen Abendlicht einen reizvollen Anblick.

Leitrim

Man verläßt die Grafschaft Donegal am besten auf der Straße, die von Kinlough am Südufer des Lough Melvin entlang nach Rossinver führt. Lough Melvin ist ein weiterer für seine Lachse und Forellen berühmter See. Wir befinden uns nun in der Grafschaft Leitrim. In diesem nur schwach besiedelten, zu Unrecht vergessenen Gebiet, wo die Natur noch relativ unberührt ist, besitzt die Landschaft noch ihre ursprüngliche Schönheit. Aber erwarten Sie dort keine grandiosen Landschaften oder Plätze mit großartiger Aussicht. Das Land besteht aus sanften Hügeln, eng zusammengedrängten, mit Binsen bewachsenen Feldern, wildwuchernden, farbenprächtigen Hecken, Seen, in denen man angeln kann, und Tiefmooren, in denen es Sumpfschnepfen, Krickenten, Waldschnepfen und andere Wildvögel gibt. Diese Feuchtgebiete bilden die fast unmerkliche Grenze zu den benachbarten Grafschaften Sligo und Roscommon.

unten. Der Marienkäfer, der hier über eine Zucchinipflanze in Eden Plants in Rossinver in der Grafschaft Leitrim krabbelt, zählt zu den besten Freunden des biologischen Gärtners. Denn seine Leibspeise sind Blattläuse, sehr unangenehme Pflanzenschädlinge.

Diese bescheidene Grafschaft ist ein Zentrum der alternativen Lebensweise, des biologischen Anbaus und der Käseherstellung geworden. Dank seines milden, feuchten Klimas ist Leitrim auch ein idealer Ort für die wirtschaftlich genutzte Anpflanzung von Nadelbäumen. In Rossinver liegt Eden Plants, der landwirtschaftliche Betrieb von Dolores Keegan und Rod Alston, die sich auf den biologischen Anbau von Kräutern und Salatgemüsen spezialisiert haben. Die Zahl der von ihnen angebauten Kräuterarten ist innerhalb von 15 Jahren auf mehr als hundert gestiegen. Der Boden ist zwar nicht besonders fruchtbar, aber mit Geduld und Hingabe haben Dolores und Rod ihren Gartenbau zu einem bewundernswerten Niveau geführt, so daß ihre Felder für das Auge einen sehr schönen Anblick bieten, vor allem im Hochsommer. Die beiden haben zweifellos auch viel zu der Renaissance erstklassiger Produkte in den irischen Restaurants und Landhaushotels beigetragen.

Die unzähligen rosa und weiß blühenden wilden Rosen, die im Sommer die endlosen Hecken in der Umgebung von Rossinver schmücken, haben dem »Rose Walk« seinen Namen gegeben. Eigentlich handelt es sich dabei um eine Zufahrtsstraße, die sich kilometerlang über Feldwege schlängelt. Diese Hecken sind ebenso wie die in den Nachbargrafschaften Sligo und Roscommon das ganze Jahr über eine Augenweide. Im Spätfrühling überziehen die Blüten des Schlehdorns das zarte Grün der Blätter mit einem grobkörnigen weißen Schleier, der an die punktförmige Wirkung in einem pointillistischen Gemälde von Seurat erinnert, während sich unter den Hecken und in den Gräben ein zartgelber Teppich aus Schlüsselblumen ausbreitet. Im Hochsommer explodieren die Hecken in einem wahren Feuerwerk von Farben – Holunder-, Brombeerblüten, Geißblatt, Fingerhut, wilde Orchideen, gelbe Iris, Margeriten, wilde Rosen und Mohnblumen, um nur einige zu nennen. Im Spätherbst enthüllt das rostrote und braune Laub, das zu Boden fällt, zahllose Früchte und Beeren: Holunderbeeren, Vogelbeeren, Hagebutten, Schlehen, Brombeeren und Haselnüsse versprechen eine reiche Ernte.

Für mich ist diese Landschaft ein wunderbares Beispiel

links. Die Früchte des Herbstes. Haselnüsse, Eicheln und Roßkastanien von den Hecken am Lough Key in der Grafschaft Leitrim.

dafür, wie sich im ländlichen Irland die Natur in ihrer ursprünglichen Schönheit erhalten hat.

Diese Hecken respektieren keine vom Menschen gezogenen Grenzen. So sind wir fast unmerklich in die Grafschaft Roscommon hineingeschlüpft. In dieser Region gibt es zwar nur wenige Landhaushotels, aber Roscommon besaß früher zahlreiche große Güter. Die Herrenhäuser dort zählen zu den schönsten Beispielen der irischen Baukunst; einige davon wurden von John Nash und Richard Cassels errichtet.

oben. Sommerblumen aus dem Grenzgebiet zwischen den Grafschaften Roscommon und Sligo. Einige von ihnen, wie Geißblatt, Fingerhut, Heckenlilien, Margeriten und Orchideen, wuchsen hier schon immer wild. Bei den Rosen hier handelt es sich um verwilderte Gartenblumen, die glücklicherweise die unzähligen Hecken in diesem Gebiet eroberten.

folgende Doppelseite. An einem Winternachmittag in den Sümpfen der Grafschaft Sligo auf der Jagd nach Pfeif-, Krick- und Wildenten. Das alte Boot, das der inzwischen verstorbene Tommy Conlan aus Lärchenholz baute, ist nach einem Bauplan aus dem 17. Jahrhundert entworfen.

Roscommon

Strokestown House ist der letzte bedeutende Landsitz aus dem 18. Jahrhundert, der in der Grafschaft übriggeblieben ist. Das Haus selbst beherbergte früher die Familie Pakenham-Mahon und schaut heute fast noch genauso aus wie damals, als es erbaut wurde. Entworfen wurde es von Cassels, der dabei stark von dem italienischen Architekten Andrea Palladio beeinflußt wurde. Es ist deshalb im streng palladianischen Stil gehalten, mit einem kompakten Zentralbau und geschwungenem Ost- und Westflügel. Das Anwesen umfaßte ursprünglich etwa 12000 Hektar Land und war nach Rockingham das zweitgrößte Gut in Irland. Der größte Teil der Ländereien war verpachtet, aber zum Herrenhaus gehörte ein fast 800 Hektar großer landwirtschaftlicher Betrieb. In der Zeit vor der großen Hungersnot in den 40er Jahren des 19. Jahrhunderts und vor der nachfolgenden Auswanderungswelle war dieses Gut von lebenswichtiger Bedeutung für mehrere Zehntausend Menschen.

Luke Dodd, der Verwalter von Strokestown und Neffe des gegenwärtigen Besitzers Jim Callery, eines einheimischen Geschäftsmannes, hat mitgeholfen, daß dieses Stück irische Geschichte erhalten bleibt. Das Haus ist noch heute genauso eingerichtet wie bei Mrs. Hales Pakenham-Mahon, die dort bis 1981 wohnte. Man kann die zahlreichen Erinnerungsstücke besichtigen, die die Sozialgeschichte des Guts und seiner Zeit dokumentieren, darunter verblichene Fotografien und Urkunden ehemaliger Crufts-Sieger, die im winzigen Hundehospital ausgestellt sind. Alle Möbel und Kunstwerke, die die ehemaligen Besitzer im Laufe der Jahrhunderte erworben haben, sind noch an ihrem ursprünglichen Platz: Die Familie war nämlich so reich, daß sie niemals einen Wertgegenstand veräußern mußte.

Daß dies auch in Zukunft so bleiben würde, stand bereits fest, bevor Jim Callery das Anwesen 1978 erwarb. Noch bevor der Auktionator ihm den Zuschlag erteilt hatte, schwor er, Strokestown so zu bewahren, wie es war: ein Stück konservierter irischer Geschichte.

So bewundernswert diese Einstellung zur Geschichte auch ist – viele Menschen reisen nach Irland in erster Linie der Landschaft wegen und nicht so sehr der Baudenkmäler wegen. Weiter nördlich in der Grafschaft Roscommon, nahe der Grenze zur Grafschaft Sligo, lohnen vor allem Lough Key und sein ausgedehntes Waldgebiet, früher der riesige Landsitz Rockingham, einen Besuch. Mit seinen bewaldeten Ufern ist der See ein günstiger Lebensraum für Eintagsfliegen und bietet einige herrliche Ausblicke.

Während der Blütezeit der großen irischen Landgüter pflanzte man an der Grenze zwischen Waldgebieten und Weideland häufig Bärenlauch an. Wenn die Schafe und Rinder im späten Frühjahr wieder auf die Weide gelassen wurden, hatte dieses knoblauchähnliche Gewächs eine wohltuende Wirkung auf sie. Nach dem Niedergang der großen Güter breitete sich der üppig wachsende Bärenlauch in den abgeschiedenen Gebieten mit unberührtem Wald weiter aus; vereinzelt wachsen dazwischen auch Glockenblumen und wilde Erdbeeren.

gegenüberliegende Seite. George Taylor aus Mohill in der Grafschaft Leitrim, ein engagierter Naturschützer und erfahrener Jäger, mit seinem roten Setter, einem Paar erlegter Wildfasane sowie einem Beutel mit Sumpf- und Waldschnepfen. Sein zerfledderter Barbour wäre heute ein begehrtes Sammlerstück.

folgende Doppelseite. Strokestown House in der Grafschaft Roscommon – die Hauptfassade zeigt den für den palladianischen Stil typischen Zentralbau mit den Seitenflügeln. Dieses Modell wurde im 17. Jahrhundert von dem italienischen Architekten Andrea Palladio für die Großgrundbesitzer in Venetien entworfen, die eine imposante Residenz mit einem Bauernhof kombinieren wollten, und fand später in Irland viele Nachahmer. Die Seitenflügel waren oft nur elegante Fassaden, hinter denen sich Scheunen oder Ställe verbargen, was nicht nur praktisch war, sondern auch noch das Haus prächtiger erscheinen ließ.

links. Die Bibliothek im Strokestown House: Der große Chippendale-Bücherschrank aus Mahagoniholz ist einer der schönsten und wertvollsten in ganz Irland. Obwohl Strokestown heute nur noch von einem Verwalter bewohnt wird, ist es ein besonders gut konserviertes architektonisches Juwel. Es enthält noch alle Möbel, Installationen und Kunstobjekte, die die Familie Pakenham im Laufe von mehr als zwei Jahrhunderten gesammelt hatte, in den ehemaligen Dienstbotenräumen ebenso wie in den großen Empfangsräumen und in den Kinderzimmern.

rechts. Irisches Winterstilleben: ein Fasanenhahn, eine Waldschnepfe (rechts unten) und eine Sumpfschnepfe, ausgebreitet auf Adlerfarn, Buchenblättern, Torfmoos und Sumpfgräsern.

folgende Doppelseite. In den Wäldern des Lough Key Forest Park verdrängt der durchdringend riechende Bärenlauch auf weiten Strecken die blauen Glockenblumen. Angeblich verbindet dieses wild wachsende Kraut den Geschmack von Knoblauch und Schnittlauch. Es wurde früher auf den großen Landgütern als Frühlingsfutter für das Vieh angebaut und verleiht heute vielen Gerichten eine besonders pikante Geschmacksnote.

Für mich ist Lough Key ein ganz besonderer Ort, der Schlüssel zu meiner Leidenschaft für Irland, für das Angeln mit Eintagsfliegen und für unberührte Natur ganz allgemein. Einmal hatte ich dort bei strömendem Regen zweieinhalb Tage lang vergeblich darauf gewartet, daß ein Fisch anbiß. Ich ruderte zur Orchard Island, einer der vielen Inseln in diesem See, und versuchte, ein Feuer anzuzünden, um mir eine Tasse Tee aufzubrühen. Plötzlich wurde ich durch ein lang anhaltendes Kreischen aufgeschreckt. Der wolkenbruchartige Regen hatte kurz aufgehört; einige Sonnenstrahlen weckten das dampfende Wasser zu neuem Leben. Das Geräusch, das sich angehört hatte, als würden zwei männliche Schwäne um ihr Revier kämpfen, stammte in Wirklichkeit von einem männlichen Schwan, der ein Weibchen bestieg, um sich mit ihm zu paaren. Ich vergaß das Wasser, das in meinem Kessel brodelte. Ich brauchte auf einmal keinen Tee mehr. Ich schob mein Boot ins Wasser und war plötzlich mitten in einem wundervollen Naturschauspiel. Ein Otter schwamm verspielt neben meinem Boot her. Eintagsfliegen schlüpften. Forellen schwammen zur Wasseroberfläche. Am Ufer brach ein Rudel Damwild durch das Unterholz. Rote Eichhörnchen hüpften von Baum zu Baum, während ein Eisvogel einem stahlblauen Blitz gleich am Ufer entlangschoß. Es war wie ein Blick in den Garten Eden.

Leuchtend strahlte im Sonnenlicht die smaragdgrüne Ebene

Longford · Cavan
Westmeath · Kildare
Laois · Offaly

gegenüberliegende Seite. Nach einem Sturm am Lough Ree, dem »Königssee«, in der Grafschaft Westmeath taucht die Abendsonne eine Kiefer in ein atemberaubend schönes bernsteinfarbenes Licht.

oben. John Doyle serviert in seinem Restaurant, Doyle's Schoolhouse in Castledermot in der Grafschaft Kildare, Tauben mit einem Gelee aus Vogelbeeren und Minze.

Irland ist so reich an wundervollen Dingen, daß die Besucher oft achtlos an den Grafschaften im Landesinneren vorüberfahren. »Das Binnenland« mag in der Tat eine etwas unattraktive Bezeichnung sein, aber wer diese Region links liegen läßt, um möglichst schnell das weltoffene Dublin, das Feinschmeckerparadies Cork oder die wilde Schönheit der Westküste zu entdecken, versäumt etwas vom Wesen des Landes. Die Landschaft ist größtenteils grün und üppig, mit Strömen und Flüssen und schönen Seen. Hier werden einige der besten Pferde der Welt gezüchtet. Es gibt auch Berge, die einen herrlichen Fernblick bieten und sich gut zum Bergwandern eignen, und ausgedehnte Moorgebiete, wo man mit dem Fernglas Vögel beobachten kann.

Die Grafschaften des zentralen Tieflands und des Binnenlands haben mit Ausnahme der Grafschaften Cavan und Kildare zwei große Gemeinsamkeiten, die ihre Landschaft prägen. Da ist zum einen der große Strom, der Irland fast zweiteilt: All die vielen Wasserläufe dieser Region münden in den Shannon und finden so schließlich ihren Weg zum weiten Atlantik. Dies ist das ideale Land für Leute, die gerne mit dem Boot unterwegs sind. In Banagher in der Grafschaft Offaly gibt es außerdem einen großen Jachthafen. Das zweite Charakteristikum ist ein riesiges, flaches Moorland, das kein Ende zu nehmen scheint. Dieses wirtschaftlich genutzte Moorgebiet, das als Bog of Allen bezeichnet wird, zieht sich durch das gesamte Binnenland, wie ein ungeheuer großer, unheimlicher Teppich aus braunem Torf oder Wollgras, der über mehrere Grafschaftsgrenzen hinweg reicht. Der vielbefahrene Grand Canal durchschneidet dieses Moorland und fließt durch mehrere große Städte in seinem Hinterland, bevor er sich mit dem Shannon vereinigt.

Als ob jemand ganz plötzlich das Licht eingeschaltet hätte: Ein Rapsfeld leuchtet gelb unter einem sich bedrohlich verdunkelnden Himmel, unmittelbar vor einem Sturm in der Nähe von Enfield in der Grafschaft Meath.

Cavan & Westmeath

Die im Norden dieser Region gelegene Grafschaft Cavan, die sich zwischen den Grafschaften Monaghan und Leitrim erstreckt und im Norden an die nordirische Grafschaft Fermanagh grenzt, ist als *Drumlin County,* als Grafschaft der kleinen Hügel, bekannt. Sie ist übersät mit kleinen Tälern und kleinen oder auch größeren Seen. Da Cavan für seine ausgezeichneten Angelmöglichkeiten berühmt ist, dauert hier die Fremdenverkehrssaison elf Monate. Seit den späten 60er Jahren haben Fred und Bert, Fritz und Hans, Jacques und Pierre und vielleicht sogar Giuseppe diesen Ruf durch Mundpropaganda verbreitet. Im zwölften Monat gönnt man den Fischen eine Ruhepause. Um die zahlreichen ausländischen Gäste unterbringen zu können, haben die Einwohner von Cavan – weil es hier keine Programme für eine Förderung des Fremdenverkehrs gibt – ihr Angebot an Zimmern mit Frühstück erweitert, Pensionen und kleine Privathotels eröffnet und ein Gastgewerbe entwickelt, das auf den simplen, aber unersetzbaren Werten einer herzlichen Gastfreundschaft und einer zuvorkommenden Bedienung beruht.

Lough Sillan, Lough Oughter, Lough Gowna und die Seen von Killykeen hängen wie Juwelen an einer Kette aus Flüssen – Annalee und Erne – mitten in Cavan. Der kluge Aufbau von Einrichtungen für die Sportfischer, die seit den Pioniertagen der 60er Jahre in Cavan entstanden sind, hat viel von der sachkundigen Verwaltung und vom Engagement Hugh Goughs profitiert. Früher gab er sein Wissen bei einem Glas Bier in seinem Pub in der Stadt Cavan an Interessierte weiter, aber heute ist seine Sachkenntnis auch offiziell anerkannt: Er arbeitet jetzt für den Central Fisheries Board.

Die Stadt Athlone in der Grafschaft Westmeath, südlich von Cavan, ist in gewissem Sinne die Hauptkreuzung von Irland, wo sich die meisten nach Galway, Sligo, Clare und in andere Graf-

gegenüberliegende Seite. Frische bronzefarbene Brassen aus dem Shannon, gefangen mit Brot als Köder. Am Abend werden die Fische gewogen – diese Exemplare sind 3 bis 4 Pfund schwer – und wieder ins Wasser geworfen.

links. Zwar kein Tiefseeungeheuer, aber ein stattliches, rund 18 Pfund schweres Hechtweibchen, das fünf bis acht Jahre alt ist und hier an einem leuchtend bunten Köder hängt. Nachdem der Fisch gewogen und fotografiert worden war, ließ man ihn wieder in seine dunkle Höhle in der Grafschaft Cavan entschwinden.

folgende Doppelseite. Zwei herrliche Schleien von 4 und 5 Pfund Gewicht, die ich in einem versteckten See in der Grafschaft Roscommon fing. Als ich noch ein Junge war, stahl ich mich im Hochsommer oft bei Morgengrauen aus dem Haus und ging Schleien angeln. Ich saß versteckt in einer dunklen Uferecke da und wartete darauf, daß die Sonne aufging. Dabei stellte ich mir vor, wie die leuchtend bunten Blinker auf das Wasser hinaustrieben und schließlich untertauchten, wenn ein Fisch angebissen hatte. Ein wunderbarer Augenblick.

schaften wenden. Aber drehen wir den Spieß einfach um: Betrachten wir Athlone als einen Mittelpunkt und sehen wir uns in der Nähe um!

In Collinstown in der Grafschaft Westmeath stellt Sue Farrell Gigginstown-Käse her. (Gigginstown wird übrigens wie »jig« ausgesprochen!) Ihr Bauernhof ist schwer zu finden, doch glücklicherweise kann man ihren Käse in vielen Läden dieser Gegend kaufen. In Mullingar, im Osten von Westmeath, befindet sich die Multyfarnham Deer Farm, wo Chris Burley über tausend Stück Damwild hält und Wildbret verkauft. Die Seen hier, Lough Ennel, Lough Owel und Lough Derryvara, waren früher für ihre Forellen berühmt.

Offaly & Laois

Im Wind flatternde Büschel Wollgras, die in der heißen Luft eines hochgelegenen Moors im irischen Binnenland vertrocknen.

Wenn man nach Athlone zurückkehrt und dann nach Süden in Richtung Grafschaft Offaly fährt, kommt man an den Ruinen der vermutlich größten Klostersiedlung Irlands vorbei: Clonmacnoise, das im 5. Jahrhundert gegründet wurde. Es liegt auf einem niedrigen Hügel über dem Shannon und umfaßt heute die Überreste einer Burg und einer Kathedrale sowie mehrere Kirchen, Türme und Keltische Kreuze.

Offaly ist die Heimat des Tullamore Dew, eines großartig schmeckenden irischen Likörwhiskeys. In der Stadt Tullamore befindet sich das Bridge House, ein ausgezeichnetes Pub mit Restaurant, wo freundliches Personal gutes Essen serviert.

Botaniker und andere Naturforscher kommen vor allem in die Grafschaft, um das hochgelegene Moorgebiet von Clara zu besuchen, wegen seiner Einzigartigkeit in Europa ist dieses Gebiet – Clara Bog – für die Wissenschaft von unschätzbarer Bedeutung. Seine Entwicklungsgeschichte läßt sich über 10000 Jahre zurückverfolgen. Hier wachsen Sumpfmoos und Flechten, Sumpfrosmarin, Riedgras, Wollgras und querblättriges Heidekraut. Auch verschiedene Arten von fleischfressenden Pflanzen haben die Mulden und Tümpel des Moors erobert. Eine Vielzahl von Insekten und anderen Tieren ist hier heimisch geworden; am zahlreichsten dabei sind die Wildhasen. Außerdem finden im Clara Bog Füchse, rote Waldhühner, Brachvögel, Turmfalken, Sumpfschnepfen, Merlinfalken und Waldeidechsen einen idealen Lebensraum. Auf der Westseite liegt ein Waldgebiet mit Birken, Weiden, Brombeersträuchern, purpurfarbenem Moorgras, das ebenfalls seltenen Insektenarten Schutz bietet.

Birr Castle an der Grenze zur Grafschaft Tipperary befindet sich in kunstvoll angelegten Gärten, die für die Öffentlichkeit zugänglich sind, während das Haus Privatbesitz ist und nicht besichtigt werden kann. Das mit Kriechblumen verzierte und mit Spitztürmchen versehene Gebäude, wie es für den neugotischen Stil des 19. Jahrhunderts typisch war, beherbergt auch ein riesiges Teleskop. Es wurde von einem früheren Earl of Rosse installiert, dessen Nachfahren noch heute hier leben. Oxmanstown Mall in der Stadt Birr ist die vielleicht schönste georgianische Straße in Irland.

Die östlich von Birr aufragenden Slieve Bloom Mountains bilden die Grenze zur Grafschaft Laois. Aber das berühmteste Wahrzeichen dieser Gegend ist meiner Meinung nach Morrissey's Pub in Abbeyleix.

Kildare

Wenn wir morgen in die Hände einer Offiziers-Junta vom Curragh fielen – wie viele Menschen würden wohl auf die Barrikaden gehen, um die Demokratie zu verteidigen?

The Irish Times (1971)
John Maurice Kelly

Westlich von Offaly und Laois liegt die Grafschaft Kildare, die im Osten von der Grafschaft Dublin begrenzt wird. Ein berühmter irischer Sportberichterstatter sagte einmal über den Iren: »Wenn die Kuh die Frau des Iren ist, dann ist das Pferd seine Geliebte.« Die Schwäche der Iren für eine Spekulation mit Pferden ist weltbekannt, und es gibt keinen besseren Ort für eine solche Absicht als das Curragh in Kildare oder den Käuferring von Goff, wo gute Pferde für ein lächerliches Geld den Besitzer wechseln.

Das Curragh ist das Zentrum des irischen Rennsports, wo auch das Derby stattfindet. Eigentlich handelt es sich dabei um eine riesige Heide mit zahlreichen natürlichen Rennbahnen vor einem pittoresken Hintergrund mit sanften Hügeln und dunklen Nadelwäldern, die sich bis zum dunkelblauen Horizont erstrecken. Einige irische Spitzentrainer haben hier ihre Ställe, darunter auch John Oxx, Kevin Prendergast und Dermot Weld, der Trainer von Go-Go, der 1990 als erstes ausländisches Pferd das seit 122 Jahren stattfindende Belmont-Stakes-Rennen in den USA gewann. Weld, der auch als Tierarzt praktiziert, trainiert auf seinem Gelände auf dem Curragh 120 Pferde für Flach- und Hindernisrennen. Er betont immer wieder die Bedeutung der »Pferderennindustrie« als Arbeitsplatzbeschaffer und behauptet, daß rund 25000 Arbeitsplätze direkt oder indirekt von ihr abhängen. Sie ist offensichtlich auch für die irische Wirtschaft von Wichtigkeit, denn viele ausländische Pferdebesitzer kommen nach Irland, um hier ihre Pferde ausbilden zu lassen, wobei sie pro Pferd bis zu 180 Pfund in der Woche zahlen.

Doch nicht alles dreht sich dort um die Taxierung, die Ausbildung und die Pflege der edlen Tiere. John Doyles Restaurant, das sich in einem umgebauten Schulhaus in Castledermot in der Grafschaft Kildare befindet, ist nicht nur bei Pferdefreunden beliebt. Den etwas exzentrischen Besitzer kann man häufig dabei beobachten, wie er Vogelbeeren von den Bäumen vor seinem Restaurant pflückt, um aus ihnen seine eigene, ganz spezielle Version des berühmten Minzegelees herzustellen, das er dann zusammen mit hervorragend zubereiteten Wildtauben serviert. Doyle's Schoolhouse bietet eine sehr gute, kräftige ländliche Küche: Hecht, Kaninchen und Tauben erscheinen regelmäßig auf der umfangreichen Speisekarte. Machen Sie sich keine Sorgen um die herrlichen Pfauen, die überall herumlaufen – sie dienen lediglich der Zierde. Wer längere Zeit in der Gegend bleiben möchte, findet im Schoolhouse geschmackvoll eingerichtete Mansardenzimmer, die große Dachfenster und Antiquitäten besitzen.

Das Binnenland ist noch zu Recht für einen weiteren Rennsport berühmt – für Windhundrennen. Besucher, die gern einen Abend beim Hunderennen verbringen, werden sich freuen zu hören, daß es sehr gute Rennbahnen in Newbridge, Mullingar und Longford gibt. Erfahrene Windhundtrainer bevorzugen das flache Land in diesen Gebieten. Wenn die Hitze die Wege hart macht oder kräftige Regenfälle das Gehen auf dem Ackerboden erschweren, läßt man die Hunde auf Bahnen mit weiche-

Taubenbrüste mit Zitronensauce und pikanter Ananas

Die Tauben für dieses Gericht werden in der Umgebung geschossen. Die Knochen ergeben, zusammen mit Gemüse und Gewürzen gekocht, eine sehr gute Brühe.

4 Portionen

8 Taubenbrüste
25 g Butter
1 EL Pflanzenöl
Salz und frisch gemahlener Pfeffer
Tomaten und Brunnenkresse zum Garnieren

Sauce
150 ml Weißweinessig
165 g Kristallzucker
Saft von 4 Limetten (Schale aufheben)
1 l Taubenbrühe

Ananasgarnierung
1 kleine Ananas
6 1/2 EL Weißweinessig
3 1/4 EL Rotweinessig
2 EL ganze schwarze Pfefferkörner
6 EL Kristallzucker

Kandierte Zitrusfruchtschalen
Schalen von 4 Limetten
Schalen von 4 Orangen
2 EL Kristallzucker
2 EL Wasser

Für die Sauce Essig und Zucker in einem kleinen Topf erhitzen, bis sich der Zucker ganz aufgelöst hat, und dann kochen, bis die Masse karamelisiert. Limettensaft hinzugeben und 10 Minuten kochen, dann Brühe angießen.

Langsam ohne Deckel mindestens 1 Stunde einkochen lassen (man benötigt rund 300 ml). Falls nötig, mit Salz und Pfeffer abschmecken und beiseite stellen.

Ananas schälen und der Länge nach vierteln. Strunk auslösen, aber austretenden Saft aufheben. Fruchtfleisch in große Stücke schneiden. Essig, Pfefferkörner und Zucker ca. 30 Minuten köcheln. Fruchtfleisch und Saft hinzugeben und weitere 20 Minuten köcheln. Vom Herd nehmen und beiseite stellen.

Limetten- und Orangenschalen in sehr dünne Streifen schneiden. Einen Zuckersirup herstellen, indem man den Zucker und das Wasser ohne Umrühren aufkochen läßt. Zitrusschalen darin 30 Minuten kochen, bis sie weich und kandiert sind. Beiseite stellen. (Die kandierten Schalen halten sich in einem Glas auch längere Zeit im Kühlschrank.)

Butter und Öl in einer Pfanne erhitzen und Taubenbrüste darin bei niedriger Hitze – nach Geschmack – 3–5 Minuten braten (aber sie sollten noch nicht gar sein).

Etwas Sauce auf jeden Teller geben, Taubenbrüste in Scheiben schneiden und darauflegen. Etwas Sauce darübergeben und mit kandierten Zitrusfruchtschalen bestreuen. Ananas auf die Teller verteilen. Das Gericht auf Wunsch mit je einer blumenförmig aufgeschnittenen Tomate und einigen Kresseblättern garnieren und servieren.

Walnuß-Mandel-Kuchen

Diese Zutaten ergeben eine sehr leichte Kuchenmischung, die laut John Doyle noch lockerer wird, wenn man noch bis zu drei weitere Eiweiß hinzufügt. Für die Füllung kann man der Sahne auch noch frische Früchte beimischen.

2 Kuchen von je 20 cm Durchmesser

350 g Puderzucker
7 Eier, 6 davon geteilt
10 g Walnußkerne, fein gehackt
100 g geriebene Mandeln
1 TL Vanilleextrakt
75 g Maismehl
300 ml Schlagsahne, steif geschlagen und gesüßt mit 1–2 EL Puderzucker

Kaffeefüllung
300 ml Milch
1 EL Puderzucker
2 Eigelb
einige Tropfen Kaffeearoma

Backrohr auf 220 Grad (Gas Stufe 7) vorheizen. Zwei runde Kuchenformen von je 20 cm Durchmesser mit Butter ausstreichen und mit Mehl ausstäuben.

Zucker, das ganze Ei und die 6 Eigelb schaumig rühren. Walnüsse, Mandeln, Vanilleextrakt und Maismehl hinzugeben und gut durchrühren. Eiweiß zu steifem Schnee schlagen und diesen vorsichtig unterheben. Masse in die Kuchenformen füllen.

Kuchen 35 Minuten backen. In der Form auskühlen lassen, danach aus der Form nehmen und in je drei Böden zerschneiden.

Für die Füllung Milch und Zucker erhitzen, bis sich der Zucker aufgelöst hat, danach zum Kochen bringen. Eigelb in einer Schüssel verschlagen und heiße Milch unter ständigem Rühren portionsweise zugießen. In den Topf geben und bei geringer Hitze eindicken lassen. In eine kalte Schüssel füllen und Kaffeearoma hinzufügen. Abkühlen lassen.

Ersten Kuchenboden mit Schlagsahne bestreichen, zweiten darauflegen und ebenfalls mit Schlagsahne bestreichen. Der obere Boden wird mit der Kaffeecreme bestrichen.

Keine Sorgen mehr – die wohl schönste Art, sich zurückzuziehen und wenigstens für einen kleinen Augenblick den Rest der Welt zu vergessen.

rem, leichterem Boden im Moor laufen, wo keine Verletzungsgefahr für ihre empfindlichen Füße besteht.

Tony Murphy, der in Monasterevin Windhunde züchtet, trainiert und medizinisch betreut, erklärte mir, eine perfekte Vorbereitung sei für die Schnelligkeit ebenso wichtig wie ein guter Stammbaum. Dazu gehört auch, daß die Tiere jeden Tag 20 Minuten lang bei Musik, vorzugsweise aus dem Radio, gekämmt und massiert werden. Das entspannt die Hunde und gewöhnt sie an wechselnde oder unerwartete Geräusche, wie sie auf einer Rennbahn häufig vorkommen. Tony läßt auch hin und wieder eine Taschenlampe vor dem Gesicht der Hunde aufblitzen. Ein guter Windhund braucht nämlich starke Nerven und darf beim Rennen nur auf den Hasen reagieren.

Viel Sport also, aber keine prachtvollen Gebäude im Binnenland, nicht einmal große Landhaushotels zum Übernachten. Doch überall, wo man hinkommt, wird man gastfreundlich aufgenommen. Das liegt vielleicht daran, daß hier weit weniger Touristen zu finden sind als in den anderen Teilen Irlands. In dieser Region scheint die Zeit stillzustehen. Man sollte hier unbedingt haltmachen und es ausprobieren.

Wir haben an der Kreuzung von Irland unsere Reise beendet – oder genauer gesagt: Wir blicken verloren über die Weite des Bog of Allen und fragen uns, wo wir uns nun hinwenden sollen. Den einzigen Rat, den ich Ihnen hier geben kann, ist der, den man häufig von einem der klugen alten Iren bekommt, wie man sie täglich auf einer der abgelegenen Landstraßen mit ihrem Fahrrad antrifft: »Wenn ich Sie wäre, würde ich ganz einfach hierbleiben.«

Er führte ein schönes Leben
Und warf einen reizvollen Köder aus.

Fishing and Thinking
ARTHUR ASTON

Adressen und Informationen

Irische Fremdenverkehrsbüros

Irland
Bord Failte, Baggot Street Bridge, Dublin 2
Tel. 01 765871 Telex 93755 Fax 01 764764
(Für schriftliche Anfragen
Bord Failte, PO Box 273, Dublin 8)
Nordirland
53 Castle Street, Belfast BT1 1GH
Tel. 0232 327888 Telex 74560 Fax 0232 249237
Foyle Street, Derry Tel. 0504 369501
England
150 New Bond Street, London W1Y 0AQ
Tel. 071 493 3201 Telex 266410 Fax 071 493 9065
Frankreich
9 Boulevard de la Madeleine, 75001 Paris
Tel. 1 42 61 84 26 Telex 210601 Minitel 3616 IRLANDE
Deutschland
Untermainanlage 7, 6000 Frankfurt/Main 1
Tel. 069 23 64 92 Telex 414628 Fax 069 23 46 26
Btx 22081
Niederlande
Leidsestraat 32, 1017 PB Amsterdam
Tel. 020 22 31 01 Telex 11648
Belgien
(nur schriftliche Anfragen)
c/o Dept Infopost, Chaussée D'Alsemberg 860,
1180 Bruxelles
USA
757 Third Avenue, New York, NY 10017
Tel. 212 418 0800 Telex 422234 Fax 212 308 1485
Kanada
10 King Street East, Toronto M5C 1C3
Tel. 416 364 1301 Telex 06 22084 Fax 416 363 6783
Australien
MLC Centre, 38th Level, Martin Place, Sydney, NSW
2000 Tel. 02 232 7177 Telex AA 22917 Fax 02 959 3478

Der Verlag war bei der Zusammenstellung dieses Anhangs um größtmögliche Genauigkeit und Vollständigkeit bemüht; es kann jedoch keine Haftung für fehlende oder unrichtige Informationen übernommen werden.
Die angegebenen Telefonnummern gelten für Gespräche innerhalb von Irland. Wer aus dem Ausland anruft, muß die Vorwahl für Irland wählen (in Deutschland 00353) und bei der Rufnummer die 0 am Anfang weglassen.
Zusätzlich zu den aufgeführten Hotels bestehen Unterbringungsmöglichkeiten in Pensionen, Bauernhöfen und Cottages mit Selbstverpflegung. Am besten besorgen Sie sich beim nächstgelegenen irischen Fremdenverkehrsbüro die Broschüren *Hotels and Guest Houses* und *Farm Holidays in Ireland. Rent an Irish Cottage Ltd.*, Shannon Airport House, Shannon, Gft Clare, ist eine der vielen Gesellschaften, die Cottages mit Selbstverpflegung vermieten.
Die nachfolgenden Hinweise sind kapitelweise gegliedert, wenn es möglich ist, nach den einzelnen Grafschaften in der Reihenfolge, wie sie im Buch behandelt werden. In Kapitel 1 wird jedoch die Stadt Dublin zuerst behandelt; dasselbe gilt für die Stadt Cork in Kapitel 3. Manchmal wird eine Region auch zusammengefaßt: Die Adressen, Telefonnummern, kurzen Fakten und Anregungen betreffen Hotels, Restaurants, Sehenswürdigkeiten, wie z. B. historische Gebäude, Gärten, Museen, archäologische Stätten und Naturschutzgebiete, sowie Sportmöglichkeiten wie etwa Angeln, Segeln und Wassersport, Golf, Reiten, Radfahren und Wandern.
Die Informationen sind zwangsläufig knapp gehalten; weitere Einzelheiten können Sie vom Bord Failte (Irisches Fremdenverkehrsamt) oder von Ihrem Reisebüro erfahren. Das Irische Fremdenverkehrsamt veröffentlicht viele hilfreiche Broschüren und Prospekte, auf die wir hier auch Bezug nehmen.

Hotels und Restaurants

Hotels, Restaurants und Pubs sind in alphabetischer Reihenfolge aufgelistet, jeweils für eine Grafschaft in der Region, die das jeweilige Buchkapitel beschreibt. Bei den im Buch erwähnten Hotels und Restaurants sowie einigen Pubs werden Adresse, Telefonnummer, Anzahl der Gästezimmer (mit Bad, falls nicht anders angegeben), Anzahl der Restaurantplätze, Öffnungszeiten und akzeptierte Kreditkarten aufgeführt. Alle Hotels wurden vor allem wegen der Küche aufgenommen; in vielen werden auch Gäste bewirtet, die nicht im Haus wohnen, wobei sich allerdings eine rechtzeitige Vorbestellung empfiehlt. Einige im Buch nicht erwähnten Hotels und Restaurants sind hier ebenfalls berücksichtigt, weil sie bequem zu erreichen und empfehlenswert sind. Da einige Häuser abseits der größeren Verkehrswege liegen, wird manchmal der Anfahrtsweg näher erläutert. Die Abkürzungen für die wichtigen Kreditkarten lauten: AM–Access/Mastercard/Eurocard, DC–Diners Club, Visa–Barclaycard/Visa, Amex–American Express.

Sehenswürdigkeiten

Dazu gehören bedeutende historische Bauten wie etwa die von der *Historic House, Castle and Gardens Association* verwalteten Einrichtungen, beispielsweise die großen irischen Landhäuser aus dem 18. Jahrhundert, sowie Schlösser und Kathedralen. Aufgeführt sind auch für die Öffentlichkeit zugängliche Gärten, verschiedene Museen und die wichtigsten archäologischen Stätten von neolithischen Ausgrabungen bis zu frühchristlichen Zeugnissen und Klostersiedlungen. Weitere Informationen über Naturschutzgebiete und Nationalparks erteilt:
The Wildlife Service, Leeson Lane, Dublin 2, oder
The Irish Peatland Conservation Council,
3 Lower Mount Street, Dublin 2.
Einige vogelkundlich interessante Gebiete werden ebenfalls angegeben; weitere Auskünfte über Beobachtungsmöglichkeiten erteilt:
The Irish Wildbird Conservancy, Ruttledge House,
8 Lonford Place, Monkstown, Gft Dublin.

Sport

Die Hinweise zu verschiedenen Sportmöglichkeiten enthalten Adressen und Telefonnummern nationaler Vereinigungen und anderer Zentren.

Angeln
Angeln ist für viele einer der Hauptgründe für einen Besuch in Irland. Einzelheiten über Hochseefischerei oder Angeln an der Küste erfahren Sie von der:
Irish Federation of Sea Anglers, 67 Windsor Drive, Monkstown, Gft Dublin, Tel. 01 806073,
oder aus der Bord-Failte-Broschüre.
Die Saison für Lachsforellen und Lachse beginnt am 1. Januar (viele Flüsse sind dann allerdings noch nicht so früh freigegeben) und endet am 30. September; Lachsforellen kann man jedoch auch noch später fangen. Für diese Fische ist eine behördliche Genehmigung erforderlich; erteilt wird sie von
The Central Fisheries Board, Balnagowan House, Mobhi Boreen, Glasnevin, Dublin 9, Tel. 01 379206.
Den Angelschein erhält man auch in allen regionalen Fischereibüros (Informationen in den einzelnen Regionen) und den meisten Läden für Anglerbedarf. Außerdem benötigt man die Erlaubnis des Besitzers des jeweiligen Fischgewässers. Einige Fanggründe kann man für eine ganze Saison mieten. Wenden Sie sich dazu an:
Department of Tourism, Fisheries and Forestry,
Fisheries Administration, Leeson Lane, Dublin 2,
Tel. 01 615666.
Für das Angeln von Lachsen und Lachsforellen im Lough Conn, Lough Corrib und Lough Currane braucht man keine Genehmigung. Ein Angelschein ist nicht notwendig für Bach- und Regenbogenforellen, aber bei einigen Fischgewässern muß man die Erlaubnis des Besitzers einholen. Die Bord-Failte-Broschüre über Sportfischen enthält ein Verzeichnis der Fischgewässer und der Unterbringungsmöglichkeiten. Für Grundfischen braucht man ebenfalls keine behördliche Genehmigung, aber es gibt einige Bestimmungen hinsichtlich der Angelrute. Die Saison dauert das ganze Jahr über. Siehe dazu die Bord-Failte-Broschüre über Grundfischen, die auch ein Verzeichnis der Köderhändler enthält.

Segeln und Wassersport
Aufgrund der Vielfältigkeit der Küste und der wachsenden Zahl der Jachthäfen an der Süd- und Südwestküste ist hier jede Art von Segelsport möglich. Einzelheiten über Segeln und Windsurfen von der:
Irish Yachting Association, 3 Park Road,
Dun Laoghaire, Gft Dublin, Tel. 01 800239.
Die irischen Gewässer sind auch ideal, um segeln zu lernen. Hinweise zu Segelschulen in wichtigen Gebieten werden gegeben. Für weitere Informationen:
The Irish Association for Sail Training, Confederation House, Kildare Street, Dublin 2, Tel. 01 779801.
Wasserskimöglichkeiten gibt es sowohl in den Binnengewässern als auch entlang der Küste. Informationen über Wettbewerbe und Wasserski-Clubs:
Irish Waterski Association, Mount Salus, Knockaree, Dalkey, Gft Dublin, Tel. 01 855205.
Kanufahren ist in Irland sehr beliebt, weil das Land so viele ruhige Wasserläufe und mehrere reißende Flüsse besitzt. Auch Kanufahren auf dem Meer wird immer populärer. Informationen über Kurse und Wettbewerbe:
Irish Canoe Union, 4–5 Eustace Street, Dublin 2,
Tel. 01 719690.
Wenn man ein Kanu mieten will:
Irish Canoe Hire, 25 Adelaide Street, Dun Laoghaire, Gft Dublin, Tel. 01 800251/844288.
Kreuzfahrten auf den Binnengewässern, ob nun auf den Kanälen oder den schiffbaren Flüssen und Seen, bieten eine geruhsame und faszinierende Möglichkeit, um Irland kennenzulernen. Angegeben werden hier die Adressen von Gesellschaften, die kleine Boote oder Jachten vermieten, sowie Informationen über kürzere Vergnügungsfahrten.

Golf
Auf allen irischen Golfplätzen sind Gäste willkommen. Angegeben sind hier nur die Adressen der Plätze, die als die besten gelten, aber Bord Failte liefert eine Liste aller Golfplätze im Land. Ein Tag auf dem Golfplatz kostet im Durchschnitt 8 Irische Pfund (Preisschwankungen möglich). Viele Reiseveranstalter bieten Golfferien mit Besuchen mehrerer Plätze.

Reiten
Reitställe sind für jede Region angegeben; das Angebot der meisten davon reicht von Reitunterricht für Kinder bis zu längeren Ausritten in der Umgebung. Aufgeführt sind außerdem Hotels, die Reitferien anbieten, und Reitställe mit Unterkunftsmöglichkeiten. Bei vielen Jagden sind sehr erfahrene Reiter als Teilnehmer willkommen. Vereinbarungen sollte man im voraus mit dem zuständigen Jagdsekretär oder Jagdleiter treffen.

Radfahren
Auch dieser Sport wird in Irland immer beliebter. Die Straßen sind relativ leer. Außerdem kann man das Land auf diese Weise gut kennenlernen. *Raleigh Rent-a-Bike* und *Bike Store* bieten im ganzen Land Leihräder an. Lokale Adressen über:

Raleigh Rent-a-Bike, Raleigh Ireland Ltd. Raleigh House, Kylemore Road, Dublin 10, Tel. 01 261333, Fax 01 261770,
The Bike Store, 58 Gardiner Street, Dublin 1, Tel. 01 725399/725931, Fax 01 364763.
Bord Failte hat mehrere Broschüren herausgegeben, die Radrouten für ganz Irland vorschlagen. Einige der längeren Touren werden hier erwähnt. Verschiedene Reiseveranstalter haben sich auf Ferien mit dem Fahrrad spezialisiert.

Wandern
Cospoir, der nationale *Sports Council*, legt gerade im ganzen Land ein Netz von markierten Wanderwegen an; das Ziel ist dabei, daß zum Schluß eine Route durch das ganze Land führt. Viele dieser Wanderwege sind bereits fertig, mit Wegweisern, Steigen und Brückenstegen. Die Wege sind Vieh-, Feld- und Fußwege, die an einigen interessanten Baudenkmälern vorbei und durch eine wunderschöne Landschaft führen. Broschüren über diese längeren Routen erhält man bei den Büros des Irischen Fremdenverkehrsamts. Weitere Informationen über:
Cospoir, Long Distance Walking Routes Committee, Hawkins House, Dublin 2.
Kürzere markierte Wanderwege und Naturlehrpfade gibt es in allen Forest Parks im ganzen Land sowie in den drei Nationalparks. Diese werden in den betreffenden Kapiteln erwähnt. Angegeben werden außerdem Adressen von Veranstaltern, die Wanderferien in Irland anbieten.
Für Informationen über Bergsteigen in Irland wenden Sie sich an:
The Federation of Mountaineering Clubs of Ireland, 20 Leopardstown Gardens, Blackrock, Gft Dublin, Tel. 01 881266.

Traditionelle Musik

Traditionelle Volksmusik wird im ganzen Land gepflegt, so daß man als Reisender keine Schwierigkeiten haben wird, sie zu finden, entweder in Pubs oder auf Veranstaltungen, die eigens für die Gäste in den Hotels organisiert werden. Es gibt ein dreitägiges nationales Festival, das *All Ireland Fleadh*, das alljährlich am letzten Augustwochenende, jedes Jahr in einer anderen Stadt, stattfindet. Außerdem gibt es im ganzen Land regelmäßige Veranstaltungen von *Comhaltas Ceoltoiri Eireann*, der zentralen Organisation für die Pflege traditioneller Musik, Lieder und Tänze.
Informationen über:
Comhaltas Ceoltoiri Eireann, Culturlann na hEireann, Belgrave Square, Monkstown, Gft Dublin, Tel. 01 800295.

Monaghan
Louth · Meath
Dublin · Wicklow
Carlow
Kilkenny
Wexford
Waterford

Bord-Failte-Hauptbüros

Baggot Street Bridge Dublin 4 Tel. 01 765871
14 Upper O'Connell Street Dublin 1 Tel. 01 7477733 Telex 32462 Fax 01 786275
Dublin Airport Tel. 01 376387/01 375533 Telex 32491
St Michaels' Wharf Dun Laoghaire Tel. 01 806984/5/6 Fax 01 802641
Monaghan Town (Juni–Aug.) Gft Monaghan Tel. 047 81122
Market Square Dundalk Gft Louth Tel. 042 35484 Fax 042 38070
Newgrange (Mai–Sept.) Gft Meath Tel. 041 24274
Wicklow Town (Juni–Sept.) Gft Wicklow Tel. 0404 67904
Carlow (Juli–Aug.) Gft Carlow Tel. 0503 31554
Shee Alms House Rose Inn Street Kilkenny Gft Kilkenny Tel. 056 21755
Crescent Quay (Febr.–Dez.) Wexford Gft Wexford Tel. 053 23111
41 The Quay (Febr.–Dez.) Waterford Gft Waterford Tel. 051 75823 Fax 051 77388

Veranstaltungen

Februar
Castlecomer Folk Festival, Gft Kilkenny Febr.–März
Dublin Film Festival
März
Arklow Music Festival, Gft Wicklow
Kilkenny Irish Week, Kilkenny
St Patrick's Day Parade, Dublin und im ganzen Land
Feis Ceoil Music Festival, Dublin
Ostern
Irish Grand National, Fairyhouse, Gft Meath
April
Jazz Festival, Howth, Gft Dublin
International Opera Season, Dublin
Mai
Farney Angling Festival, Carrickmacross, Gft Monaghan
Spring Show and Industries Fair, Dublin
Great Leprechaun Hunt, Carlingford, Gft Louth
Juni
Garden Festival, Gft Wicklow
Dublin Traditional Music Festival
Monaghan International Band Festival
Dun Laoghaire Summer Festival, Gft Dublin
Festival of Irish Music in Great Country Houses at Russborough House
Juli
Strawberry Fair, Enniscorthy, Gft Wexford
Clones Agricultural Show, Clones, Gft Monaghan
Kilmore Quay Seafood Festival, Gft Wexford
Clogherhead Prawn Festival, Clogherhead, Gft Louth
Acorn Festival, Newbliss, Gft Monaghan
August
Castleblayney Festival, Gft Monaghan

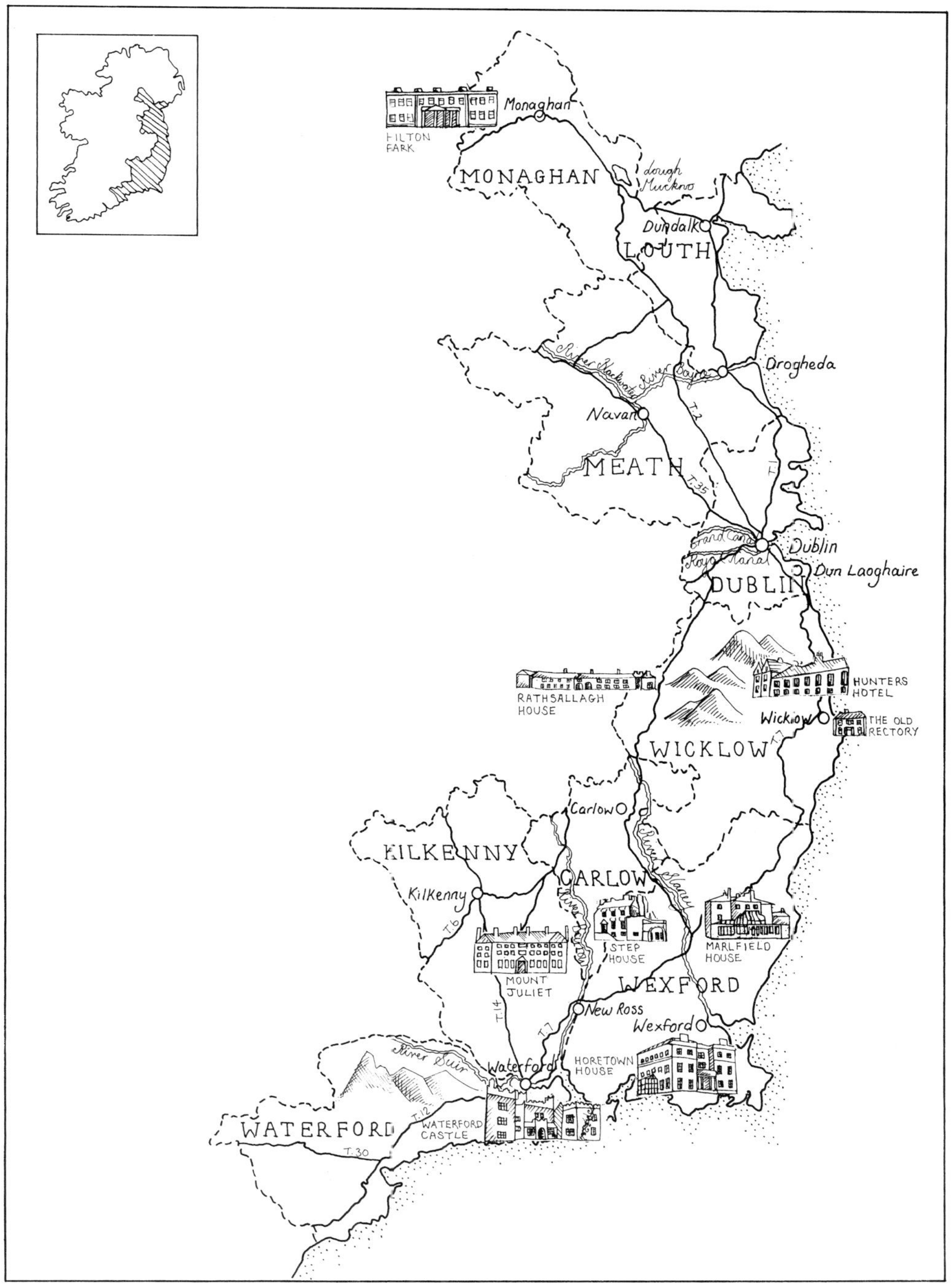

Kilkenny Arts Week
Royal Dublin Horse Show
September
Waterford International Festival of Light Opera
Irish Autumn Fair, Dublin
Carlingford Folk Festival, Gft Louth
Dublin Theatre Festival
Monaghan County Arts Festival
Oktober
Wexford Opera Festival, Theatre Royal, Wexford
November
Dublin Indoor International Horse Show

Hotels und Restaurants

Dublin (Stadt)
Hotel Conrad
Earlsfort Terrace, Dublin 2. Tel. 01 765555
Telex 91872 Fax 01 765424. Ganzjährig geöffnet. Alle Kreditkarten. 190 Zimmer. Zentrum, beim St Stephen's Green.
Jurys Hotel and Towers
Pembroke Road, Ballsbridge, Dublin 4.
Tel. 01 605000 Telex 93723 Fax 01 605540.
Ganzjährig geöffnet. Alle Kreditkarten.
390 Zimmer. 5 Minuten vom Zentrum.
Longfields Hotel
10 Fitzwilliam Street Lower, Dublin 2.
Tel. 010 353/1761367 Fax 010 353 1761542.
25./26. Dez. geschlossen. Alle Kreditkarten.
Shelbourne Hotel
St Stephen's Green, Dublin 2. Tel. 01 766471
Telex 93653 Fax 01 616006. Ganzjährig geöffnet. Alle Kreditkarten. 165 Zimmer. Zentrum.
Westbury Hotel
Grafton Street, Dublin 2. Tel. 01 791122 Telex 91091
Fax 01 797078. Ganzjährig geöffnet. Alle Kreditkarten. 200 Zimmer. Zentrum.
Aisling Restaurant
Shelbourne Hotel, St Stephen's Green, Dublin 2.
Tel. 01 766471. Geöffnet 12.30–14.30, 18.30–22.30 Mo–Sa, 12.30–14.30, 18.30–22.00 So. Alle Kreditkarten. 65 Plätze. Im Shelbourne Hotel.
Cafe Klara
35 Dawson Street, Dublin 2. Tel. 01 778611/778313.
Geöffnet 12.30–23.30. Geschlossen 25. Dez., 1. Jan. AM, Visa. 140 Plätze.
Capers
4 Nassau Street, Dublin 2. Tel. 01 684626. Abends geöffnet.
Le Coq Hardi
35 Pembroke Road, Ballsbridge, Dublin 4.
Tel. 01 684130. Geöffnet 12.00–15.00, 19.00–23.00. Geschlossen Sa abend, gesetzliche Feiertage. Alle Kreditkarten. 20 Plätze.
The Embassy Garden Restaurant
Jurys Hotel, Dublin 4. Tel. 01 605000. Geöffnet 7.00–10.00, 12.30–14.15, 18.15–22.45. Alle Kreditkarten. 80 Plätze. Im Jurys Hotel.
The Grey Door
23 Upper Pembroke Street, Dublin 2.
Tel. 01 763286/766890. Geöffnet 12.30–14.30, 18.30–23.00. Geschlossen So, gesetzliche Feiertage. Alle Kreditkarten. 30 Plätze.
Kish Restaurant
Jurys Hotel, Dublin 4. Tel. 01 605000. Geöffnet 18.30–22.45. Geschlossen So. Alle Kreditkarten. 50 Plätze. Im Jurys Hotel.
Locks
1 Windsor Terrace, Portobello, Dublin 8.
Tel. 01 543391/538352. Geöffnet 12.30–14.00, 19.15–23.00. Geschlossen Sa mittag, So, gesetzliche Feiertage. Alle Kreditkarten. 48 Plätze.
Lord Edward
23 Christchurch Place, Dublin 8. Tel. 01 542420. Geöffnet 12.30–14.30, 18.00–22.45. Geschlossen Sa mittag, So, Mo. Alle Kreditkarten, 40 Plätze.
Old Dublin
91 Francis Street, Dublin 8. Tel. 01 542028/542346.
Geöffnet 12.00–14.00, 19.30–22.30. Geschlossen Sa mittag, So, gesetzliche Feiertage. Alle Kreditkarten. 65 Plätze.
Patrick Guilbaud Restaurant
46 James Place Dublin 2. Tel. 01 764192/601799.
Geöffnet 12.30–14.00, 19.30–22.15. Geschlossen Sa mittag, So, gesetzliche Feiertage. 50 Plätze. Alle Kreditkarten.
Ryan's Pub and Restaurant
28 Parkgate Street Dublin 8. Tel. 01 719352/776097.
Geöffnet 12.30–14.30, 19.00–22.00. Geschlossen Mo abend, Sa mittag, So, Karfreitag, Weihnachten. 32 Plätze.
The Soup Bowl
2 Molesworth Place Dublin 2. Tel. 01 618918. Geöffnet 12.30–15.30, 18.30–23.30. Alle Kreditkarten. 35 Plätze.

CAFÉS, MITTAGESSEN
Bewleys
Grafton Street Dublin 2. Tel. 01 776761.
Geöffnet 7.30–20.00, So geschlossen
Fitzers in der National Gallery
Mitchell's in Kildare Street
Pasta Fresca in Chatham Street, Tel. 01 792402

PUBS
The Bailey 2 Duke Street
The Brazen Head Bridge Street
Ryan's 28 Parkgate Street
Cavanagh's De Courcy Square, Glasnevin

Grafschaft Monaghan
Hilton Park
Clones, Gft Monaghan. Tel. 047 56007 Fax 047 56003. Okt.–März geschlossen. Visa, AM. 5 Zimmer (2 mit Bad). 5 km außerhalb von Clones an der L 46 nach Ballyhaise.
Nuremore Hotel
Carrickmacross, Gft Monaghan. Tel. 042 61438
Fax 042 61853. Ganzjährig geöffnet. Restaurant 13.00–14.30, 18.00–21.45. Alle Kreditkarten. 51 Zimmer. 80 Plätze.

Grafschaft Meath
Ardboyne Hotel
Dublin Road, Navan. Tel. 046 23119 Fax 046 22355. Ganzjährig geöffnet. Restaurant 12.30–15.00, 17.00–22.00. Alle Kreditkarten.
27 Zimmer, 100 Plätze.
Alix Gardner's Cookery School
Kensington Hall, Grove Park, Rathmines, Dublin 4.
Tel. 01 960045
Alix Gardner hält verschiedene Kochkurse ab, von 3monatigen Cordon-bleu-Kursen bis zu kürzeren Spezialkursen, darunter auch traditionelle irische Küche. Sie veranstaltet außerdem Gourmet-Reisen durch ganz Irland mit Restaurantbesuchen, Treffen mit Chefköchen und Informationen über irische Küche. Weitere Informationen über o. g. Adresse.
Beauparc
Slane, Gft Meath. Tel. 041 24207 Telex 43784
Fax 041 24401. Ganzjährig geöffnet. Alle Kreditkarten. 8 Zimmer. Am Ufer gegenüber Slane Castle.

Grafschaft Dublin
(Siehe Anfang der Liste Hotels, Restaurants und Pubs in Dublin-Stadt)
King Sitric
East Pier, Howth, Gft Dublin. Tel. 01 325235/326729. Geöffnet 12.30–14.30, 18.30–23.00. Geschlossen So, gesetzliche Feiertage. Alle Kreditkarten. 60 Plätze.
The Old Schoolhouse
Coolbanagher, Swords. Gft Dublin. Tel. 01 402846. Geöffnet 12.30–14.30, 19.00–22.30. Geschlossen Sa mittag, So, gesetzliche Feiertage. Alle Kreditkarten. 80 Plätze.
The Park Restaurant
26 Main Street, Blackrock, Gft Dublin. Tel. 01 886177. Geöffnet 12.30–14.15, 19.30–21.45. Geschlossen Sa mittag, So, Mo, Di nach gesetzlichen Feiertagen. Alle Kreditkarten. 50 Plätze.

Grafschaft Wicklow
Hunter's Hotel
Rathnew, Gft Wicklow. Tel. 0404 40106. Ganzjährig geöffnet. Restaurant 13.00–15.00, 19.30–21.00. Alle Kreditkarten. 18 Zimmer. Kurz vor dem Dorf auf der Dubliner Seite von Rathnew von der N11 abbiegen.
The Old Rectory
Wicklow Town, Gft Wicklow. Tel. 0404 67048. Geschlossen Nov.–Ostern. Alle Kreditkarten. 5 Zimmer. Auf der Dubliner Seite von Wicklow Town von der N 11 abbiegen.
Rathsallagh House
Dunlavin, Gft Wicklow. Tel. 045 53112 Fax 045 53343. Geschlossen Weihnachten–Neujahr. Visa, AM, DC. 10 Zimmer. 3 km außerhalb von Dunlavin.
Tinakilly House Hotel
Rathnew, Gft Wicklow. Tel. 0404 69274/67227
Fax 0404 67806. Geöffnet 12.30–14.30, 19.30–21.30. Alle Kreditkarten. 60 Plätze, 14 Zimmer.
Tree of Idleness
The Seafront, Bray, Gft Wicklow.
Tel. 01 863498/828183. Geöffnet 19.30–23.00, So 19.30–22.00. Mo, Karfreitag, Ende Aug.–Mitte Sept. geschlossen. Visa, AM, DC. 60 Plätze.

Grafschaft Carlow
The Step House
Borris, Gft Carlow. Tel. 0503 73401 Fax 0503 73395. Geöffnet 19.00–22.30 (Bistro 11.30–0.30). Geschlossen So, Mo, Febr. Visa, AM, Amex. 30 Plätze. 6 Zimmer.

Grafschaft Kilkenny
Club House Hotel
Patrick Street, Kilkenny Town. Tel. 056 21994
Fax 055 27398. Ganzjährig geöffnet. Alle Kreditkarten. 23 Zimmer (18 mit Bad).
Hotel Kilkenny
College Road, Kilkenny Town. Tel. 056 62000 Fax 056 65984. Ganzj. geöffn. Visa, AM, Amex. 60 Zimmer.
Mount Juliet
Thomastown, Gft Kilkenny. Tel. 056 24455
Telex 80355 Fax 056 24522. Ganzjährig geöffnet. Alle Kreditkarten. 32 Zimmer.
Newpark Hotel
Castlecomer Road, Kilkenny Town. Tel. 056 22122
Telex 80080 Fax 056 61111. Ganzjährig geöffnet, Restaurant 12.30–14.30, 18.30–22.00.
Alle Kreditkarten, 60 Zimmer, 65 Plätze.

PUBS
Kyteler's Inn
St Kieran Street, Kilkenny Town. Tel. 056 21064

Grafschaft Wexford
Horetown House
Foulksmills, Gft Wexford. Tel. 051 63633/63706
Fax 051 63633. Geschlossen Mitte Jan.–Mitte März. Keine Kreditkarten. 12 Zimmer ohne Bad.
Marlfield House
Gorey, Gft Wexford. Tel. 055 21124 Telex 80757
Fax 055 21572. Geschlossen 2 Wochen im Jan. Restaurant geöffnet 13.00–14.30, 19.30–21.30. Alle Kreditkarten. 19 Zimmer. 90 Plätze.
Talbot Hotel
Trinity Street, Wexford Town. Tel. 053 22566
Telex 80658 Fax 053 23377. Ganzjährig geöffnet. Alle Kreditkarten. 103 Zimmer.

PUBS
Farmers Kitchen
Wexford Town (3 km außerhalb der Stadt an der Straße nach Rosslare).

Grafschaft Waterford
Jurys Ardree Hotel
Ferrybank, Waterford City. Tel. 051 32111 Telex 80684
Fax 051 32863. Geschlossen Weihnachten. Alle Kreditkarten. 100 Zimmer.
The Tower Hotel
The Mall, Waterford City. Tel. 051 75801 Telex 80699
Fax 051 70129. Ganzjährig geöffnet. Alle Kreditkarten. 80 Zimmer.
Waterford Castle
The Island, Ballinakill, Gft Waterford. Tel. 051 78203
Telex 80332 Fax 051 79316. Ganzjährig geöffnet. Alle Kreditkarten. 31 Zimmer.
Katy Riley's Kitchen
Tramore Road, Waterford City, Tel. 051 75608.

Historische Gebäude

Dublin (Stadt)
Christchurch Cathedral, Lord Edward Street. Geöffnet Mai–Sept. Mo–Sa 9.30–17.00, Okt.–April Di–Sa 9.30–12.45, 14.00–17.00, Sa 9.30–12.45
St Michan's Church, Church Street. Geöffnet Mo–Fr 10.00–12.45, 14.00–16.45, Sa 10.00–12.45
St Patrick's Cathedral, Patrick Street. Geöffnet Mo–Fr 9.00–18.00, Sa 9.00–16.00
The Bank of Ireland, Butt Bridge
Dublin Castle, Lord Edward Street. Geöffnet Mo–Fr 10.00–12.15, 14.00–17.00. Sa, So 14.00–17.00
Four Courts, Inns Quay. Geöffnet Mo–Fr 9.30–17.00

General Post Office, O'Connell Street
Leinster House, Kildare Street Geöffnet außerhalb der Parlamentssitzungen, Di–Sa 10.00–17.00, So 14.00–17.00
Marsh's Library, Patrick Street. Geöffnet Mo, Mi, Fr 14.00–16.00, Sa 10.30–12.30
Powerscourt Town House, South William Street. Geöffnet täglich außer So und gesetzliche Feiertage. Tel. 01 7944144
Royal Hospital, Kilmainham, geöffnet Sa und gesetzliche Feiertage 14.00–17.00, So 12.00–17.00, Juli–Aug. Di–So 12.00–17.00. Tel. 01 718666
Trinity College and Library, College Green. Geöffnet Mo–Fr 9.30–16.45, Sa 9.30–12.45

Museen

Dublin (Stadt)
National Gallery Morrion Square. Geöffnet Mo–Fr 10.00–17.00 (Do bis 21.00), Sa 10.00–13.00, So 14.00–17.00
National Museum of Irish Antiquities, Kildare Street. Geöffnet Di–Sa 10.00–17.00, So 14.00–17.00
Chester Beatty Library and Art Gallery, Shrewsbury Road. Geöffnet Di–Fr 10.00–17.00, Sa 14.00–17.00
Douglas Hyde Gallery, Trinity College (Nassau Street). Geöffnet Mo–Sa 11.00–17.00
Guinness Museum and Visitors' Centre, James's Street. Geöffnet Mo–Fr 10.00–15.00
Irish Whiskey Corner, Bow Street Tel. 01 725566
Irish Life Viking Adventure, St Audoen's, High Street. Geöffnet 9.00–16.00 Tel. 01 720288
AUSSERHALB VON DUBLIN
Castle Leslie, Glaslough, Gft Monaghan. Geöffnet Juni–Aug. 14.00–18.00
Slane Castle, Gft Meath. Geöffnet März–Okt. So 14.00–18.00 Tel. 041 24207
Newbridge House, Donabate, Gft Dublin. Geöffnet April–Okt. Mo–Fr 10.00–17.00, So 14.00–18.00 Tel. 01 436534/5
Malahide Castle, Gft Dublin. Geöffnet April–Okt. Mo–Fr 10.00–12.45, 14.00–17.00, Sa 11.00–18.00, So und gesetzliche Feiertage 14.00–18.00. Nov.–März Sa, So und gesetzliche Feiertage 14.00–17.00 Tel. 01 452655/452371
James Joyce Tower, Sandycove, Gft Dublin. Geöffnet April–Okt. Mo–Sa 10.00–13.00, 14.00–17.00, So 14.30–17.00
Killruddery House and Gardens, Bray, Gft Wicklow. Geöffnet Mai, Juni, Sept. 13.00–17.00 Tel. 01 863405
Russborough, Blessington, Gft Wicklow. Geöffnet Ostern–Okt., So und gesetzliche Feiertage, tägl. Juni–Aug. 14.30–17.30 Tel. 045 65239
Rothe House, Gft Kilkenny. Geöffnet April–Okt. Mo–Sa 10.30–12.30, 14.00–17.00, So 15.00–17.00; Nov.–März Sa, So 15.00–17.00 Tel. 056 22893
Monaghan County Museum, St Mary's Hill, Monaghan Town Tel. 047 82928
Enniscorthy Museum, Castle Street, Gft Wexford
Waterford Crystal Factory, Waterford Tel. 051 73311
Agricultural Museum, Johnstown Castle, Murringtown, Gft Wexford. Geöffnet Mo–Fr 9.00–17.00. Sa, So, Mai–Okt. 14.00–17.00
Irish National Heritage Park, Ferrycarrig, Gft Wexford. Geöffnet Sommer 9.00–19.00, Winter 10.00–16.00

Gärten

Dublin (Stadt)
National Botanic Gardens, Glasnevin, Dublin 9. Geöffnet Mo–Sa 9.00–18.00, So 11.00–16.30 Tel. 01 377596/374388.
45 Sanford Road, Ranelagh, Dublin 6. Besuche nach schriftlicher Voranmeldung.
Butterstream, Trim, Gft Meath. Besuche nach schriftlicher Voranmeldung.
Howth Castle Gardens, Howth, Gft Dublin. Geöffnet tägl. 8.00–Sonnenuntergang Tel. 01 322624.
Beech Park, Clonsilla, Gft Dublin. Geöffnet März–Okt. 9.00–17.00 Tel. 01 867676.
Fernhill Gardens, Sandyford, Gft Dublin. Zugang jederzeit nach Voranmeldung. Tel. 01 956000.
Powerscourt. Enniskerry, Gft Wicklow. März–Okt. 9.00–17.30 Tel. 01 867676.
Killruddery, Bray, Gft Wicklow. Mai, Juni, Sept., tägl. 13.00–17.00.
Mount Usher Gardens, Ashford, Gft Wicklow. März–Okt. Mo–Sa 10.30–18.00, So 11.00–18.00, Tel. 0404 40116/40205.
Altamont Gardens, Tullow, Gft Carlow. Ostersonntag–Okt. 14.00–18.00 Tel. 0503 57128.
John F. Kennedy Arboretum, New Ross, Gft Wexford. Ganzjährig geöffnet. Tel. 051 88171.
Johnstown Castle Demesne, Murrintown, Gft Wexford. Ganzjährig tägl. 9.00–17.30 Tel. 053 42888.
Kilmokea, Campile, Gft Wexford. Zutritt nach Vereinbarung. Tel. 051 88109.
Lismore Castle Gardens, Lismore, Gft Waterford. So–Fr 13.45–16.45 Tel. 058 54424.
Mount Congreve, Gft Waterford. Zutritt nur nach Voranmeldung. Tel. 051 84115.

Archäologische Zeugnisse und christliche Stätten

Brugh Na Boinne, Gft Meath: Dowth, Knowth and *Newgrange: Interpretive Centre* Juni–Sept. 10.00–19.00, März–Mai 10.00–13.00, 14.00–17.00
Kells, Gft Meath
Tara, Gft Meath
Mellifont Abbey, Drogheda, Gft Louth
Monasterboice, Drogheda, Gft Louth
Glendalough, Gft Wicklow
Ardmore, Gft Waterford
Jerpoint Abbey, Gft Kilkenny
Duiske Abbey, Graiguenamanagh, Gft Kilkenny

Naturschutzgebiete

Glendalough/Glenealy, Gft Wicklow. Zwei dicht beieinander liegende Naturschutzgebiete: das erste ein in der Eiszeit entstandenes Tal mit Eichen und Nadelwäldern, das zweite ein Heide- und Hochmoorgebiet.
Glen of the Downs, Gft Wicklow. Für die Grafschaft Wicklow typische Eichenwälder.
Sally Gap, Gft Wicklow. Bergiges Hochmoor südlich von Dublin.
The Raven Nature Reserve, Gft Wexford. Dünen und Sandbänke mit seltenen Pflanzen und Vögeln, besonders Seeschwalbenarten.

Vogelschutzgebiete

Carlingford Lough, Gft Louth. Im Winter Enten.
Dundalk Bay, Gft Louth. Im Herbst Austernfischer, im Winter Pfuhlschnepfen, Regenpfeifer, Strandläufer und Alpenstrandläufer.
North Bull Island, Gft Dublin. Nationales Naturschutzgebiet. Im Winter Nahrungsgebiet von Ringelgänsen und Enten, darunter Mittelsäger, Schellenten, Spießenten und Löffelenten; in den Salzmarschen Sumpfohreulen; Lehrzentrum.
Wicklow Mountains. Wanderfalken, Merlinfalken, Hühnerbussarde und Ringdrosseln im Hochland.
Wexford Harbour und Wexford Slobs. Im Winter die größte Kolonie der Welt von Bläßgänsen, manchmal auch Kanada-, Weißwangen- und Schneegänse. Viele, häufig auch seltene Entenarten.
Lady's Island, Gft Wexford. Nationales Naturschutzgebiet. Brütende Seeschwalben, überwinternde Schwäne und Enten.
Saltee Islands, Gft Wexford. Im Sommer Brutplatz von Seevögeln wie Lumme, Papageitaucher, Tölpel, Kormoran und Dreizehenmöwe.
Hook Head, Gft Wexford. Verschiedene Zugvogelarten im Frühling und Herbst, u. a. Sommergoldhähnchen, Rotkopfwürger und Gelbspötter.
Tramore Bay und Dungarvan Bay, Gft Waterford. Die Salzmarschen an der Tramore Bay ziehen Ringelgänse, Pfeifenten und Regenpfeifer an. An der Dungarvan Bay verschiedene Sumpfvögel.

Angeln

Örtliche Informationen:
The Manager, Eastern Region Fisheries Board, Balnagowan House, Mobhi Boreen, Glasnevin, Dublin 9, Tel. 01 379206/379209

Fischen im Meer
Hochseefischen mit Booten zu mieten in Dungarvan und Ardmore.
Küstenfischen bei Clogher Head, vor Dalkey Island, von Dun Laoghaire bis Killiney und Bray sowie bei Greystones, Wicklow, Arklow, Gorey, Courtown, Wexford Harbour, Rosslare Harbour, Kilmore Quay, Arthurstown, Fethard, Duncannon, Ballyhack, Passage East, Dunmore East, Tramore, Dungarvan, Ardmore.

Sportangeln
Lachse: River Boyne, Blackwater River, River Nore, River Slaney, River Suir.
Bachforellen: River Barrow, River Greese, River Nore, River Suir.
Bach- und Regenbogenforellen: Fanggründe im Lough Creevy, Lough Emy, White Lake.
Clonanav Farmhouse River Suir Angling School gibt Kurse für Netzwerfen und Angeln: Ballymacarberry, über Clonmel, Gft Waterford, Tel. 052 36141
Blackwater Lodge Hotel gibt Kurse für Lachs- und Forellenfang: Upper Ballyduff, Gft Waterford, Tel. 058 60235

Grundfischen
Hechte: Lough Muckno, River Barrow in Carlow und Graiguenamanagh.
Brassen, Rotfedern, Plötzen, Schleien etc.: Grand Canal, River Barrow, Blackwater River, Lough Muckno, Lough Moynalty, Ballyhoe Lake.

Wassersport

Segeln
Das beste Segelsportgebiet liegt an der Südküste bei Dunmore East, aber auch an der Ostküste kann man diesen Sport ausüben. Dun Laoghaire Harbour ist ein bedeutender Jachthafen und Sitz des Royal St George Yacht Club und des Royal Irish Yacht Club.
Weitere Jachtclubs der Region:
Skerries Yacht Club, Howth Yacht Club, Malahide Yacht Club, The National Yacht Club, Dun Laoghaire Motor Yacht Club, Wicklow Yacht Club und Waterford Harbour Yacht Club.

Segelschulen
Dun Laoghaire Sailing School, 115 Lower Georges Street, Dun Laoghaire, Gft Dublin Tel. 01 806654
Dolphin Offshore Sailing Group, Chamco House, Bray Road, Shankill, Gft Dublin Tel. 91 823688/953739
Fingall Sailing School, Upper Strand Road, Broadmeadow Estuary, Malahide, Gft Dublin
Tel. 01 451979 Fax 01 452920

Windsurfen
Dunmore East ist das beste Gebiet für Windsurfer in Irland. Wenden Sie sich an: Waterford Harbour Sailing Club

Schulen und Surfbretter
Wind and Wavesurfing School, 16A The Crescent, Monkstown, Gft Dublin Tel. 01 844177
Fingall Sailing School, Malahide
(Adressen siehe unter Segeln)

Wasserski
Beste Plätze: Lough Muckno, Sandycove (Dun Laoghaire), Waterford und Küsten von Wexford, und am Lacken Reservoir, Gft Wicklow.
Muckno Waterski Club, Lough Muckno, Gft Monaghan. Wenden Sie sich an: David Boyd Tel. 042 40115
Waterford Waterski Club, River Suir, Grannagh, Waterford. Wenden Sie sich an: Michael Daniels Tel. 051 55138/78359
Wexford Waterski Club, Wexford Harbour Boat Club, River Slaney. Wenden Sie sich an: Thomas McGuiness Tel. 053 22374

Surfen
East Coast Surf Club. Wenden Sie sich an: Kevin Cavey, 15 Glen Avenue, The Park, Cabinteely, Dublin 18 Tel. 01 695022 (tagsüber)
South Coast Surf Club. Wenden Sie sich an: Margaret O'Brien-Moran, 7 Marine Terrace, Tramore, Gft Waterford Tel. 051 86582
Beste Strände: Bray, Brittas Bay, Magheramore, Jack's Hole, Courtown (mit starken Südwinden). Größere

Wellen an der Südküste bei Tramore Strand, Annestown, Bunmahon Bay.

Kanufahrten
Auf dem Meer: Tramore, Gft Waterford, und Saltee Islands, Gft Wexford
Kanusurfing: Tramore
Kanufahren auf den Flüssen Liffey, Barrow (einige Stromschnellen), Nore, Boyne, Slaney, Suir und Blackwater.
Ausrüstung:
All Weather Marine, Grand Canal Quay, Dublin 2
Tel. 01 713655
Marine Sales, Tubbermore Road, Dalkey, Gft Dublin
Kurse:
Tiglin Adventure Centre, Ashford, Gft Wicklow
Tel. 0404 40169

Strände
Sandstrände: Greenore, Laytown, Bettystown, Dollymount Strand, Bull Island, Brittas Bay, Arklow, Courtown, Curracloe, Rosslare, Kilmore Quay, Hook Head, Dunmore East, Tramore, Annestown, Bunmahon, Dungarvan, Ardmore

Kreuzfahrten
Grand Canal und River Barrow südlich von Athy nach New Ross
Boote für Fahrten vom Grand Canal zum River Barrow kann man mieten bei:
Celtic Canal Cruisers Ltd, Tullamore, Gft Offaly
Tel. 0506 21861
Restaurant: Wenden Sie sich an Dick Fletcher,
Galley Cruising Restaurant, Bridge Quay, New Ross, Gft Wexford Tel. 051 21723
Fahrten auf dem River Barrow und dem River Nore von New Ross bis Inistioge und auf dem Suir bis Waterford.

Golf

County Louth Golf Club, Baltray, Drogheda, Gft Louth Tel. 041 22329/22444
Headfort Golf Club, Kells, Gft Meath
Tel. 046 40146/40639
The Royal Dublin Golf Club, North Bull Island, Dollymount, Dublin 3 Tel. 01 336346
Portmarnock Golf Club (gilt als einer der besten Golfplätze der Welt), Portmarnock, Gft Dublin
Tel. 01 323082/323183
Woodbrook Golf Club, Bray, Gft Wicklow
Tel. 01 824799/822532
Carlow Golf Club, Deerpark, Carlow, Gft Carlow
Tel. 0503 31695/42599
Kilkenny Golf Club, Glendine, Kilkenny, Gft Kilkenny
Tel. 056 22125
Rosslare Golf Club, Rosslare Strand, Gft Wexford
Tel. 053 32203
Courtown Golf Club, Kiltennel, Gorey, Gft Wexford
Tel. 055 21533
Tramore Golf Club, Tramore, Gft Waterford
Tel. 051 86170

Reiten

Reitställe
Greystones Equestrian Centre (Sitz), Castle Leslie, Glaslough, Gft Monaghan Tel. 047 88100 Telex 43657 DPLH EI attn G Bellew
Bellingham Stables, Castlebellingham, Gft Louth
Tel. 042 72175
Ashton Equestrian Centre, Ashton Manor, Castleknock, Dublin 15 Tel. 01 387611/383236
Bel-Air Hotel Riding School, Ashford, Gft Wicklow
Tel. 0404 40109
Brennanstown Riding School Ltd, Hollybrook, Kilmacanogue, Bray, Gft Wicklow Tel. 01 863778
Broomfield Riding School, Broomfield, Tinahely, Gft Wicklow Tel. 0402 8117
Broom Lodge Stables, Broom Lodge, Nun's Cross, Ashford, Gft Wicklow Tel. 0404 40404
Inchanappa House Hotel, Ashford, Gft Wicklow
Tel. 0404 40230
Kilmullen Stables, Kilmullen Lane, Newtownmountkennedy, Gft Wicklow Tel. 01 819906
Carrigbeg Stables, Bagenalstown, Gft Carlow
Tel. 0503 21962
Rathvinden Equestrian Centre, Leighlinbridge, Gft Carlow Tel. 0503 21740
Thomastown Equitation Centre, Thomastown, Gft Kilkenny Tel. 056 24112
Horetown Equestrian Centre (Sitz), Horetown House, Foulksmills, Gft Wexford Tel. 051 63786/63633
Telex 80658 Fax 051 63763
Boro Hill Equestrian Centre Ltd, Clonroche, Enniscorthy, Gft Wexford Tel. 054 34102
The Mill Riding Centre, The Mill, Rathnure, Enniscorthy, Gft Wexford Tel. 054 55112
Kilotteran Equitation Centre, Kilotteran, nahe Waterford, Gft Waterford Tel. 051 84158
Melody's Riding Stables organisieren Ausritte mit Übernachtungen auf Bauernhöfen oder in Hotels. The Comeragh Mini Trails: Ballymacarberry, nahe Clonmel, Gft Waterford Tel. 052 36147
The Wicklow Trail ist ein 6tägiger Ausritt mit Begleitung durch die Wicklow Mountains, mit Unterbringung in Landhaushotels. Informationen: Ms Grainne Sugars, The Wicklow Trail, Calliaghstown Riding School, Calliaghstown, Rathcoole, Gft Dublin Tel. 01 589236

Jagen

Die wichtigsten Jagden, an denen Gäste teilnehmen können:
The Louth Hunt Tel. 041 53348
Ballymacad Hunt (Gft Meath) Tel. 049 41573
The Meath Hunt Tel. 0405 57014
Tara Harriers (Gft Meath) Tel. 046 21474
Fingal Harriers (Gft Dublin) Tel. 01 491467
Bray Harriers (Gft Wicklow) Tel. 01 694403
Shillelagh and District Hunt (Gft Wicklow)
Tel. 01 972266
Wicklow Hunt Tel. 0402 32485
Kilkenny Hunt Tel. 056 26143
North Kilkenny Hunt Tel. 056 33209
Island Hunt (Gft Wexford) Tel. 054 77125
Wexford Hunt Tel. 051 21225
Waterford Hunt Tel. 051 84142
West Waterford Hunt Tel. 058 54110

Pferdewagen
Informationen: Dieter Clissman Horse-drawn Caravans, Carrigmore Farm, Wicklow, Gft Wicklow
Tel. 0404 8188

Pferderennen
In Leopardstown, Gft Dublin

Radfahren

Die empfohlenen langen Radtouren in dieser Region sind: *The Land of Gods and Heroes* entlang dem River Boyne und vorbei an vielen alten Kulturdenkmälern; *The Garden of Ireland* durch die Wicklow Mountains; *The Sunny South-East Corner* entlang der Küste von Wicklow; *The Rivers of Mount Leinster* durch die Täler des Barrow und des Slaney; *Cliffs, Coves and Mountains* entlang der Küste von Waterford, ins Landesinnere um die Knockmealdown Mountains herum und am River Suir entlang zurück zur Küste.
Radferien werden veranstaltet von:
Easy Riders Cycling Holidays, 8 Tetrarch Grove, Clonee, Gft Meath Tel. 01 255484
The Bike Store, 58 Lower Gardiner Street, Dublin 1
Tel. 01 725399 Telex 33527
Mrs Mary Byrne, Ballyknockan House, Glenealy, nahe Ashford, Gft Wicklow Tel. 0404 44627
Gold Coast Holidays, Clonea Strand Hotel, Dungarvan, Gft Waterford Tel. 058 42249/42416 Telex 80283

Wandern

Offizielle markierte Wanderwege in diesem Gebiet:
The Tain Trail (30 km): Rundweg von Carlingford nach Omeath, dann zu den Carlingford Mountains (430 km); durch Waldgebiet hinunter nach Ravensdale und ins Big River Valley, dann zurück entlang dem *Golyin Path*.
The Grand Canal Towpath: Entlang dem Treidelpfad von Celbridge, in der Nähe von Dublin, in westlicher Richtung nach Edenderry (Gft Kildare) oder von Celbridge nach Robertstown.
The Barrow Towpath: Am Barrow Line Canal und am River Barrow entlang, von Rathangan über Athy und Carlow Town nach Graiguenamanagh, von hier Verbindung zum *South Leinster Way.*
South Leinster Way (94 km): Von Kildavin (Gft Carlow) über Waldwege und den Mount Leinster am River Barrow Navigation entlang, über Graiguenamanagh und Inistioge, am River Norel entlang und schließlich über weites, verlassenes Hochland hinunter nach Carrick-on-Suir (Gft Kilkenny), wo der Weg in die erste Etappe des *Munster Way* mündet.
The Munster Way: Am River Suir entlang über Clonmel ins Nore Valley und am Nordrand der Knockmealdown Mountains entlang. Dieser Teil endet am Vee, einer tiefen Schlucht in den Hügeln.
The Wicklow Way (132 km): Von Marlay Park (Gft Dublin), führt vom Tiefland von Dublin durch die Dublin Mountains zu den Wicklow Mountains; hinter Aghavannagh durch eine ebenere Landschaft vorbei an interessanten Altertümern nach Clonegal (Gft Carlow).
Weitere Wanderwege:
The Boyne Towpath (33 km) von Navan über Newgrange, den Schauplatz der *Battle of the Boyne*, nach Drogheda; *The Dublin Trail* (41 km) am Nordrand der Wicklow Mountains entlang; *Wexford Coast Trail* (12 km) von Rosslare aus um den Carnsore Point; *Avondale Forest Park* (Gft Wicklow).
Wanderferien werden veranstaltet von:
Andrews Travel Consultants Ltd (ATC), 10 Meadow Vale, Blackrock, Gft Dublin Tel. 01 984646/893390
Telex 33296 Fax 01 8985239
USIT Ltd, 19–21 Aston Quay, Dublin 1
Tel. 01 778117/798833 Telex 93714 Fax 01 778843
Nick Becker, Knockreagh House, Knockrath, Rathdrum, Gft Wicklow Tel. 0404 4646
Heritage Rambles, Lismore Travel, 47 The Quay, Waterford, Gft Waterford Tel. 051 72126

Tipperary
Cork · Kerry

Bord-Failte-Hauptbüros

The Castle (Juli–Aug.), Cahir, Gft Tipperary
Tel. 052 41453
Town Hall (April–Sept), Cashel, Gft Tipperary
Tel. 062 61333
Clonmel (Juli–Aug.), Gft Tipperary Tel. 052 22960
James Street, Tipperary Tel. 062 51457
Tourist House, Grand Parade, Cork Tel. 021 273251
Fax 021 273504
Town Hall, Skibbereen, Gft Cork Tel. 028 21766
Main Street (Juli–Aug.), Youghal, Gft Cork
Tel. 024 92390
Town Hall, Main Street, Killarney, Gft Kerry
Tel. 064 31633 Fax 064 34506
Aras Siamsa, Godfrey Place, Tralee, Gft Kerry
Tel. 066 21288

Veranstaltungen

Februar–April
Yacht racing at Kinsale, Gft Cork
März
West Cork Drama Festival, Clonakilty, Gft Cork
April
Killarney Easter Folk Festival, Gft Kerry
Ballydehob Easter Races, Gft Cork
Mai
Cork International Choral and Folk Dance Festival
Pan Celtic International Festival, Killarney, Gft Kerry
Bantry Mussel Festival, Gft Cork
Raft Race and Aquatic Weekend, Kinsale, Gft Cork
Kinsale Yacht Club Fun Week, Gft Cork
Listowel Writers Week, Listowel, Gft Kerry
Juni
Kenmare Walking Festival, Kenmare, Gft Kerry
Charleville Cheese Festival, Gft Cork

Kinsale Arts Week, Gft Cork
Durrus Community Carnival, Durrus, Bantry, Gft Cork
Windsurfing racing, Oysterhaven, Gft Cork
Juli
Walter Raleigh Potato Festival, Youghal, Gft Cork
Schull Festival, Gft Cork
Festival of West Cork, Clonakilty, Gft Cork
Castletownsend Regatta, Gft Cork
International Folk Dance Festival, Cobh, Gft Cork
Cahirmee Horse Fair, Cahirmee, Gft Cork
Mallow Folk Festival, Gft Cork
Castletownsend Festival of Music, Gft Cork
Skibbereen Agricultural Show, Gft Cork
Festival of the Bard, Lisavaird, Gft Cork
Welcome Home Week and Maid of the Isle Festival, Skibbereen, Gft Cork
August
Annual Puck Fair, Killorglin, Gft Kerry
Kinsale Regatta and Festival, Gft Cork
Calves Week Regatta, Schull, Gft Cork
Festival of the Carberrys, Leap and Glandore, Gft Cork
Castletownbere Festival of the Sea, Gft Cork
Rosscarbery Carnival and Regatta, Gft Cork
Baltimore Regatta, Gft Cork
Crookhaven Regatta, Gft Cork
Cobh People's Regatta, Gft Cork
Cahir Castle Norman Festival, Gft Tipperary
Glandore Regatta, Gft Cork
Rose of Tralee International Festival, Gft Kerry
Busking Festival, Clonakilty, Gft Cork
September–Oktober
Film Festival, Cork
Oktober
Kinsale Gourmet Festival, Gft Cork
Guinness Jazz Festival, Cork
Feile Cleire, Clear Island Arts Festival

Hotels und Restaurants

Grafschaft Tipperary
Clonmel Arms
Sarsfield Street, Clonmel, Gft Tipperary.
Tel. 052 21233 Telex 80263 Fax 052 21526. Ganzjährig geöffnet. Alle Kreditkarten. 34 Zimmer (26 mit Bad).
Dundrum House
Dundrum, Cashel, Gft Tipperary. Tel. 062 71116 Telex 70255 Fax 062 71366. Ganzjährig geöffnet. Restaurant geöffnet 19.00–21.30, So 12.30–14.30, 19.00–21.30. Alle Kreditkarten. 55 Zimmer, 65 Plätze.

Cork City
HOTELS
Arbutus Lodge Hotel
Montenotte, Cork. Tel. 021 501237 Telex 75079 Fax 021 502893. Ganzjährig geöffnet. Alle Kreditkarten. 20 Zimmer.
Fitzpatrick Silver Springs
Tivoli, Cork. Tel. 021 507533 Telex 76111 Fax 021 507641. Ganzjährig geöffnet. Alle Kreditkarten. 110 Zimmer.
Jurys Hotel
Western Road, Cork. Tel. 021 276622 Telex 76073 Fax 021 274477. Ganzjährig geöffnet. Glandore Restaurant geöffnet 7.30–23.00. Alle Kreditkarten. 185 Zimmer, 100 Plätze, 5 Minuten zu Fuß vom Zentrum.

RESTAURANTS
Clifford's Restaurant
23 Washington Street West, Cork. Tel. 021 275333. Geöffnet 12.30–14.15, 19.00–22.30. Geschlossen So, Mo, Sa mittag. Alle Kreditkarten. 34 Plätze.
Flemings
Silver Grange House, Tivoli, Cork. Tel. 021 821621/821178. Geöffnet 12.30–14.00, 19.00–23.00. Alle Kreditkarten. 52 Plätze.
Oyster Tavern
Market Lane, nahe Patrick Street, Cork.
Tel. 021 272716 Fax 021 275768. Geöffnet 12.30–14.30, 19.00–23.00. So geschl. Alle Kreditkarten. 104 Plätze.
Crawford Gallery
Emmet Place, Cork. Tel. 021 274415

PUBS
Mutton Lane Inn, nahe Patrick Street, Cork
Jury Rooms, nahe Washington Street, Cork
Cork's im Jurys Hotel

Grafschaft Cork
Acton's Hotel
Pier Road, Kinsale, Gft Cork. Tel. 021 772135 Telex 75443 Fax 021 77231. Ganzjährig geöffnet. Alle Kreditkarten. 57 Zimmer. Erhebt sich über Kinsale Harbour.
Assolas House
Kanturk, Gft Cork. Tel. 029 50015 Fax 029 50795. Geschlossen Nov.–Mitte März. Restaurant geöffnet 19.00–20.30. Alle Kreditkarten. 9 Zimmer. 25 Plätze. Abfahrt N72 Mallow–Killarney nach Kanturk.
Ballylickey Manor House
Ballylickey, nahe Bantry, Gft Cork. Tel. 027 50071 Fax 027 50124. Geschlossen Nov.–März. Amex, Visa. 11 Zimmer. An der N71 zwischen Bantry und Glengarriff.
Ballymaloe Country House and Restaurant
Shanagarry, Midleton, Gft Cork. Tel. 021 652531 Telex 75028 Fax 021 652021. Weihnachten geschlossen. Restaurant geöffnet 13.00–14.30, 19.00–24.00. Alle Kreditkarten. 30 Zimmer. 90 Plätze.
An der L35, 3,5 km hinter Cloyne Richtung Ballycotton.
Ballymaloe Cookery School, Shanagarry, Gft Cork. Tel. 021 645785.
Die Schule von Tim und Darina Allen bietet 12wöchige Kurse mit Abschlußzeugnissen (Juni–Sept.) sowie das ganze Jahr über mehrere Spezialkurse.
Bantry House
Bantry, Gft Cork. Tel. 027 50047. Ganzjährig geöffnet. 10 Zimmer (6 mit Bad). Am Rand von Bantry.
Christy's Hotel
Blarney, Gft Cork. Tel. 021 385011 Telex 75589 Fax 021 381111. Ganzjährig geöffnet. Alle Kreditkarten. 25 Zimmer. Im Dorf Blarney.
Longueville House
Mallow, Gft Cork. Tel. 022 47156 Fax 022 47459. Geschlossen 20. Dez.–Febr. Restaurant geöffnet 13.00–14.00, 19.00–21.00. Alle Kreditkarten. 16 Zimmer. 50 Plätze. 6 km von Mallow entfernt an der N72 nach Killarney.
Sea View House Hotel
Ballylickey, nahe Bantry, Gft Cork.
Tel. 027 50073/50462. Geschlossen Nov.–März. Restaurant geöffnet 13.30–14.30, 19.00–21.30. Alle Kreditkarten. 13 Zimmer. 40 Plätze. An der Straße Bantry–Glengarriff.

RESTAURANTS
Aherne's Seafood Bar
163 North Main Street, Youghal, Gft Cork.
Tel. 024 92424. Geöffnet 12.30–14.15, 18.30–21.30. Geschlossen Mo (außer Juli–Aug.), So, Karfreitag, Weihnachten. Alle Kreditkarten. 40 Plätze.
An Sugan
Wolfe Tone Street, Clonakilty, Gft Cork.
Tel. 023 33498. Geöffnet 12.30–14.30, 18.00–22.00. Bar 11.00–22.30. Geschl. Karfr., 25. Dez. AM Visa, 48 Pl.
Bistro Seafood Winebar
Guardwell, Kinsale, Gft Cork. Tel. 021 774193/772470. Geöffnet 18.30–23.00 Mo–Sa, 13.00–23.00 So. Geschlossen Mo–Sa mittag. AM, Visa, 55 Plätze.
Blair's Cove House Restaurant
Blair's Cove, Durrus, Gft Cork. Tel. 027 61127. Geöffnet 19.30–21.30 Di–Sa, 13.00–14.00 So. Geschlossen Mo, Nov.–Febr. Alle Kreditkarten. 70 Plätze.
Blue Haven Hotel
Pearse Street, Kinsale, Gft Cork. Tel. 021 72209. Geöffnet 10.30–23.30. Geschlossen 25. Dez. Alle Kreditkarten. 70 Plätze.
Cottage Loft
6 Main Street, Kinsale, Gft Cork. Tel. 021 772803 Geöffnet 19.00–22.30. Geschlossen Mo im Winter. AM, Visa. 50 Plätze.
Dunworley Cottage Restaurant
Butlerstown, Bandon, Gft Cork. Tel. 023 40314. Geöffnet 18.30–22.00 Mi–Sa, 13.00–20.30 So. Geschlossen Mo, Di. Alle Kreditkarten. 30 Plätze.
Finins 75 Main Street, Midleton, Gft Cork.
Tel. 021 631878/632382. Geöffnet 12.00–15.00, 19.00–22.00. Geschlossen So, 25. Dez. Alle Kreditkarten. 40 Plätze.

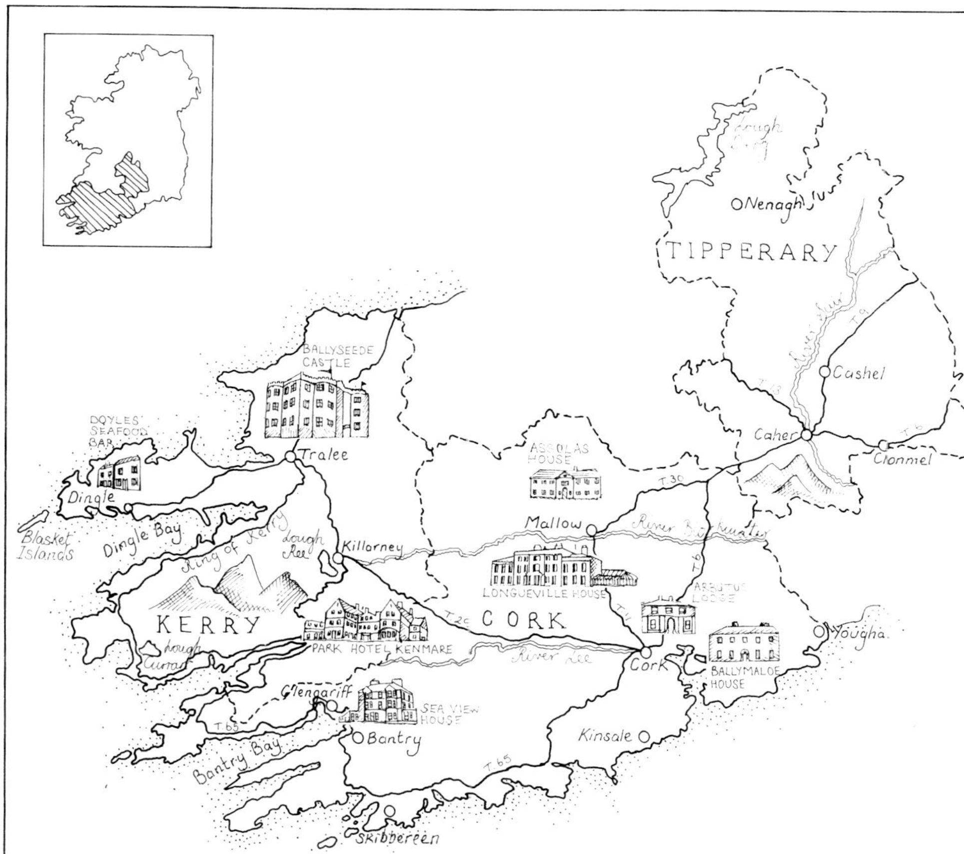

Man Friday
Scilly, Kinsale. Gft Cork. Tel. 021 772260. Geöffnet 19.00–22.30. Geschlossen So, 2. Januarhälfte. AM, Visa. 60 Plätze.
Skippers
Lower O'Connell Street, Kinsale, Gft Cork. Tel. 021 774043. Geöffnet 13.00–14.30, 19.00–22.30. Alle Kreditkarten.
The Vintage Restaurant
Main Street, Kinsale, Gft Cork. Tel. 021 772502. Geöffnet 19.00–22.30. Geschlossen Mitte Jan.–Febr., So. Alle Kreditkarten. 50 Plätze.

Grafschaft Kerry
Ballyseede Castle Hotel
Ballyseede, Tralee, Gft Kerry. Tel. 066 25799 Telex 73050. Ganzjährig geöffnet. AM, Visa, Amex. 10 Zimmer. An der Hauptstraße Tralee–Killarney.
Doyle's Seafood Bar and Townhouse
John Street, Dingle, Gft Kerry. Tel. 066 51174 Fax 066 51816. Geschlossen Nov.–März. Restaurant geöffnet 12.30–14.15, 18.00–21.00. Alle Kreditkarten. 8 Zimmer, 40 Plätze. Im Zentrum von Dingle.
Park Hotel Kenmare
Kenmare, Gft Kerry. Tel. 064 41200 Telex 73905 PARK EI Fax 064 41402. Geschlossen Jan.–März. Restaurant geöffnet 13.00–14.00, 19.00–21.00. Alle Kreditkarten. 48 Zimmer, 100 Plätze. Neben Kenmare-Golfclub.

Historische Gebäude

Damer House, Roscrea, Gft Tipperary. Geöffnet Ostern–Nov. wochentags 10.00–17.00, Sa, So 14.00–17.00 Tel. 0505 21850
Holycross Abbey, Cashel, Gft Tipperary
Bantry House, Bantry, Gft Cork. Geöffnet ganzjährig außer 25. Dez. 9.00–18.00 Tel. 027 54007
Blarney Castle and Rock Close, Blarney, Gft Cork. Geöffnet ganzjährig außer 24./25. Dez., Mo–Sa, Mai, Juni, Juli 9.00–20.30, Aug., Sept. 9.00–19.30, Okt., April 9.00–Sonnenuntergang, So, Sommer 9.00–Sonnenuntergang Tel. 021 385252
Blarney Castle House and Gardens, Blarney, Gft Cork. Geöffnet Juni–Mitte Sept. Mo–Sa 12.00–18.00 Tel. 021 385252
Dunkathel, Glanmire, Gft Cork. Geöffnet Mai–Okt. Tel. 021 821014
Fota House, Carrigtuohill, Gft Cork. Geöffnet März–Okt. Mo–Sa 11.00–18.00, ganzjährig So und gesetzliche Feiertage 14.00–18.00 Tel. 021 812555
Riverstown House, Glanmire, Gft Cork. Geöffnet Mai–Aug. Do–Sa 14.00–18.00 Tel. 021 821205
Charles Fort, Kinsale, Gft Cork. Geöffnet Juni–Mitte Sept. 10.00–18.30, April–Juni, Mitte Sept.–Okt. Di–Sa 10.00–17.00, So 14.00–17.00, Nov.–März Mo–Fr 8.00–16.30
Muckross House, Killarney, Gft Kerry. Geöffnet ganzjährig, März–Juni, Sept.–Okt. 9.00–18.00, Juli–Aug. 9.00–19.00, restliches Jahr 11.00–17.00 Tel. 064 31440

Gärten

Annes Grove Gardens, Castletownroche, Gft Cork. Geöffnet Ostern–Sept. Mo–Sa. 10.00–17.00, So 13.00–18.00 Tel. 022 26145
Bantry House Garden, Bantry, Gft Cork. Geöffnet ganzjährig 9.00–18.00, Mai–Sept. 9.00–20.00 Tel. 027 50047
Creagh Gardens, Skibbereen, Gft Cork. Geöffnet April–Sept. 10.00–18.00 Tel. 028 21267
Ilnacullin, Garinish Island, Glengarriff, Gft Cork. Geöffnet Mai–Okt., Gruppen nach Voranmeldung. Tel. 027 63040 oder 01 613111
Fota Estate, Carrigtuohill, Gft Cork. Geöffnet April–Okt. Mo–Sa 10.00–18.00, So 11.00–18.00 Tel. 021 276871
Timoleague Castle Gardens, Timoleague, Bandon, Gft Cork. Geöffnet Ostern, Mai–Sept. 12.00–18.00 Tel. 023 46116
Dunloe Castle Gardens, Beaufort, Killarney, Gft Kerry. Geöffnet Mai–Sept. Gruppen nach Voranmeldung Tel. 064 31900/44111
Derreen Gardens, Lauragh, Gft Kerry. Geöffnet April–Sept. 11.00–18.00 Tel. 064 83103

Museen

Nenagh Heritage Centre, Nenagh, Tipperary. Geöffnet Mai–Okt. Mo–Fr 10.30–17.00, Sa, So 14.30–19.00 Tel. 067 32633
Fethard Folk Farm and Transport Museum, Gft Tipperary. Geöffnet Mai–Sept. Mo–Sa 10.00–18.00, So 13.30–16.00 Tel. 052 31516
Cork Public Museum, Fitzgerald Park, Cork. Geöffnet Mo–Fr 11.00–13.00, 14.15–17.00 (18.00 Juni–Aug.) Tel. 021 20679
Triskel Arts Centre, Tobin Street, South Main Street, Cork Tel. 021 272022
Crawford Municipal Art Gallery, Emmet Place, Cork. Geöffnet Mo–Fr 10.00–17.00, Sa 9.00–13.00 Tel. 021 273377
Ballyferriter Museum, Dingle, Gft Kerry

Archäologische Zeugnisse und christliche Stätten

Rock of Cashel, Gft Tipperary
Athassel Priory, Golden, Gft Tipperary
Gallarus Oratory, Dingle, Gft Kerry
Skellig Michael, Gft Kerry
Staigue Fort, Sneem, Gft Kerry

Naturschutzgebiete

Killarney National Park (Gft Kerry): Großes Areal (10000 ha) südlich von Killarney mit dem größten natürlichen Waldgebiet Irlands, Seen und Bergen vor der Kulisse von Irlands höchster Bergkette, den Macgillycuddy's Reeks. Das milde, feuchte Klima begünstigt das Wachstum von Moosen und Farnen und anderen sonst nur auf dem Kontinent heimischen Pflanzen. Am bedeutendsten ist der Erdbeerbaum. Das Rotwild in den höher gelegenen Gebieten ist das einzige einheimische Rotwild. Im Visitors Centre im Muckross House Informationen über Naturlehrpfade im Park.
Derrynane National Historic Park (Gft Kerry): Sanddünen am Strand von Derrynane Bay. Marschen und Waldgebiete. Die seltene Kerry-Lilie wächst auf Abbey Island, das man zu Fuß über Sandbänke erreicht.
The Gearagh, Macroom (Gft Cork): Alter Wald am River Lee. Seltene Pflanzen und zahlreiche Wildvogelarten.
Gougane Barra (Gft Cork): Kleiner See, wo der River Lee entspringt. Auf einer Insel, die man über einen Damm erreicht, stand früher die Zelle des hl. Finbar (6. Jh.), des Schutzpatrons der Grafschaft Cork. Heute erhebt sich hier eine Kirche. Waldlehrpfade und Autostraße.

Vogelschutzgebiete

Ballycotton (Gft Cork): Löffelreiher, Silberreiher, Säbelschnäbler im Sumpfgebiet.
Old Head of Kinsale: Große und Rußsturmtaucher und Riesenraubmöwen im Frühjahr und Herbst.
Cape Clear Island: Ornithologische Beobachtungsstation.
Dursey Island, Bull Rock (Gft Cork): Im Sommer Brutkolonien von Tölpeln.
The Skelligs (Gft Kerry): Große Seevogelkolonien; 20000 Tölpelpaare auf Little Skellig (Irisches Vogelschutzgebiet, keine Landeerlaubnis für Boote); Papageitaucher und Sturmtaucher auf Great Skellig.
Puffin Island (Gft Kerry): Papageitaucher und Schwarzschnabelsturmtaucher. Dieses Irische Vogelschutzgebiet kann nur mit spezieller Erlaubnis betreten werden.
Akeragh Lough (Gft Kerry): Lagune nahe Ballyheigue, die im Herbst Besucher aus Nordamerika anlockt – seltene Kanadische Rotbrustschnepfen und Schwarzohrsandpieper.

Angeln

Örtliche Informationen:
Manager, Southern Regional Fisheries Board, Anglesea Street, Clonmel, Gft Tipperary
Tel. 052 23971/23624
Manager, South-Western Regional Fisheries Board, 1 Nevilles Terrace, Massey Town, Macroom, Gft Cork
Tel. 026 41221/41222

Fischen im Meer
Hochseefischen mit Booten ab: Ballycotton, Cobh, Crosshaven, Midleton, Passage West, Kinsale, Courtmacsherry, Clonakilty, Leap, Baltimore, Waterville, Valentia Island, Dingle, Tralee, Fenit
Meerangeln: Boote von Carberry Selfskippered Charter Boats oder Courtmacsherry Sea Angling Centre Tel. 023 46427
Küstenfischen: Youghal, Ballycotton, Courtmacsherry, Ballinskelligs Bay, Inner Dingle Bay, Dingle Peninsula (Dunquin, Ballyferriter, Ballydavid, Castlegregory), Tralee Bay (Fenit), Ballyheigue, Ballybunion

Sportangeln
Lachse: Blackwater River bei Ballyduff, Fermoy; River Suir bei Ballymacarberry und Clonmel; Lough Acoose, Lough Currane, Lough Leane.
Forellen: River Suir und Nebenflüsse bei Dundrum, Cashel, Golden, Bansha, Tipperary, Aherlow, Cahir, Clonmel und Ballymacarberry; River Nenagh; Lough Derg bei Dromineer und Puckane; Lough Leane.
Lachsforellen: Waterville (Gft Kerry).

Grundfischen
Hechte: Lough Derg, River Lee und seine Stauseen in Ballyngeary, Inchigeelagh und Macroom.
Weitere Möglichkeiten am Lough Derg und Blackwater River (besonders Plötzen und Häslinge).

Wassersport

Segeln
Die Gewässer an der Südostküste sind die populärsten Segelgebiete an der gesamten irischen Küste, sowohl für Hochseesegeln als auch für Kreuzfahrten und für Regatten. An der ganzen Küste gibt es zahlreiche Häfen und Jachthäfen. Die Hauptzentren sind: Cork Harbour – Crosshaven, Kinsale – und viele weitere Ankerplätze westlich von Cork bis Mizen Head.
Am Lough Derg Segel- und andere Wassersportmöglichkeiten (Hauptzentrum Dromineer).

Jachtclubs
East Ferry Marina, Cobh; Royal Cork Yacht Club, Crosshaven; Kinsale Yacht Club; Baltimore Sailing Club; Schull Sailing Club; Bantry Sailing Club; Tralee Sailing Club; Lough Derg Yachting Club, Dromineer.
Boote können gemietet werden bei:
Yachting International Ireland, 44 Kilbane, Castletroy, Gft Limerick Tel. 061 333206 Fax 061 46650 (Sitz im Trident Hotel, Kinsale, Gft Cork)
Kilmacsimon Boatyard Ltd, Kilmacsimon Quay, Bandon, Gft Cork Tel. 021 775134
Rossbrin Yacht Charters, Rossbrin Cove, Schull, Gft Cork Tel. 028 37165
Skellig Yacht Charter Holidays, Skellig, Monkstown, Gft Cork Tel. 021 841428/271971
Atlantic Yacht Charters, Ballylickey, Bantry, Gft Cork Tel. 027 50352
Shannon Sailing Ltd, Callista, Dromineer, Nenagh, Gft Tipperary Tel. 067 24295 Telex 31645

Segelschulen
Glenans Irish Sailing Club, 28 Merrion Square, Dublin 2 Tel. 01 611481 Telex 30519 (Segelgewässer: West- und Südwestküste)
Baltimore Sailing School, The Pier, Baltimore, Gft Cork Tel. 028 20141
International Sailing Centre, 5 East Beach, Cobh, Gft Cork Tel. 021 811237
Knights Water Sports Centre, Dromineer, Nenagh, Gft Tipperary Tel. 067 24295

Segeln wie in alter Zeit
Kreuzfahrten auf alten Galway-Hukers mit Skipper und Crew entlang der Küste von Kerry und Cork. Informationen: Teach Dearg Restaurant, Scarteenakillen, Ballydehob, Gft Cork Tel. 028 37282

Windsurfen
Überall an der Küste (Schull ist internationales Zentrum) und am Lough Derg Schulen und Surfbretter:
Oysterhaven Boardsailing Centre, Oysterhaven, Kinsale, Gft Cork Tel. 021 770738 Fax 021 770776

International Sailing Centre, 5 East Beach, Cobh, Gft Cork Tel. 021 811237
Schull Watersports Centre, The Pier, Schull, Gft Cork Tel. 028 28554
Derrynane Sea Sports, Bunavalla, Caherdaniel, Gft Kerry Tel. 0667 5266

Wasserski
Boote und Ausrüstung in vielen Segelzentren. Informationen über Wasserski in Süßwassergebieten:
Carrigadrohid Waterski Club, Caum Cross, Macroom, Gft Cork Tel. 021 277707 (Aidan Fitzpatrick)
Cork Power Boat and Waterski Club, Farran Forest National Park, Farran, Gft Cork Tel. 021 292411 (Sean Kennedy)

Surfen
Beste Strände an der Südküste: Garrettstown, Courtmacsherry, Inchadoney, Ownahincha und Barleycove. Außerdem: Nordküste der Halbinsel Dingle zwischen Slea Head und Ballybunion, besonders Brandon Bay, Banna Strand und Ballyheigue.

Kanufahren
Kanusurfing: Garrettstown, Gft Cork, und Waterville, Gft Kerry.
Kanufahren: Blackwater River bei Fermoy (Vorsicht, Angler!); River Lee vom Inniscara Cemetery bis Cork County Hall.

Strände
Sandstrände in winzigen Buchten entlang der ganzen Küste. Westlich von Youghal in der Ballycotton Bay, Ownahincha, Schull, Crookhaven, Barleycove, Ballinskelligs Bay, Rossbeigh Strand, Inch, Brandon Bay, Tralee Bay und Banna Strand.

Golf

Clonmel Golf Club, Lyrenearle, Clonmel, Gft Tipperary Tel. 052 21138
Cork Golf Club, Little Island, Gft Cork Tel. 021 353451
Douglas Golf Club, Douglas, Gft Cork Tel. 021 895297
Mallow Golf Club, Ballyellis, Mallow, Gft Cork Tel. 022 21145
Monkstown Golf Club, Parkgarriffee, Monkstown, Gft Cork Tel. 021 841376
Muskerry Golf Club, Carrigrohane, Gft Cork Tel. 021 385297
Youghal Colf Club, Knockaverry, Youghal, Gft Cork Tel. 024 92787
Ballybunion Golf Club, Ballybunion, Gft Kerry Tel. 068 27146
Killarney Golf and Fishing Club, Killarney, Gft Kerry Tel. 064 31242
Tralee Golf Club, Barrow, Ardfert, Tralee, Gft Kerry Tel. 066 36379
Waterville Golf Club, Waterville, Gft Kerry Tel. 0667 4133/4102

Reiten

Hotels, die Reitferien anbieten:
Ardnavaha House Hotel, Ballinascarthy, West Cork Tel. 023 49135 Fax 023 49136
Arbutus Lodge Hotel, Montenotte, Cork Tel. 021 501237 Fax 021 502893 (nur Jagdferien)

Reitställe
Ashroe Riding School, Ashroe, nahe Newport, Gft Tipperary Tel. 061 378271
Ballycormac House and Stables, Aglish, Borrisokane, Gft Tipperary Tel. 067 21129
Blarney Riding Centre, The Paddock, Killowen, Blarney, Gft Cork Tel. 021 385854
Clonmeen Lodge Riding School Unterbringungsmöglichkeiten vorhanden, Banteer, Gft Cork Tel. 029 56090
Foleys Riding and Trekking Centre, Killowen, Newmarket, Gft Cork Tel. 029 60048
Hitchmough Riding School, Highland Lodge, Monkstown, Gft Cork Tel. 021 371267
O'Regan's Riding Centre, Minister's Cross, Crookstown, Gft Cork Tel. 021 336387
Pinegrove Riding School, Pinegrove, Whites Cross Gft Cork Tel. 021 303857
Raleigh Riding Centre, Raleigh House, Macroom, Gft Cork Tel. 026 41018
Skevanish Riding Centre, Skevanish, Innishannon, Gft Cork Tel. 021 775476
West Cork Horse Trekking Centre Co Ltd, Rooska, Bantry, Gft Cork Tel. 027 50221
Glenbeigh Riding Stables, Glenbeigh, Gft Kerry Tel. 066 68143

Geländeritte
The Lough Derg Gourmet Ride: Ritt am Ufer des Lough Derg entlang, über Waldpfade, Hügel und Berge; ausgezeichnete Küche und 7 Übernachtungen Für Auskünfte wenden Sie sich an: Mrs Rosetta-Ann Paxman, Ballycormac House, Aglish, Borrisokane, Gft Tipperary Tel. 067 21129
Dingle Peninsula Trail: Wenden Sie sich an: William J. O'Connor, El Rancho Farmhouse, Ballyard, Tralee, Gft Kerry Tel. 066 21840
Killarney Reeks Trail: Wenden Sie sich an: Donal O'Sullivan, Killarney Riding Stables, Ballydowney, Killarney, Gft Kerry Tel. 064 31686 Fax 064 34119

Jagen

Die wichtigsten Jagden, an denen Gäste teilnehmen können:

Grafschaft Tipperary
The Golden Vale Hunt Tel. 0502 41276
North Tipperary Hunt Tel. 067 32033
Ormond Hunt Tel. 067 21105
Scarteen Hunt (The Black and Tans) Tel. 062 51248
Tipperary Hunt Tel. 052 56156

Grafschaft Cork
Duhallow Hunt Tel. 022 29350
United Hunt Tel. 021 505965/277399
West Carberry Hunt, Eldon Hotel, Skibbereen, Gft Cork
Muskerry Hunt Tel. 021 771472

Pferdewagen
Wenden Sie sich an: David Slattery
Slattery's Horse-Drawn Caravans, 1 Russell Street, Tralee, Gft Kerry Tel. 066 26277 Fax 066 25981

Radfahren

Der Südwesten Irlands ist hervorragend für Radtouren geeignet. Es gibt zahlreiche und vielfältige Routen durch die gesamte Region. Die empfohlenen langen Touren führen zu den Hauptsehenswürdigkeiten dieser Gegend. *Slates, Stars and Silvermines:* Am Ostufer des Lough Derg entlang, vorbei an den Schieferbrüchen, Birr Castle und den Silberminen. *The Land of Edmund Spenser:* Durch Tipperary entlang dem Blackwater-Tal durch die Galtee und Kilworth Mountains. *The Lakes and Rivers of West Cork:* Cork und Kinsale, entlang den Tälern des River Lee und River Bandon, beim Deer's Pass über die Shehy Mountains. *The Coast of West Cork:* Häfen und Buchten von Glengarriff um die Halbinsel herum nach Kenmare. *The Ring of Kerry:* Berühmte Rundfahrt entlang der Küste, durch den Killarney National Park, über Hügel und durch Täler. *The Mountains of Dingle*: Hauptsächlich durch flaches Land um die Halbinsel Dingle herum und bis 500 m Höhe über den Conor Pass.
Radferien werden veranstaltet von:
Travel Ireland, 76 Grand Parade, Cork. Tel. 021 275911
Sile Bean Ui Ghormain, Glaise Bheag, Baile na nGall, Dingle, Gft Kerry. Tel. 066 55162
Michael O'Halloran Fossa Leisure Holidays Ltd, Fossa, Killarney, Gft Kerry. Tel. 064 31497
The Brandon Hotel, Tralee, Gft Kerry. Tel. 066 23333 Telex 73130 Fax 066 25019

Wandern

Die beiden fertigen Wanderwege:
The Kerry Way (200 km): Durch die herrliche Landschaft um die Halbinsel Iveragh herum. Keine anstrengenden Kletterpartien, aber herrlicher Blick auf die Macgillycuddy's Reeks. Wer nicht die ganze Tour machen will, kann an verschiedenen Punkten von der Hauptstraße auf den Weg gelangen.
The Dingle Way (Sli Chorcha Dhuibhne, 153 km): Um die Halbinsel Dingle herum, mit herrlichem Blick über die Dingle Bay nach Süden, und entlang der Küste im Norden der Halbinsel.
Noch nicht fertiggestellte Wanderwege:
Beara Way (80 km): Von Kenmare über Gougane Barra nach Glengarriff und entlang der Beara-Halbinsel zum Cod's Head.
The Great Southern Trail: Von Rathkeale (Gft Limerick) in südwestlicher Richtung nach Tralee; dort Anschluß an den *Dingle Way*.
Munster Way: Die geplante Verlängerung soll die Wanderwege mit dem östlichen Wegnetz verbinden.
Weitere kürzere Wanderwege in Waldgebieten bei Gougane Barra und Doneraile nahe Mallow; die bewaldete Küste bei Glengarriff Harbour mit Pfaden entlang den Klippen von Mizen Head oder durch die Knockmealdown Mountains.
Bergwandern in den Macgillycuddy's Reeks (höchste Erhebung: Carrantoohill) auf der beliebten Route über Hag's Glen und Devil's Ladder. Nur für erfahrene Bergwanderer und bei gutem Wetter.
Wanderferien werden veranstaltet von:
Ballinacourty House, Glen of Aherlow, Gft Tipperary Tel. 062 56230
Clonmel Arms Hotel, Clonmel, Gft Tipperary Tel. 052 21233
Brian Hensey, Irish Mountain Holidays, Monafodda, Roscrea, Gft Tipperary Tel. 0509 31150
Travel Ireland, 76 Grand Parade, Cork Tel. 021 275911 Telex 75363
Walking the Best of Kerry, Country Walking Holidays, Curragraigue, Blennerville PO, Dingle Peninsula, Gft Kerry Tel. 066 24467
Killarney Valley Holidays, 43 High Street, Killarney, Gft Kerry Tel. 064 33144

Clare · Limerick Galway

Bord-Failte-Hauptbüros

The Granary, Michael Street, Limerick City, Gft Limerick Tel. 061 317552 Telex 70604 Fax 061 315634
Adare (Juni–Aug.), Gft Limerick Tel. 061 86255
Clare Road, Ennis, Gft Clare Tel. 065 28366
Shannon Airport, Gft Clare Tel. 061 61664/61565/61604
Cliffs of Moher (März–Aug.), Gft Clare Tel. 065 81171
Victoria Palace, nahe Eyre Square, Galway City, Gft Galway Tel. 091 63081 Telex 50170 Fax 091 65201
Clifden (Juni–Aug.), Gft Galway Tel. 095 21163
Ballinasloe (Juli–Aug.), Gft Galway Tel. 0905 42131

Veranstaltungen

März
Irish Week, Ennis, Gft Clare
Clare Drama Festival, Clare
International Marching Band Competition, Limerick
Limerick Church Music International Choral Festival
April
Brass Band Festival, Ennis, Gft Clare
Mai
Fleadh Nua, Ennis, Gft Clare
Mai–September
Burren-Malkurs, Lisdoonvarna, Gft Clare
Juni
Ennis Arts Festival, Gft Clare
Abbeyfeale Folk Festival, Gft Limerick
Waterskiing Championships, Gft Clare
Angling Festival, Fanore, Gft Clare
Juli
Salthill Harp Festival, Gft Galway
Portumna Street Festival, Gft Galway
Quilty Lobster Festival, Gft Clare
Galway Races
August
Galway Arts Festival

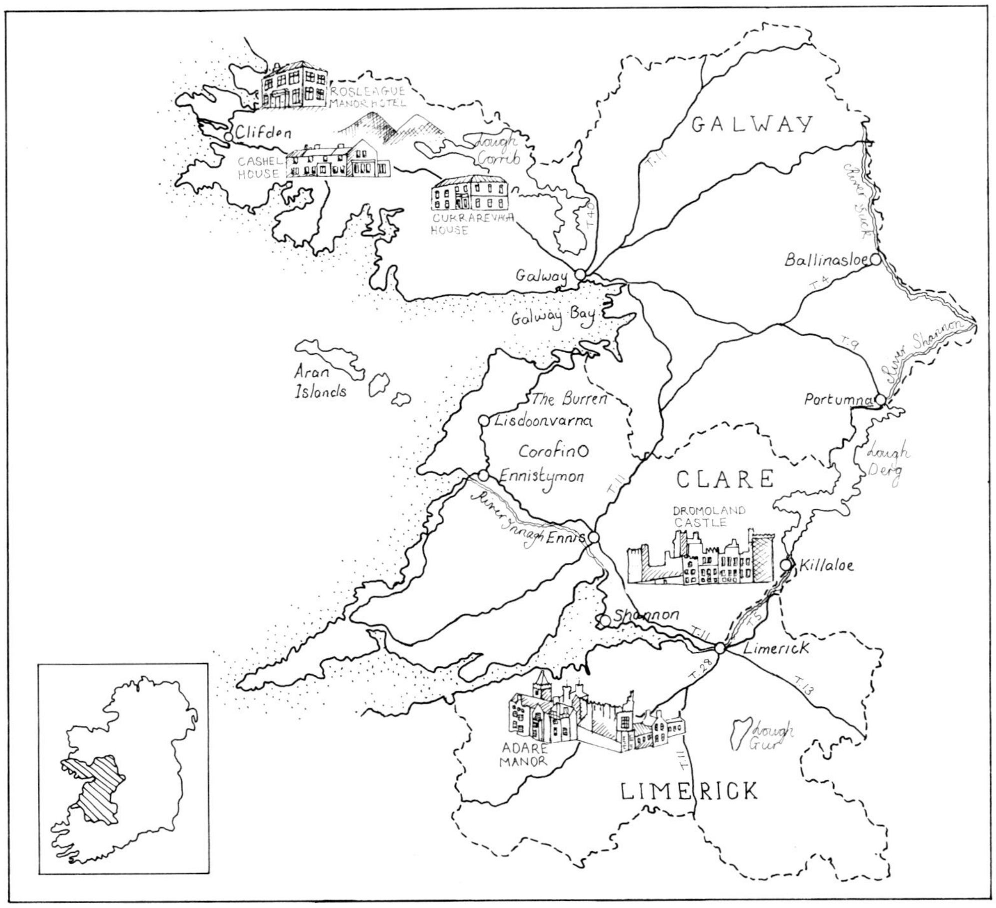

Connemara Pony Show, Clifden, Gft Galway
Cruinniu na mBad Galway Hooker Festival, Kinvara, Gft Galway
September
Clarinbridge Oyster Festival, Gft Galway
International Oyster Festival, Galway
Oktober
Ballinasloe Great October Fair, Gft Galway
International Gort Festival of Traditional Irish Music, Gft Galway

Hotels und Restaurants

Grafschaft Clare
Dromoland Castle
Newmarket on Fergus, Shannon, Gft Clare.
Tel. 061 71144 Telex 70654 Fax 061 36335. Ganzjährig geöffnet. Alle Kreditkarten. 73 Zimmer. Außerhalb von Newmarket on Fergus an der N18 Limerick-Ennis.
Fitzpatrick Shamrock Hotel
Bunratty, Gft Clare. Tel. 061 361177 Telex 72114
Fax 061 61252. Ganzjährig geöffnet. Restaurant geöffnet 12.30–14.30, 19.00–21.30. Alle Kreditkarten. 100 Zimmer. 100 Plätze. Auf dem Grund von Bunratty Castle an der N18 Limerick–Ennis.
Claire's Restaurant
Ballyvaughan, Gft Clare. Tel. 065 77029. Geöffnet 18.30–22.00. Geschlossen Okt.–Ostern So–Do, Sept. Mo. Alle Kreditkarten. Im Manus Walsh Craft Shop, Ballyvaughan, an der N67 Kilcolgan–Lisdoonvarna.
Durty Nelly's
Bunratty, Gft Clare. Tel. 061 364861. Dazu gehören:
Oyster Restaurant
Geöffnet 10.30–22.30. Geschlossen So, Karfreitag, 25. Dez. 55 Plätze und *Loft Restaurant*. Geöffnet 10.30–22.30 Mo–Sa, 12.00–22.30 So. Geschlossen Karfreitag, 25. Dez. 65 Plätze. AM, Amex, DC. Beide nahe Bunratty Castle.
MacCloskey's
Bunratty House Mews, Bunratty, Gft Clare.
Tel. 061 364082. Geöffnet 19.00–22.00. Geschlossen So, Mo, 20. Dez.–Ende Jan. Alle Kreditkarten.
55 Plätze. Hinter Bunratty Castle.

PUBS
Gus O'Connor's Doolin, Gft Clare

Grafschaft Limerick
Adare Manor
Adare, Gft Limerick. Tel. 061 86566 Telex 70733
Fax 061 86124. Ganzjährig geöffnet. Alle Kreditkarten. 64 Zimmer. Im Dorf Adare an der N22 Limerick-Killarney.
Dunraven Arms Hotel
Adare, Gft Limerick. Tel. 061 86209 Telex 70202
Fax 061 86541. Ganzjährig geöffnet. Alle Kreditkarten. 45 Zimmer.
Greenhills Hotel
Ennis Road, Limerick City. Tel. 061 53033 Telex 70246
Fax 061 53307. Geschlossen 25. Dez. Alle Kreditkarten. 55 Zimmer.
Jurys Hotel
Ennis Road, Limerick. Tel. 061 55266 Telex 70766
Fax 061 326400. Ganzjährig geöffnet. Alle Kreditkarten. 96 Zimmer.
The Mustard Seed
Adare, Gft Limerick. Tel. 061 86451. Geöffnet 19.00–22.00. Geschlossen So, Mo, 22. Dez.–Ende Jan. AM, DC, Visa. 45 Plätze.

PUBS
Matt The Thresher, Birdhill (an der Grenze zwischen Limerick und Tipperary)

Grafschaft Galway
Ardilaun House Hotel
Taylor's Hill. Galway. Tel. 091 21433 Telex 50013
Fax 091 21546. Weihn. geschlossen. Restaurant geöffnet 13.00–14.30, 19.00–22.30. Alle Kreditkarten. 91 Zimmer. 150 Plätze. Zwischen Galway City und Salthill.
Cashel House Hotel
Cashel, Gft Galway. Tel. 095 31001 Telex 50812
Fax 095 31077. Geschlossen Nov.–Mitte Febr. Restaurant geöffnet 19.30–20.30. AM, Amex, Visa. 29 Zimmer, N59 Galway–Clifden, bei Recess links abbiegen.
Currarevagh House
Oughterard, Connemara, Gft Galway. Tel. 091 82312. Nov.–März geschlossen. Keine Kreditkarten. N59 Galway–Oughterard. Am Dorfplatz rechts abbiegen und 6 km am Seeufer entlang.
Inagh Valey Inn
Recess, Gft Galway. Tel. 010 3539534608. Ganzjährig geöffnet. Keine Kreditkarten.
Great Southern Hotel
Eyre Square. Galway City. Tel. 091 64041 Telex 50164
Fax 091 66704. Ganzjährig geöffnet. Restaurant geöffnet 18.30–22.00. Ganzjährig geöffnet.
Alle Kreditkarten. 120 Zimmer, 100 Plätze.
Eyre Square im Zentrum von Galway.
Rosleague Manor Hotel
Letterfrack, Connemara, Gft Galway. Tel. 095 41101
Fax 095 41168. Geschlossen Nov.–März. Restaurant geöffnet 20.00–21.30. AM AE, Visa. 15 Zimmer. An der N59 11 km nö von Clifden kurz vor Letterfrack.
Sweeneys Oughterard House Hotel
Oughterard, Connemara. Tel. 091 82207 Fax 091 82161
Restaurant geöffnet 19.30–21.00. Geschlossen 6 Tage an Weihnachten. Alle Kreditkarten. 20 Zimmer. An der N59 westlich von Oughterard.
Drimcong House Restaurant
Moycullen, Gft Galway. Tel. 091 85115/85585. Geöffnet 19.00–22.30. Geschlossen So, Mo, Jan., Febr. Alle Kreditkarten. 50 Plätze. An der N59 13 km nordwestlich von Galway.
The Drimcong Food and Wine Experience
Gerry Galvin hält jedes Jahr im Nov. und Dez. 4tägige Kochkurse (Di–Fr) für 10–12 Personen ab. Für weitere Informationen wenden Sie sich an: Gerry Galvin im Drimcong House Tel. 091 85115/85585
Moran's Oyster Cottage
The Weir, Kilcolgan, Gft Galway.
Tel. 091 96113/96083. Geöffnet 10.30–23.30 Mo–Sa, 12.00–14.00, 16.00–23.00 So. Geschlossen Karfreitag, 25. Dez. Amex, Visa. 100 Plätze. Kilcolgan liegt an der Kreuzung von N67 und N18. Wegweiser zum Restaurant.
O'Grady's Seafood Restaurant
Clifden, Connemara, Gft Galway. Tel. 095 21450. Geöffnet 12.30–15.00, 18.00–22.00. Geschlossen Weihnachten, Mitte Jan.–Mitte März. AM, DC, Visa. 60 Plätze. Market Street, Clifden (N59)
The Zetland House Hotel
Cashel, Connemara, Gft Galway. Tel. 010 353 9531111
Fax 010 353 9531117. Besitzer: John und Mona Prendergast. Geöffnet 1. April–31. Okt.; geöffnet für Sumpfschnepfen- und Waldschnepfenjagd. Access, Visa, Amex, DC.

PUBS
Paddy Burke's, Clarinbridge, Gft Galway
King's Head, High Street, Galway City
McDonagh's, Oranmore, Gft Galway

Historische Gebäude

Bunratty Castle, Bunratty, Gft Clare. Ganzjährig geöffnet 9.30–17.30 Tel. 061 361511. Mittelalterliche Bankette.
Cratloe Woods, Cratloe, Gft Clare. Geöffnet Juni–Sept. Mo–Fr 10.00–17.00, Sa, So 11.00–17.00, Okt.–Mai Mo–Fr 10.00–17.00. An Wochenenden geschlossen.
Knappogue Castle, Quin, Gft Clare. Geöffnet Mai–Sept. 9.30–17.30 Tel. 061 361511. Mittelalterliche Bankette.
Castle Matrix, Rathkeale, Gft Limerick. Geöffnet März–Okt. Mo 14.00–18.00, ansonsten nach Vereinbarung. Tel. 0502 26110
Glin Castle, Glin, Gft Limerick. Geöffnet Mai 10.00–12.00, 14.00–16.00. Ansonsten nach Vereinbarung. Tel. 068 34173
Dunguaire Castle, Kinvara, Gft Galway. Geöffnet Mai–Sept. Tel. 091 37108. Mittelalterliche Bankette.
Kylemore Abbey, Connemara, Gft Galway. Geöffnet Febr.–Sept. 10.00–18.00 Tel. 095 41146
Thoor Ballylee, Gort, Gft Galway. Geöffnet Mai–Sept. 10.00–18.00 Tel. 091 31436/63081 (außerhalb der Saison)

Aughnanure Castle, Oughterard. Gft Galway. Geöffnet Juni–Sept. 10.00–18.00.

Archäologische Zeugnisse und christliche Stätten

Ennis Friary, Ennis, Gft Clare
Killinaboy Tau Cross, Corofin, Gft Clare
Quin Abbey, Gft Clare
Cong Abbey, Gft Galway
Dun Aengus, Inishmore, Aran Islands
Clonfert Cathedral, Banagher, Gft Galway
Kilmacduagh Monastery, Gort, Gft Galway
Ross Errilly, Headford, Gft Galway
St Macdara's Island, Gft Galway

Museen

Clare Heritage Centre, Corofin, Gft Clare. Geöffnet Mai–Okt. 10.00–18.00 Tel. 065 27955
Bunratty Folk Park, Bunratty, Gft Clare. Geöffnet 9.30–19.00 Tel. 061 361511
Craiggaunowen Project, Quin, Gft Clare. Geöffnet Mai–Sept. 10.00–18.00 Tel. 061 361511
Lough Gur Interpretive Centre, Lough Gur, Gft Limerick. Geöffnet Mai–Sept. Tel. 061 361511
Museum Arainn, Kilronan, Inishmore, Aran Islands

Naturschutzgebiete

The Burren (Gft Clare): Kahle Kalksteinhügel mit einzigartigem Pflanzenwuchs von arktischen bis mediterranen und sogar tropischen Gewächsen. Über 22 Orchideensorten. Beste Zeit für einen Besuch: Mitte Mai. Außerdem archäologische Monumente wie Ringfestungen, Burgen und Grabmäler. Für ernsthafte Höhlenforscher Strudellöcher und Höhlen. Führungen durch die Aillwee Cave nahe Ballyvaughan. *Aillwee Visitor Centre* geöffnet März–Sept. Sa 10.00–17.00, So 14.00–17.00, Okt.–März Sa, So 10.00–15.00. *Burren Display Centre* in Kilfenora, Tel. 065 88030 mit Tonbildschau zur Geologie und Geographie dieses Gebiets; geöffnet März–Okt. 9.30–17.00 (Juli–Aug. bis 19.00).
The Cliffs of Moher (Gft Clare): 230 m hohe Klippen mit Wanderwegen. Zahlreiche Meeresvögel. *Visitor Centre* geöffnet März–Okt. 10.00–18.00.
Drumore (Gft Clare): 10 km nördlich von Ennis, Wald- und Feuchtgebiet; Edelmarder.
Ballinstaig Woodland, Coole, nahe Gort (Gft Clare): Angelegt von Lady Gregory; Wald- und Zwergbäume.
Connemara National Park (Gft Galway): 2000 ha zerklüftete Landschaft mit Quarzithügeln und Torfmooren: Heide-, alpine und Hochmoorpflanzen. Rotwild wurde hier eingeführt; die Connemara-Ponys laufen frei herum. *Visitor Centre* in Letterfrack, Tel. 095 41054, geöffnet täglich April–Sept. 10.00–18.30. Führungen, Naturlehrpfade, Schutzgebiete, Tonbildschauen, Picknickplätze.
Roundstone Bog (Gft Galway): Prächtiges Hochmoor zwischen Roundstone und Clifden.

Vogelschutzgebiete

Cliffs of Moher: Papageitaucher, Lummen, Tordalken, Dohlen und Raben im Sommer.
Shannon Estuary: Riesige Schwärme von Enten und Watvögeln in den winterlichen Schlammgebieten. Beste Region: Fergus-Ästuar am Nordstrand mit Schwarzschwänzigen Uferschnepfen im Frühling und Alpenstrandläufern im Winter.
River Shannon zwischen Portumna und Lanesborough: Wiesen, im Winter überflutet, mit zahlreichen Wat-, Enten- und Gänsevögeln.
Rahasane Furlough nahe Craughwell (Gft Galway): Enten und Schwäne in den winterlichen Feuchtgebieten.
Lough Corrib (Gft Galway): Bläßhühner und Tafelenten in riesigen Schwärmen im Winter.
Rostaff Lake (Gft Galway): Irisches Vogelschutzgebiet; im Winter Enten und Bläßgänse.
Roundstone Bog (Gft Galway): Nahrungsgebiet von Grönlandbläßgänsen, Merlinfalken und Goldregenpfeifern.

Portumna Forest Park: Vogelbeobachtungsplätze, Natur- und Waldlehrpfade.

Musik

Teach Ceoil: Traditionelle Musik in Corofin, Gft Clare, und in Adare, Gft Limerick.
Informationen: Tel. 061 317522 oder örtliche Fremdenverkehrsbüros.

Angeln

Örtliche Informationen:
Manager, Shannon Regional Fisheries Board, Thomond Weir, Gft Limerick Tel. 061 55171
Manager, Western Regional Fisheries Board, The Weir Lodge, Earl's Island, Gft Galway Tel. 091 63118/63119/63110

Fischen im Meer
Hochseefischen: Boote erhältlich, vor der Küste von Inishbofin Island, Cleggan, Clifden, Doonbeg, Roundstone, Ballyvaughan, Liscannor.
Meerangeln: Clare Coast Charter, Ballyvaughan Tel. 065 77014
Küstenfischen: Inishbofin, Renvyle, Cleggan, Clifden, Rossaveal, Inverin, Spiddal, Fanore, Ballyvaughan, Lisdoonvarna, Liscannor, Doonbeg

Sportfischen
Lachse: überall in Connemara, besonders im River Owenmore. River Bundorragh, River Erriff, River Owenglin, Lough Conn, Lough Corrib, Lough Inagh und den Kylemore Loughs.
Bachforellen: Lough Corrib, Lough Mask, Lough Inchiquin und den Clare-Seen, Scarriff, Mountshannon, Whitegate, Portumna und Lough Derg.
Lachsforellen: Clifden, Ballynahinch, Renvyle und Cashel.
Ballynahinch Castle Hotel bietet Lachsangelseminare: Ballinfad, Gft Galway Tel. 095 31006
Lakeland Country Home School of Casting bietet Forellenangelkurse: Portacarrow, Oughterard, Gft Galway Tel. 091 82121

Grundfischen
Hechte, Rotfedern, Plötzen, Schleien: Lough Derg, Lough Corrib und Clare-Seen sowie River Shannon.

Wassersport

Segeln
Jachten können gemietet werden bei:
Connemara Yacht Charters, Drinagh Harbour, Errislannan, Clifden, Gft Galway Tel. 095 21332
Yachting International Ireland, 44 Kilbane, Castleroy, Limerick, Gft Limerick Tel. 061 333206 Fax 061 46650
Segelschulen:
Galway Sailing Centre, 8 Father Griffin Road, Galway City Tel. 091 63522
Segeln auf dem Lough Derg. Zahlreiche Jachtvermieter in Orten wie Killaloe und Scarriff.

Windsurfen
Für erfahrene Surfer sind die Atlantikküsten geeignet. An einigen Stellen Wellenreiten möglich. Ruhigeres Wasser auf dem Lough Derg.
Vermietung für Ausrüstung aller Art pro Stunde, Tag oder Woche, auf Wunsch Kurse; wenden Sie sich an:
Shannonside Activity Centre, Killaloe, Gft Clare Tel. 061 76622/45396 Telex 70056 Fax 061 48182
Galway Sailing Centre, Adresse oben; in Renville Harbour, Oranmore

Wasserski
Im südlichen Teil des Lough Derg.
O'Brien's Bridge Waterski Club, O'Brien's Bridge, Gft Clare Tel. 061 310263/87278

Surfen
West Coast Surf Club. Wenden Sie sich an: Noel Walsh: Ballyvara, Doolin, Gft Clare Tel. 065 74337 (privat)
Beste Strände: Doughmore, Spanish Point, Silver Strand, Lahinch, Cornish Point, Moy Bay, Fanore Strand. Surfbretter werden in der Wasserwachthütte am Lahinch Strand vermietet.

Kanufahren
Kanufahren auf dem Meer: Küste von Galway und Clare bei Lahinch.
Kurse:
Little Killary Adventure Centre, Salruck, Renvyle, Gft Galway Tel. 095 43411
Kanusurfen: Doonbeg, Gft Clare
Kanufahren auf den Connemara-Seen und dem River Shannon

Strände
Sichere Sandstrände an der Südküste von Clare bei Kilkee, Lahinch, Mannin Bay, Aran Islands, Spiddal. Sandige Buchten nördlich von Galway bis Ballina.

Kreuzfahrten
River Shannon und Lough Derg.
Lough Derg sollte man als »Binnenmeer« behandeln; man sollte das Wetter berücksichtigen und Fahrten nur in Begleitung eines anderen Boots machen.
Boote und Kreuzfahrten:
Derg Line, Killaloe, Gft Clare Tel. 061 76364 Telex 70120 Fax 061 76205
Emerald Star Line (Sitz in Portumna), 47 Dawson Street, Dublin 2 Tel. 01 6798166/6798162 93494 Portumna Tel. 0509 41120
Shannon Castle Line (Sitz in Williamstown Harbour Tel. 0619 27042), Dolphin Works, Ringsend, Dublin 4 Tel. 01 600964 Fax 01 689091
Vergnügungsfahrten von Killaloe aus. Kurze Kreuzfahrten und Luxusschiffe mit Übernachtungsmöglichkeiten:
Shannon River Floatels, Killaloe, Gft Clare Tel. 061 76364/76688 Telex 70120 Fax 061 76205
Mietschiffe mit Selbstversorgung ab Killaloe. Wenden Sie sich an Michael Bugler:
Shannon Barge Cruisers, Ogonnelloe, Tuamgraney, Gft Clare Tel. 0619 23044

Golf

Lahinch Golf Club, Gft Clare Tel. 065 81002 (einer der schönsten Golfplätze Irlands)
Shannon Golf Club (entlang den Startbahnen des Flughafens), Gft Clare Tel. 061 61020
Connemara Golf Club, Ballyconneely, Clifden, Gft Galway Tel. 095 21153
Galway Golf Club, Blackrock, Salthill, Gft Galway Tel. 091 22169

Reiten

Reitställe
Clonmore Riding Centre, Quilty, Gft Clare Tel. 065 87020
Clarina Riding Centre, Clarina, Gft Limerick Tel. 061 301189/29726
Aille Cross Equestrian Centre, Loughrea, Gft Galway Tel. 091 41216
Errislannan Manor Riding Centre, Clifden, Gft Galway Tel. 095 21134
Hazelwood House and Stables, Creganna, Oranmore, Gft Galway Tel. 091 94275
Rathcannon Equestrian Centre, Rathcannon, Kilmallock, Gft Limerick Tel. 063 90557
Cashel House Hotel mit eigenem Reitsportzentrum. Tel. 095 31001

Geländeritte
Informationen über die *Connemara Trails*: William Leahy, The Connemara Trail, Aille Cross, Loughrea, Gft Galway Tel. 091 41216

Jagen

Wichtige Jagden, an denen Gäste teilnehmen können:
The County Clare Hunt (Ennis) Tel. 065 21472
The County Limerick Hunt Tel. 063 90575
Stonehall Harrier Hunt Club Tel. 061 393286
The East Galway Hunt Tel. 0905 85767
The North Galway Hunt Tel. 093 24843
The Blazers Tel. 091 26211

Wandern

Offizielle markierte Wanderwege:
The Burren Way: von Ballyvaughan durch die faszinierende Landschaft des Burren. Weitere Informationen von COSPOIR.
The Aran Islands Trails: auf Inis Mor, Inis Meain und Inis Oirr; sie sollen das Leben der Menschen auf diesen Inseln zeigen.
The Western Way: wenn er fertiggestellt ist, führt er von Oughterard über die Berge zur Clew Bay.
Connemara National Park: Wanderwege, Führungen zwischen Mai und Dezember; Führungen im Burren-Gebiet täglich außer Sonntag. Wenden Sie sich an: Colin Bunce, Tel. 065 21885.
Wanderferien werden veranstaltet von:
Walk Ireland, 20 Fergus Lawn, Tulla Road, Ennis, Gft Clare Tel. 065 20885
Connemara Gateway Hotel, Oughterard, Gft Galway Tel. 091 82328
Limerick Travel Ltd., Bedford Row, Limerick Tel. 061 43844
Renvyle House Hotel, Renvyle, Connemara, Gft Galway Tel. 095 43511/43444

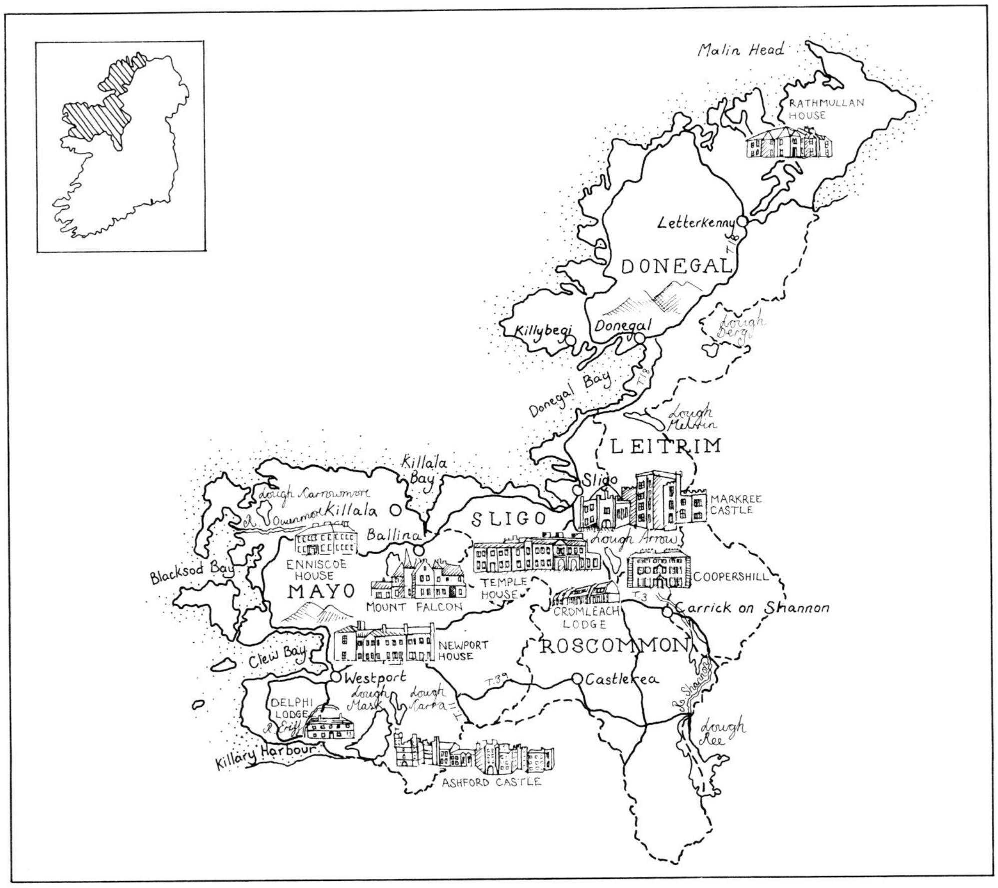

Mayo · Sligo
Donegal · Leitrim
Roscommon

Bord-Failte-Hauptbüros

The Mall, Westport, Gft Mayo Tel. 098 25711
Fax 098 26709
Knock Airport, Gft Mayo Tel. 094 67247
Aras Reddan, Temple Street, Sligo, Gft Sligo
Tel. 071 61201 Fax 071 60360
The Quay, Donegal Town, Gft Donegal Tel. 073 21148
Derry Road, Letterkenny, Gft Donegal Tel. 074 21160
Fax 074 25180
Bridge Street (Juni–Sept.), Carrick-on-Shannon, Gft Leitrim Tel. 078 20170
The Old Jail (Juni–Aug.), Roscommon, Gft Roscommon Tel. 0903 6356

Veranstaltungen

März
Western Drama Festival, Tubbercurry, Gft Sligo
St Patrick's Week Festival, Kiltimagh, Gft Mayo
Juni
Glencolumbkille Traditional Music Festival, Gft Donegal
Lough Conn and Cullen Angling Festival, Lough Conn, Gft Mayo
Surf-Meisterschaften, Rossnowlagh, Gft Donegal
Clencolumbkille Seafood Festival, Gft Donegal
Castlebar International Four Days Walks, Gft Mayo
Ardara Weavers' Fair, Gft Donegal
Juli
An Tostal, Festival of Irish Music, Dance and Singing, Drumshanbo, Gft Leitrim
Curragh Race, Lough Glaisdobharchu, Gft Donegal
Mary from Dungloe Festival, Dungloe, Gft Donegal
Isle of Lough Key Festival, Boyle, Gft Roscommon
Castlerea International Rose Festival, Gft Roscommon
Pilgrimage to Croagh Patrick, Gft Mayo
August
Ballyshannon Folk and Traditional Music Festival, Gft Donegal
O'Carolan Folk, Harp and Traditional Irish Music Festival, Keadue, Gft Roscommon
Yeats Summer School, Sligo
Sea Angling Festivals, Killala Bay, Gft Mayo
September
Sligo Arts Festival, Sligo

Hotels und Restaurants

Grafschaft Mayo
Ashford Castle
Cong, Gft Mayo. Tel. 092 46003 Telex 53749 Fax 092 46260. Weihnachten geschlossen. Restaurant geöffnet 13.00–14.30, 19.00–21.30. Alle Kreditkarten. 83 Zimmer. 180 Plätze.
Breaffy House Hotel
Castlebar, Gft Mayo. Tel. 094 22033 Telex 53790. Ganzjährig geöffnet. Restaurant geöffnet 13.00–14.30, 19.00–21.00. Alle Kreditkarten. 40 Zimmer. 100 Plätze.
Delphi Lodge
Leenane, Gft Galway (Lodge selbst in Gft Mayo). Tel. 095 42213/42245 Fax 095 42212. Ganzjährig geöffnet. Keine Kreditkarten. 7 Zimmer.
Enniscoe House
Castlehill, Crossmolina, Ballina, Gft Mayo. Tel. 096 31112 Telex c/o 40855. Geschlossen Nov., Dez., März. AM, Visa, Amex. 6 Zimmer.
Mount Falcon Castle
Ballina, Gft Mayo. Tel. 096 21172 Telex 40899. Geschlossen Weihnachten–Febr. Alle Kreditkarten. 10 Zimmer (8 mit Bad).
Newport House
Newport, Gft Mayo. Tel. 098 41222 Telex 53740 Fax 098 41613. Geöffnet Mitte März–Sept. Alle Kreditkarten. 19 Zimmer.

Grafschaft Sligo
Coopershill
Riverstown, Gft Sligo. Tel. 071 65108 Telex 40301 (Attn Coopershill) Fax 071 65466. Geöffnet Mitte März–Okt. Alle Kreditkarten. 6 Zimmer.
Cromleach Lodge Country House
Lough Arrow, Castlebaldwin, über Boyle, Gft Sligo. Tel. 071 65155. Weihn. geschlossen. Restaurant geöffnet 18.00–21.00. AM, Visa, Amex. 13 Zimmer. 40 Plätze.
Markree Castle und Knockmuldowney Restaurant
Collooney, Gft Sligo. Tel. 071 67800 Fax 071 67840. Ganzjährig geöffnet. Restaurant geöffnet 13.00–14.30, 19.30–21.30. Alle Kreditkarten. 14 Zimmer. 75 Plätze.
Sligo Park Hotel
Pearse Road, Sligo. Tel. 071 60291 Telex 40397 Fax 071 69556. Ganzjährig geöffnet. Restaurant geöffnet 12.30–14.15, 18.30–21.15, Sa, So 13.00–14.15, 19.00–21.00. Alle Kreditkarten. 60 Zimmer. 90 Plätze.
Temple House
Ballymote, Gft Sligo Tel. 071 83329. Geöffnet April–20. Dez. Visa, Amex. 5 Zimmer (3 mit Bad).
RESTAURANT
Reveries
Rosses Point, Gft Sligo. Tel. 071 77371. Geöffnet Di–Sa ab 19.30. Geschlossen 2 Wochen im Nov., Weihnachten. AM, Visa.
PUBS
Hargadon's Pub, O'Connell Street, Sligo

Grafschaft Donegal
Bruckless House
Bruckless, Gft Donegal. Tel. 073 37071 Fax 073 37266. Geöffnet April–Sept. Keine Kreditkarten. 5 Zimmer (2 mit Bad).
Hyland Central Hotel
The Diamond, Donegal Town, Gft Donegal. Tel. 073 21027 Telex 40522 Fax 073 22295. Geschlossen Weihnachten. AM, Visa, Amex, 75 Zimmer.
Mount Errigal Hotel
Ballyraine, Letterkenny, Gft Donegal. Tel. 074 22700 Telex 91880. Ganzjährig geöffnet. Alle Kreditkarten. 56 Zimmer.
Rathmullan House
Rathmullan, Gft Donegal. Tel. 074 58188 Fax 074 58200. Geschlossen Jan./Febr. Restaurant geöffnet 19.00–20.45. Alle Kreditkarten. Straße nach Ramelton von Letterkenny, in Ramelton rechts nach Rathmullan abbiegen.
St Ernan's House Hotel
St Ernan's Island, Donegal. Tel. 073 21065 Fax 073 22098. Geschlossen Nov.–März. AM, Visa. 11 Zimmer. 3 km südlich von Donegal.
Woodhill House
Ardara, Gft Donegal. Tel. 075 41112. Ganzjährig geöffnet. Alle Kreditkarten. 5 Zimmer (ohne Bad).
RESTAURANTS
Harvey's Point Restaurant
Harvey's Point, Lough Eske, Donegal Town. Tel. 073 22208. Geöffnet 12.30–14.30, 19.00–22.00.

Geschlossen Jan.–März. Alle Kreditkarten.
Restaurant St John
Fahan, Gft Donegal. Tel. 077 60289. Geöffnet 18.00–22.00. Geschlossen Mo, Karfreitag, Weihnachten. Alle Kreditkarten. 44 Plätze.

Historische Gebäude

Westport House, Westport, Gft Mayo. Geöffnet Juni–Aug. Mo–Fr 11.30–18.00, Sa, So 14.00–18.00; Mai und Sept. täglich 14.00–17.00.
Lissadell House, Drumcliffe, Gft Sligo. Geöffnet Mai–Sept. Mo–Sa 14.00–17.15 Tel. 071 63150
Doe Castle, Creeslough, Gft Donegal. Geöffnet ganzjährig jeden Tag.
Donegal Castle, Donegal. Ganzjährig geöffnet.
Boyle Abbey, Boyle, Gft Roscommon. Geöffnet Juni–Sept. 10.00–18.00, ansonsten Schlüssel beim Verwalter.
Clonalis House, Castlerea, Gft Roscommon. Geöffnet Mai–Juni Sa, So 14.00–18.00; Juni–Sept. Mo–Sa 11.00–17.30, So 14.00–17.30
Strokestown Park House, Strokestown, Gft Roscommon. Geöffnet Juni–Sept. Di–So 12.00–17.00 Tel. 078 33013

Gärten

Glenveagh Castle Gardens, Churchill, Gft Donegal. Geöffnet Ostern–Okt. 10.30–18.30
Tel. 074 37088/37090

Archäologische Zeugnisse und christliche Stätten

Ballintubber Abbey, Castlebar, Gft Mayo
Creevykeel, Cliffony, Gft Sligo
Carrowmore, Gft Sligo
Glencolumbkille, Killybegs, Gft Donegal
Grianan of Aileach, Gft Donegal

Naturschutzgebiete

Glenveagh National Park (Gft Donegal): Wilde, zerklüftete Landschaft mit dem Mount Errigal und Slieve Snaght sowie dem Poisoned Glen im Südwesten. Im Zentrum des Parks Lough Veagh; im Schloßpark seltene Pflanzen. Rotwild, Vögel wie etwa Merlinfalken, Wanderfalken, Pieper, Schwarzkehlchen. *Visitor Centre* mit Tonbildschau; Lehrpfade und Führungen.
Owenboy (Gft Mayo): Hochmoor mit seltenen Moosen.
Knockmoyle/Sheskin (Gft Mayo): Hochlandmoor, verwaltet vom *Wildlife Service.*
Owenduff (Gft Mayo): Größtes noch unberührtes Torfmoor des Landes.
Ceide Fields (Gft Mayo): Herrliche Klippen und Moore. *Ceide Fields Centre* in Ballycastle mit Tonbildschau.

Vogelschutzgebiete

Clare Island (Gft Mayo): Seevogelkolonien sowie Rabenvögel, Wachtelkönige, Grauammern.
Downpatrick Head (Gft Mayo): Steile Klippen mit Brutkolonien von Eissturmvögeln.
Lissadell (Gft Sligo): Nationales Naturschutzgebiet; Grönland-Weißwangengänse im Winter.
Sheskinmore Lough (Gft Donegal): Brutkolonien von Watvögeln im Sommer, Weißwangen- und Bläßgänse im Winter.
Horn Head (Gft Donegal): Brutkolonien von Tordalken.
Lough Swilly (Gft Donegal): Donegal-Singschwäne im Spätherbst; Bläßgänse und Watvögel im Winter.

Angeln

Örtliche Informationen:
Northwestern Regional Fisheries Board, Ardnaree House, Abbey Street, Ballina, Gft Mayo.
Tel. 096 22623/22788
Manager
Northern Regional Fisheries Board, Station Road, Ballyshannon, Gft Donegal. Tel. 072 51435

Fischen im Meer
Hochseefischen: Boote erhältlich, vor der Küste von Achill Island (Haie), Westport, Belmullet, Killala, Killybegs, Rathmullan
Tauchsportzentren: Clew Bay (Clare Island), Blacksod Bay
Küstenfischen: Belmullet und Killybegs

Sportfischen
Lachse: River Bundorragha, River Erriff (Delphi Lodge), River Bundrowes, River Moy, River Ballina, Crossmolina, Foxford, Killala, Inniscrone, Pontonn (Mount Falcon Castle), River Blackoak (Newport House Hotel), Lough Beltra, Lough Conn, Lough Melvin
Lachsforellen: bei Delphi, Newport, Burrishoole, Sligo, Drumcliffe, Cliffoney, Bunduff, Dungloe, Burtonport, Creeslough und Kilmacrennan, Lough Glencar, Lough Beagh
Forellen: River Moy, River Gweestion und Lough Arrow, Lough Key, Lough Bilberry, Lough Carra, Lough Conn, Lough Mask, Lough Melvin, Lough O'Flynn.
Angelschule:
Pontoon Bridge Hotel, Pontoon, Gft Mayo.
Tel. 096 56120
Mount Falcon Castle, während der Saison wöchentlich Lachsfangseminare: Ballina, Gft Mayo
Cromleach Lodge Hotel, im Mai Seminare für Angler: Castlebaldwin, Lough Arrow, Gft Sligo

Grundfischen
Hechte: Lough Allen, Lough Key, Lough Temple House (Temple House Hotel), Lough Cloonacleigha, oberer Shannon. Unterer Shannon für andere Fischarten.
Anglerferien werden veranstaltet von:
Shannon Barge Line, Main Street, Carrick-on-Shannon, Gft Leitrim Tel. 078 20520 Fax 078 20112

Wassersport

Segeln
Überall entlang der Küste, besonders vor der Küste von Mayo.
Mayo Sailing Club, Westport.

Windsurfen
Ideale Bedingungen: Glew Bay, Gft Mayo.
Ausrüstungsverleih und Kurse:
Glenans Irish Sailing Club, Collanmore Island Clew Bay, Gft Mayo Tel. 098 26046

Wasserski
Donegal Bay, besonders vor der Küste von Rossnowlagh, Clew Bay und Clare Island.

Surfen
Diese Küste besitzt einige der besten Surfstrände Europas. Das ganze Jahr hervorragende Bedingungen mit über 1–3,5 m hohen Wellen. Beste Strände: Achill Island, Inniscrone, Easkey, Aughris Bay, Strandhill, Bundoran, Tullan Strand, Rossnowlagh, Ards, Bloody Foreland, Loughros Beg Bay, Rosbeg, Nordküste von Donegal von Bloody Foreland bis Rosapenna.
Ausrüstung in der Wasserwachthütte in Strandhill, Gft Sligo, in Bundoran, Gft Donegal, und vom Rossnowlagh Surf Club. Weitere Informationen:
Stevie Burns
County Sligo Surf Club, 8 Hillcrest Park, Strandhill, Gft Sligo Tel. 071 68334 (privat)
Roci Allan
Rossnowlagh Surf Club, Tigh-na-Mara, Rossnowlagh, Gft Donegal
Tel. 072 51261 (privat) 073 21053 (Büro).

Kanufahren
Kanusurfing: Easkey, Gft Sligo (nur für sehr Erfahrene). Auch Rossnowlagh und Tullaghan, Gft Donegal.
Kanufahren: Oberer Shannon; Kajakfahren entlang der Küste von Mayo. Informationen:
Little Killary Adventure Centre, Salruck, Renvyle, Gft Galway. Tel. 095 43411

Strände
Südseite von Clew Bay, Achill Island, Blacksod Bay, Killala Bay, Enniscrone, Rossnowlagh, Loughros Beg Bay, Rosbeg, Gweebarra Bay, Falcarragh, Sheep Haven.

Kreuzfahrten
Der River Shannon ist zwischen Lough Key und Drumshanbo (über den Leitrim Canal) schiffbar. Kreuzfahrten und Boote:
Emerald Star Line, 37 Dawson Street, Dublin 2
Tel. 01 718870 Telex 93494. Sitz in Carrick-on-Shannon Tel. 078 20234
Carrick Craft, PO Box 14, Reading RG3 6TA, England Tel. 0734 422975. Sitz in Carrick-on-Shannon
Tel. 078 20236
Vergnügungsfahrten auf dem Shannon ab dem Lough Key Forest Park. Für Auskünfte über längere Luxusreisen ab dem Lough Key Forest Park:
Weaver Boats Ltd, Carrick-on-Shannon, Gft Leitrim
Tel. 078 20204 Telex 31593.
Kurze Touren auf dem Lough Gill, mit Kommentaren über die Dichtung von Yeats:
Lough Gill Cruises, Sligo Town Tel. 071 62540

Golf

Westport Golf Club, Carrowholly, Westport, Gft Mayo
Tel. 098 25113
Enniscrone Golf Club, Enniscrone, GA Sligo
Tel. 096 36297
County Sligo Golf Club, Rosses Point, Gft Sligo
Tel. 071 77134
Bundoran Golf Club, Bundoran, Gft Donegal
Tel. 072 41360
Donegal Golf Club, Murvagh, Gft Donegal
Tel. 073 21262
North West Golf Club, Lisfannon, Fahan, Lifford, Gft Donegal Tel. 074 61027
Rosapenna Golf Club, Rosapenna, Gft Donegal
Tel. 074 55301

Reiten

Reitställe
Ashford Riding Centre, Cong. Gft Mayo Tel. 092 46024
Claremorris School of Equitation, Lisduff, Claremorris, Gft Mayo Tel. 094 71684/71998
Drumindoo Stud and Equitation Centre, Castlebar Road, Westport, Gft Mayo Tel. 098 25616
Horse Holiday Farm Ltd, Grange, Gft Sligo
Tel. 071 66152
The Manor, Ballygawley, Gft Sligo Tel. 071 67426
The Old Rectory Stables, Drumcliffe, Gft Sligo
Tel. 071 63221
Ashleigh Riding School, Rossylongan, Donegal Town, Gft Donegal Tel. 073 21097
Lenamore Stables, Muff, Lifford, Gft Donegal
Tel. 077 84022
Stracomer Riding School, Bundoran, Gft Donegal
Tel. 072 41685/41787

Geländeritte
Horse Holiday Farm Trails veranstalten Geländeritte mit Unterbringung auf Bauernhöfen. *Armada Coast and Mountain Trail:* Einwöchiger Ritt mit erfahrenem Führer an Sandstränden und Bergen entlang. Auskünfte bei: Tilman Anhoid
Horse Holiday Farm Ltd, Grange, Gft Sligo
Tel. 071 66152 Fax 071 66400
Drumcliffe Beach and Mountain Trail: Täglich Ritte über Berge, an Stränden entlang und über Inseln. Unterbringung im Old Rectory. Mrs Eileen Blighe, The Old Rectory Stables, Drumcliffe, Gft Sligo
Tel. 071 63221.
Donegal Trail: Sechstägiger Ritt durch Donegal mit erfahrenem Führer. Kleine Gruppen, erstklassige Unterbringung, Informationen: Terry Fergus-Browne, Stracomer Riding School, Bundoran, Gft Donegal Tel. 072 41685 Telex 40675 Fax 072 41002

Jagen

Gft Sligo Harriers, Tel. 071 68369
Salmon & Woodcock, Tel. 094 56690

Radfahren

In jeder der drei großen Grafschaften dieser Region sind Langstreckentouren geplant. Die *Mountains-of-Mayo-Route* führt durch den Nordteil der Grafschaft, vorbei an den Mooren im Westen, den Klippen im Norden, durch die Ox Mountains zum Lough Conn und durch Glen Nephin. Die *Yeats-Country-Tour* durch die Grafschaften Sligo und Leitrim führt über Berge, Strände, Seen und durch Landschaften, die an die Werke des Dichters erinnern.
The Hills of Donegal: Tour entlang einiger der schönsten Küstenstreifen Irlands, danach durch den Glenveagh National Park mit einem Abstecher nach Malin Head.
Im August und September jeden Montag Mountain-Bike-Touren mit Führung rund um den Lough Allen. Informationen: Annette Arnold, Tel. 078 414664.
Radferien werden veranstaltet von:
Ballina West of Ireland Cycling Club, c/o American Guesthouse, Ballina, Gft Mayo Tel. 096 21350
Tourist Office, The Mall, Westport, Gft Mayo
Tel. 098 25711 Fax 098 26709
Wild Rose Tours, Kilmacowen, Ballysodare, Gft Sligo
Tel. 071 67560
Arnolds Hotel, Dunfanaghy, Gft Donegal
Tel. 074 36208/36142
Forgotten Ireland, Aughagrania, Drumshanbo, Gft Leitrim Tel. 078 41464

Wandern

In dieser Region gibt es wenige bereits fertiggestellte Langstreckenwanderwege, aber geplant ist der *Western Way* von Leenana nach Killala und Ballina. Außerdem gibt es einige markierte Rundwege. Informationen vor Ort.
The Ulster Way (Sli Ulaidh) in Donegal führt von Falcarragh an der Nordküste über das Hochland von Donegal und vereinigt sich mit dem nordirischen *Ulster Way*. Routen, die ihn mit dem *Cavan Way* verbinden sollen, sind in Planung.
Waldwanderungen und Naturlehrpfade gibt es im Ards Forest Park und im Lough Key Forest Park. Bergwandern am Mount Errigal und Slieve League.
Wanderferien werden veranstaltet von:
Tourist Office, The Mall, Westport, Gft Mayo
Tel. 098 25711 Fax 098 26709
Donegal Walking Tours, Carrickbreeny, Ballintra, Gft Donegal Tel. 073 34192

Wallfahrten

Die drei bedeutendsten Wallfahrtsorte Irlands liegen in dieser Region:
Knock Shrine, Claremorris, Gft Mayo. Anfragen an das Pfarramt, Knock Shrine Tel. 094 88100 oder
Knock Shrine Bureau, 29 South Anne Street, Dublin 2
Tel. 01 775965
Croagh Patrick, Gft Mayo: Am letzten Sonntag im Juli steigen die Pilger den Berg hinauf, manche barfuß.
Lough Derg, Station Island, Gft Donegal. Juni bis Mitte Aug. dreitägige Exerzitien. The Rev Prior, Lough Derg, Pettigo, Gft Donegal

Musik
Teach Ceoil. Juli und Aug. Di und Do abends mit traditioneller Musik in Ballyliffen, Gft Donegal. Informationen: Clement Sweeney Tel. 077 76124

Cavan · Longford Westmeath Kildare Laois · Offaly

Bord-Failte-Hauptbüros

Town Hall (Juni–Sept.), Cavan, Gft Cavan
Tel. 049 31942
Main Street (Juni–Aug.), Longford, Gft Longford
Tel. 043 46566

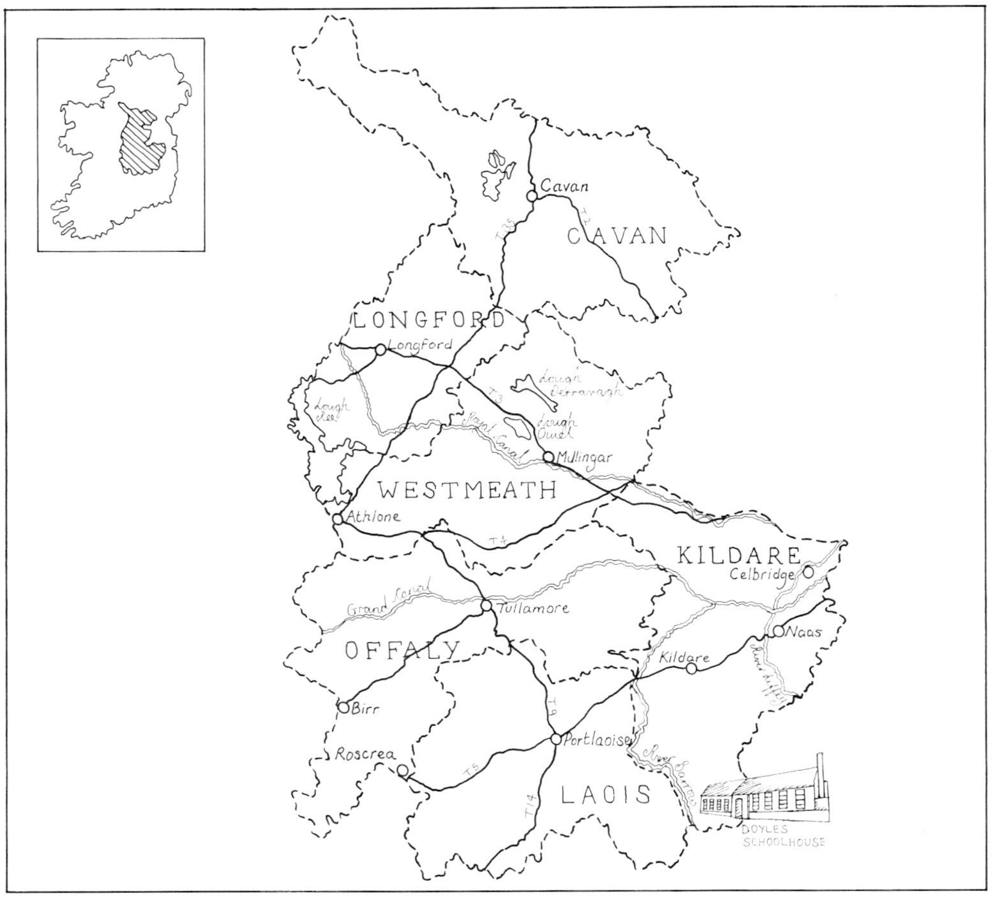

Dublin Road, Mullingar, Gft Westmeath
Tel. 044 48761 Fax 044 40413
Portlaoise (Juni–Aug.), Gft Laois Tel. 0502 21178
Birr, Gft Offaly Tel. 0905 20206

Veranstaltungen

Februar
Cavan International Song Contest, Cavan
Punchestown Bloodstock Sales, Gft Kildare
März
Dreitägiges Steeplechasing Festival in Punchestown, Gft Kildare
April
Bailieboro Gala Angling Festival, Gft Cavan
Mai
1000 Guineas at the Curragh
Juni
Shannon Harbour Canal Boat Rally, Gft Offaly
Open Coarse Fishing Championships, Killeshandra, Gft Cavan
Festival of Music in Great Irish Houses, Castletown House, Celbridge, Gft Kildare
Irish Derby auf dem Curragh
Juli
Athlone International Angling Festival, Gft Westmeath
Edenderry Festival, Gft Offaly
Celbridge Summer Festival, Gft Kildare
Festival of the Erne, Belturbet, Gft Cavan
August
Cavan Lakes and Vales Festival, Gft Cavan
Granard Harp Festival, Gft Longford
September
Irish St Leger auf dem Curragh
Oktober
Cootehill Arts Festival, Gft Cavan

Hotels und Restaurants

Grafschaft Longford
PUBS
The Market Bar, Longford Town

Grafschaft Kildare
Moyglare Manor
Maynooth, Gft Kildare. Tel. 01 286351/286469
Fax 01 285405. Geöffnet ganzjährig außer 3 Tage an Weihnachten. Alle Kreditkarten. 17 Zimmer. Kinder unter 12 werden nicht aufgenommen.
Doyle's Schoolhouse Restaurant
Castledermot, Gft Kildare. Tel. 0503 44282
Fax 0503 43653. Geöffnet 18.30–22.30 Di–Sa im Sommer, 19.30–22.00 im Winter, So mittag. Alle Kreditkarten. An der N9 Waterford–Dublin.

Grafschaft Laois
PUBS
Morrissey's, Abbeyleix, Gft Laois

Grafschaft Offaly
Bridge House
Bridge Street, Tullamore, Gft Offaly. Tel. 0506 21704. Geöffnet 12.30–14.35, 17.30–22.00. Geschlossen Karfreitag, 25. Dez. AM, Visa, Amex, 75 Plätze.

Historische Gebäude

Bellamont Forest, Cootehill, Gft Cavan. Geöffnet Mo–Fr 14.30–17.00, Sa nach Vereinbarung.
Tel. 049 32227
Carrigglass Manor, Gft Longford. Geöffnet Juni–Sept. Mo, Di, Fr. 12.00–17.00, So 14.00–18.00.
Tullynally Castle and Gardens, Castlepollard, Gft Westmeath. Geöffnet Juli–Aug. 14.30–18.00 (ansonsten nach Voranmeldung).
Tel. 044 61159/61425

Castletown House, Celbridge, Gft Kildare. Geöffnet ganzjährig Mo–Fr 10.00–17.00, Sa (April–Okt.) 11.00–18.00, So und gesetzliche Feiertage 14.00–18.00 Tel. 01 288252
Emo Court and Gardens, Emo, Gft Laois. Haus März–Okt. Mo 14.00–18.00, Gärten ganzjährig geöffnet, 10.30–17.00 Tel. 0502 26110

Gärten

Japanese Gardens, Tully, Gft Kildare. Geöffnet Ostern–Okt. Mo–Fr 10.30–17.30, Sa 10.30–17.30, So 14.00–17.30 Tel. 045 21251/21617
Abbeyleix Gardens, Gft Laois. Geöffnet Ostern–Sept. 14.00–17.00
Birr Castle, Demesne, Birr, Gft Offaly. Geöffnet täglich 9.00–13.00, 14.00–18.00 (bis zur Abenddämmerung, falls früher) Tel. 0509 20056

Archäologische Zeugnisse und christliche Stätten

Fore Abbey, Castlepollard, Gft Westmeath
Multyfarnham Friary, Gft Westmeath
Clonmacnoise, Gft Offaly

Museum

Irish Mist Exhibition Centre, O'Connell Street, Tullamore, Gft Offaly Tel. 0506 21586. Ausstellung über die Herstellung dieses Likörs, mit kostenlosem Probieren. Geöffnet 9.30–13.00, 14.00–17.00

Natur- und Vogelschutzgebiete

Slieve Bloom Mountains (Gft Laois und Gft Offaly): Irlands größtes Naturschutzgebiet, bergige Hochmoore und Nadelwälder.
Pollardstown Fen (Gft Kildare): Nördlich des Curragh. Bedeutendes, aus Quellen gespeistes Sumpfgebiet. Brutplatz für verschiedene Vogelarten wie Seetaucher und Sumpfschnepfen. Informationen über *Peatland Interpretive Centre*, Lullymore, Gft Kildare.
Ardhill Bog (Gft Kildare): Hochmoor mit verschiedenen Sumpfpflanzen und -moosen. Führer erhältlich bei: Mr. Cecil Potterton, Ardhill Farm, Carbury, Gft Kildare.
Clara Bog (Gft Offaly): Großes Hochmoor mit vielfältiger Vegetation.
Mongan Bog (Gft Offaly): Hochgelegenes Binnenlandmoor mit Teichen und Hügeln. Im Osten von Clonmacnoise ein Teil der Shannon-Niederungen, reich an Blumen und Vogelbrutplätzen.

Angeln

Beste Region des Landes für Grundfischen.
The National Coarse Fishing Federation of Ireland: Hon Sec: Brendan Coulter, Blaithin, Dublin Road, Cavan Tel. 049 32367
Zahlreiche Hechte, Brassen, Rotfedern, Plötzen, Schleien, Flußbarsche und Häslinge in den Seengebieten von Cavan und Longford; Hütten mit Übernachtungsmöglichkeiten in Killeshandra, Bailieborough, Ballybay und Belturbet für den oberen Erne und den Lough Oughter; in Finen, Granrad, Mount Nugent, Mullingar und Edgeworthstown für Lough Kinale, Lough Derravaragh und River Inny. Hütten in Athlone, Shannonbridge, Banagher und Birr in der Grafschaft Offaly, gut für Angeln im Lough Ree und am Mittellauf des Shannon. Gute Angelmöglichkeiten auch am Royal Canal, Grand Canal und River Barrow.
Forellen: Little Brosa, Clodia und Silver, vor allem bei Banagher, Birr und Tullamore, sowie River Liffin stromaufwärts von Straffan (Gft Kildare), bei Naas, Prosperous und Kill. Forellenseen sind Lough Ennell, Lough Owel, Lough Glore und Lough Mount Dalton.
Regenbogenforellen: Lough Withe, Lough Pallas.

Wassersport

Auf vielen Seen, vor allem Lough Ree und Lough Owel.

Kanufahren
Auf dem Shannon, dem Grand Canal bei Robertstown, dem River Barrow von Portarlington bis Athy und dem Liffey durch die Grafschaft Kildare. Die *Irish International Marathon Canoe Racing Championship* findet alljährlich auf dem Liffey statt, wenn im September das Wasser aus dem Poulaphouca-Stausee abgelassen wird und es zu Hochwasser und Stromschnellen kommt.
Ausrüstung:
Kemacraft, 21 The Grove, Celbridge, Gft Kildare Tel. 01 271771

Kreuzfahrten
Auf dem Shannon nördlich des Lough Ree, der ähnlich wie der Lough Derg als Binnenmeer behandelt werden sollte. Verschiedene Kanäle und Flüsse, Inseln und kleinere Seen sind vom Lough Ree aus erreichbar.
The Grand Canal: Die *Barrow Line* des Kanals beginnt in der Nähe von Robertstown und mündet bei Athy in den Barrow. Der Hauptkanal führt weiter bis Shannon Harbour.
Informationen über Kreuzfahrten und Bootsverleih:
Athlone Cruisers Ltd, Jolly Mariner, Athlone, Gft Westmeath Tel. 0902 72892 Telex 24221
Carrick Craft (Sitz Banagher Tel. 0902 51187), PO Box 14, Reading RG3 6TA, England Tel. 0734 422975
SGS Marine Ltd, Ballykeeran, Athlone, Gft Westmeath Tel. 0902 85163 Telex 53185
Lowtown Cruisers Ltd, The Boatyard, Robertstown, Naas, Gft Kildare Tel. 045 60427 Fax 045 60372
Silver Line Cruisers Ltd, Banagher, Gft Offaly Tel. 0902 51112 Telex 60836
Celtic Canal Cruisers, Tullamore, Gft Offaly Tel. 0506 21861 Telex 60825 Fax 0506 51994

Golf

Mullingar Golf Club, Belvedere, Mullingar, Westmeath Tel. 044 48366
Tullamore Golf Club, Brookfield, Tullamore, Gft Offaly Tel. 0506 21439

Reiten

Reitställe
Cavan Equestrian Centre, Shalom Stables, Latt, Gft Cavan Tel. 049 32017
Redhills Equestrian Centre, Redhills, Gft Cavan Tel. 047 55042
Donacomper Riding School, Donacomper, Celbridge, Gft Kildare Tel. 01 288221
Greenhills Riding School, Greenhills, Kill, Gft Kildare Tel. 045 77370
Kilkea Dressage Centre, Kilkea Lodge, Castledermot, Gft Kildare Tel. 0503 45112
The Old Mill Riding School, The Old Mill, Kill, Gft Kildare Tel. 045 77053
Buckley's Riding Establishment, Annagharvey, Tullamore, Gft Offaly Tel. 0506 43507

Pferderennen
The Curragh: alle fünf Irland-Klassiker
Punchestown: Hindernisrennen
Goff's Bloodstock Sales Ltd, Kildare Paddocks, Kill, Gft Kildare Tel. 045 77211 Telex 60723 Fax 045 77119
The Irish National Stud and Horse Museum, Tully, Gft Kildare Tel. 045 21617/21377/21301 Telex 60706 Fax 045 22129

Jagen

Jagden, an denen Gäste teilnehmen können:
Streamstown Harriers, Gft Westmeath Tel. 044 26128
Westmeath Hunt, Gft Westmeath Tel. 044 23244
Kildare Hunt, Gft Kildare Tel. 045 79098
Ward Union Hunt, Gft Kildare Tel. 049 256524

Radfahren

Es gibt eine vorgeschlagene Langstreckenroute, *The Lakes and the Hills*, die alle für diese Region typischen Landschaften zeigt: Drumlins, Seen, Wälder und Moore. Die Route reicht auch in die Grafschaften Monaghan und Leitrim hinein, führt aber hauptsächlich durch die Grafschaften Cavan und Longford. Eine zweite, weiter südlich verlaufende Route ist *The Land of Fionn MacCumhaill*, die den Bog of Allen und den Curragh durchquert, den steilen Hill of Allen hinaufführt und durch die Täler der Slieve Bloom Mountains geht.
Radferien werden veranstaltet von:
Cootehill Tourist Association, Riverside House, Cootehill, Gft Cavan Tel. 049 52150

Wandern

Einige der markierten Langstrecken-Wanderrouten:
The Cavan Way (25 km): ab Blacklion im Norden. Durch Kalksteingebiet zum Shannon Pot, wo angeblich der Shannon entspringt, auf ruhigen Pfaden zum Fluß selbst bei Dowra. Von diesem Weg aus kann man weiter nach Drumshanbo am Lough Allen wandern.
The Kildare Way: hauptsächlich ein Treidelpfad von Celbridge nach Robertstown am Grand Canal entlang. Es gibt verschiedene Zusatzrouten und Verlängerungen am Grand Canal entlang, hinunter zum River Barrow oder nach Norden zum Royal Canal oder auf den Mount Mellick mit Anschluß an den *Slieve Bloom Way*.
The Slieve Bloom Way (30 km): Rundweg mit zahlreichen Parkplätzen, so daß man auch kürzere Strecken wandern kann. Die Berge werden von tiefen Tälern mit Wasserfällen und Felsüberhängen durchschnitten – eine atemberaubend schöne Landschaft.
The Fore Valley: Die Grafschaft Westmeath eignet sich hervorragend zum Wandern. Waldgebiete in Killykean in der Nähe von Cavan Town, Dun-a-Ri, Kingscourt (Gft Cavan), Lough Key Forest Park.
Wanderferien werden veranstaltet von:
Mr und Mrs T. O'Dwyer, Pinegrove, Blacklion, Gft Cavan Tel. 072 53061
Cootehill Tourist Association, Riverside House, Cootehill, Gft Cavan Tel. 049 52150
Frank und Rosemarie Kennan, Roundwood House, Mountrath, Gft Laois Tel. 0502 32120
SGS Marine Ltd, Ballykeeran, Athlone, Gft Westmeath Tel. 0902 85163

Bibliographie

Traditional Irish Recipes. John Murphy (Appletree)
A Taste of Ireland. Theodora FitzGibbon (Pan)
The Ballymaloe Cookbook. Myrtle Allen (Gill and Macmillan)
Simply Delicious 1 & 2. Darina Allen (Gill and Macmillan)
Poultry and Game. Ian McAndrew (Hamlyn/Amazon)
A Feast of Fish. Ian McAndrew (Macdonald/Orbis)
Splendid Food from Irish Country Houses. Gillian Berwick (O'Brien Press)
Guide to Restaurants in Ireland. Consumer's Association of Ireland (O'Brien Press)
Where to Eat in Ireland. (Kingsclere Publications)
Dining in Ireland. (Bord Failte)
The Houses of Ireland. Brian de Breffny and Rosemary Ffolliott (Thames and Hudson)
Churches and Abbeys of Ireland. Brian de Breffny and George Mott (Thames and Hudson)
Guide to the National Monuments of Ireland. Peter Harbison (Gill and Macmillan)
Concise History of Irish Art. Bruce Arnold (Thames and Hudson)
Concise History of Ireland. M. and C. Cruise O'Brien (Thames and Hudson)
A Singular Country. J. P. Donleavy (Ryan)
Bellamy's Ireland–The Wild Boglands. David Bellamy (Country House)
A Green Guide for Ireland. John Gormley (Wolfhound Press)
Birds in Ireland. Clive Hutchinson (T and AD Poyser)
Book of the Irish Countryside. Frank Mitchell (Blackstaff Press)
Irish Nature Companion. (Appletree Press)
Nature in its Place: the Habitats of Ireland. Stephen Mills (Bodley Head)
The Irish Countryside. Ed.: Desmond Gillmore (Wolfhound Press)
In an Irish Garden. Sybil Connolly and Helen Dillon (Weidenfeld and Nicolson)
The Gardens of Ireland. Michael George and Patrick Bowe (Hutchinson)
Irish Heritage Series. (Easons, Dublin): Irish wild flowers, Irish trees, the Burren, Mount Usher and Birr
The Ancestor Trail in Ireland. Donal F. Begley (Genealogical Office)
Handbook of Irish Genealogy. How to trace your ancestry and relatives in Ireland (Heraldic Artists Ltd)
Ireland. (Photos) W. A. Poucher (Constable)
Ireland Your Only Place. Jan Morris and Paul Wakefield (Aurum Press)

Register

Verzeichnis der Rezepte

Dank des Autors

Mein besonderer Dank gilt meinem Agenten Eddie Shanahan, der treibenden Kraft in der irischen Modeindustrie, ohne den dieses Buch nie zustande gekommen wäre. Mit der Übernahme dieses Projekts wagte sich ein Mann, der eigentlich Elaine's Model Management (eine professionelle Agentur für Fotomodelle in Dublin) und die meisten bedeutenden Modeschauen in Irland leitet, in völliges Neuland. Monatelang schrieb er mir diszipliniert und mitleidlos ein hartes Programm vor. Wir brachten Stunde um Stunde, oft auch nachts und an Wochenenden, mit der Zusammenstellung von Bildern und Texten zu, bis wir ein fertiges Buch hatten. Danke Eddie. Mein Dank gilt auch meiner Verlegerin Yvonne McFarlane für ihr Vertrauen in mich und dieses Buch.

Erwähnung verdienen außerdem Elaine Doody und Susan Howick von Elaine's Model Management und Jane Forster für ihr elegantes Layout.

Bedanken möchte ich mich auch bei den Restaurants, Küchenchefs, den biologischen Landwirten und Viehzüchtern, bei den Anglern und Käseherstellern und den Besitzern der verschiedenen Landhaushotels, die mich unterstützt haben.

Besonders tatkräftig geholfen haben mir die im folgenden genannten Freunde: Anne Harris vom *The Sunday Independent*, Deirdre MacQuillan; Michael Reynolds von Sawer's of Chatham Street, Dublin; Paddy O'Toole in CineElectric; das ganze Colour Lab; Paul und Kieran Cullan; Tony Murphy; George Taylor; »Red« John Coleman; Ken Whelan von der Salmon Research Station; Pete Walsh von Lough Key Boats; Robert Gillespie; Kate Lane; Monica Murphy von The Cheese Board; Harvey Sambrook und Marie-Pierre Moine.

Schließlich gilt mein Dank noch Betty Bunn, die stets zu mir gehalten hat.